Sánate

DRA. NICOLE LEPERA

Sánate

Conecta con tu esencia mediante la Psicología Holística

Traducción de
Noemí Sobregués Arias

Grijalbo

Penguin
Random House
Grupo Editorial

Título original: *How to Do the Work*

Primera edición: mayo de 2021
Primera reimpresión: octubre de 2022

Printed in Spain — Impreso en España

ISBN: 978-84-253-5935-4
Depósito legal: B-4.802-2021

Compuesto en Pleca Digital, S. L. U.

Impreso en Romanyà Valls, S.A.
Capellades (Barcelona)

GR 5 9 3 5 A

Para Lolly, que me vio antes incluso que yo misma.
A cada uno de vosotros, os veo

Como es arriba, es abajo; como es adentro, es afuera, para consumar el milagro de la Unidad.

HERMES TRISMEGISTO, *El Kybalión*

La evolución del hombre es la evolución de su consciencia. Con consciencia objetiva es posible ver y sentir la unidad de todo. Los intentos de relacionar estos fenómenos en algún tipo de sistema de manera científica o filosófica no conducen a nada, porque el hombre no puede reconstruir la idea de todo a partir de hechos separados.

GEORGE GURDJIEFF, *The Fourth Way*

No podemos cambiar todo aquello a lo que nos enfrentamos, pero no cambiaremos nada hasta que nos enfrentemos a ello.

JAMES BALDWIN, *Remember This House*
(obra en la que se inspira el documental
I Am Not Your Negro)

En verdad os digo que nadie puede entrar en el reino de Dios a menos que [...] nos iluminemos e iluminemos la Verdad de quiénes somos y hacia dónde vamos [...] hacia la luz viviendo con amor.

JESÚS, sobre *El Kybalión*

Índice

Nota preliminar

A lo largo de los tiempos, una vasta tradición de mensajeros se ha ocupado de transmitir la labor de trascender nuestra experiencia humana. Las antiguas tradiciones herméticas hablaban de alquimia misteriosa, y los místicos modernos, como George Gurdjieff, instaron a quienes buscaban a comprometerse más profundamente con el mundo, alcanzando mayores niveles de consciencia. Un lenguaje similar se utiliza en el conocimiento que se requiere para promover una educación antirracista y el necesario desmantelamiento de la opresión sistémica, así como para establecer modelos de rehabilitación en el consumo de drogas y otras sustancias, como, por ejemplo, los programas de doce pasos. Lo que estos planteamientos comparten —y lo que este libro fomentará y continuará— es la búsqueda de un conocimiento del yo y de nuestro lugar en la comunidad. El objetivo de mi trabajo es ofrecerte las herramientas necesarias para comprender y aprovechar la compleja interconexión de la mente, el cuerpo y el alma a fin de favorecer el establecimiento de relaciones más profundas, auténticas y significativas contigo mismo, con los demás y con la sociedad en general. A continuación te hablaré de mi viaje; espero que te inspire a encontrar tu propia versión de esa labor.

Prólogo
La noche oscura del alma

Parece que los poetas y los místicos siempre tienen su despertar trascendental en un lugar divino: en la cima de una montaña, mirando el mar abierto, junto a un arroyo susurrante o al lado de una zarza ardiendo. El mío tuvo lugar en una cabaña de troncos en medio del bosque, donde me descubrí llorando desconsolada ante un cuenco de avena.

Estaba en el norte del estado de Nueva York con mi pareja, Lolly, en lo que se suponía que iban a ser unas vacaciones, un retiro del estrés de Filadelfia.

Mientras desayunaba, hojeaba el libro de otro psicólogo, lo que para mí es una «lectura de playa». ¿El tema? Madres emocionalmente inaccesibles. Mientras lo leía —para enriquecerme profesionalmente, o eso creía—, las palabras activaron una inesperada y confusa respuesta emocional.

«Estás agotada —me dijo Lolly, mi pareja—. Tienes que dar un paso atrás. Intenta relajarte.»

No le hice caso. No creía que yo fuera la única persona que tuviera sentimientos y experiencias como los que solía sentir. Oía quejas similares de muchos pacientes y amigos. «¿Quién no se levanta de la cama por la mañana temiendo el

día que tiene por delante?» «¿Quién no se distrae en el trabajo?» «¿Quién no se siente distanciado de las personas a las
que quiere?» «¿Quién puede decir sinceramente que no pasa
sus días esperando las vacaciones?» «¿No es lo eso que sucede cuando te haces mayor?»

Hacía poco había «celebrado» mi trigésimo cumpleaños
y me decía: «¿Esto es todo?». Aunque ya había conseguido
muchas de las cosas con las que soñaba desde niña —vivir en
la ciudad que yo eligiera, tener mi consulta terapéutica y encontrar una pareja que me quisiera—, seguía sintiendo que
algo esencial en mi ser se había perdido, había desaparecido
o acaso nunca había estado ahí. Tras años manteniendo relaciones —pero sintiéndome emocionalmente sola—, por fin
había encontrado a una persona con la que me sentía bien
porque era muy diferente a mí. Yo tenía dudas y a menudo
me desentendía de las cosas, mientras que Lolly era apasionada
y testaruda. Ella me desafiaba, y eso me parecía estimulante.
Debería sentirme feliz o, al menos, contenta. Pero me notaba
fuera de mí misma, desapegada y sin emociones. No sentía
nada.

Además, tenía problemas físicos que se habían vuelto tan
graves que ya no podía pasarlos por alto. El cerebro se me
nublaba hasta tal punto que a veces no solo olvidaba palabras
o frases, sino que me quedaba totalmente en blanco. Era muy
frustrante, sobre todo en los raros momentos en que sucedía
durante una sesión con los pacientes. Los continuos problemas intestinales —que llevaban años atormentándome— me
hacían sentir pesada y agobiada a todas horas. Un día, de repente, me desmayé en casa de una amiga, lo que aterrorizó a
todos los presentes.

Sentada en la mecedora con mi cuenco de avena en un lugar tranquilo como aquel, de pronto noté que mi vida se había quedado vacía. Estaba agotada, sin energía, atrapada en la desesperación existencial, frustrada porque mis pacientes no avanzaban, enfadada por mis limitaciones para cuidar de ellos y de mí misma, y profundamente constreñida por un aletargamiento y una insatisfacción que me llevaban a cuestionarlo todo. En casa, en medio del ajetreo y el bullicio de la vida de la ciudad, podía enmascarar esos inquietantes sentimientos canalizando todas esas energías en actos: limpiar la cocina, pasear al perro o hacer infinitos planes. Moverme, moverme y moverme. Si no te fijabas mucho, podías admirar mi eficiencia energética de tipo A. Pero si profundizabas un poco, te dabas cuenta de que estaba moviendo el cuerpo para distraer mi atención de sentimientos sin resolver profundamente arraigados. En medio del bosque, sin nada que hacer aparte de leer sobre los duraderos efectos de los traumas infantiles, ya no podía seguir escapando de mí misma. El libro exponía muchos de los sentimientos hacia mi madre y mi familia que llevaba mucho tiempo reprimiendo. Era como mirarme en un espejo. Allí estaba yo, desnuda, sin distracciones, y lo que veía me incomodaba.

Si me miraba a mí misma con más honestidad, era difícil no darme cuenta de que muchos de mis problemas eran un fiel reflejo de los que vi en mi madre, en concreto en la relación de ella con su cuerpo y sus emociones. La vi luchando en muchos frentes, con dolor físico casi constante en las rodillas y la espalda, y con frecuencia angustiada y preocupada. A medida que crecía, iba diferenciándome de mi madre en muchos aspectos. Yo era físicamente activa, y para mí era prioritario cuidar de mi cuerpo haciendo ejercicio y comiendo de manera saludable. Incluso me hice vegetariana tras entablar amistad con una vaca en una reserva de animales, y a partir de ese momento me resultó imposible imaginarme volviendo a comer cualquier animal. Por supuesto, la mayor parte de mi dieta consistía en alimentos superprocesados y la comida basura vegana (mi favorita eran los filetes veganos), pero al menos me preocupaba por lo que me metía en el cuerpo. A excepción del alcohol, que todavía me permitía en exceso, a veces llevaba ese cuidado al extremo, me reprimía y comía sin alegría.

Siempre había pensado que no me parecía en nada a mi madre, pero a medida que surgían problemas emocionales y después físicos —que se extendían a todos los aspectos de mi vida—, me di cuenta de que había llegado la hora de empezar a cuestionármelo todo. Y fue eso lo me llevó a acabar llorando ante un cuenco de avena. En esta imagen triste y algo patética había un mensaje. Esa avalancha de emociones era tan poco frecuente, tan ajena a mi personalidad, que no podía pasar por alto esa señal del alma. Algo dentro de mí gritaba para que le prestara atención, y en medio del bosque no tenía dónde esconderme. Había llegado el momento de enfrentarme a mi sufrimiento, mi dolor, mis traumas y, en última instancia, a mi verdadero yo.

Hoy llamo a este incidente mi «noche oscura del alma»; había tocado fondo. Tocar fondo es como morir, y a algunos puede llevarnos casi a la muerte, de forma literal. La muerte, por supuesto, permite el renacimiento, y yo emergí decidida a descubrir qué era lo que no funcionaba. Ese doloroso momento trajo la luz y puso de manifiesto muchas cosas de mí que había enterrado. De repente lo vi claro: «Tengo que cambiar». No sabía que esta idea me llevaría a un despertar físico, psicológico y espiritual, y que al final se convertiría en un movimiento internacional.

En un principio me centré en lo que me parecía más urgente: mi cuerpo. Me evalué físicamente: ¿en qué consistía mi enfermedad y cómo se manifestaba? Sabía intuitivamente que el camino de vuelta empezaría con la alimentación y el movimiento. Pedí a Lolly, que siempre me recarga las pilas de la superación personal, que me ayudara a dejar de maltratar mi cuerpo. Ella me sacaba de la cama por la mañana, me plantaba unas mancuernas en las manos y nos obligaba a mover conscientemente el cuerpo varias veces al día. Empezamos a investigar sobre la alimentación y descubrimos que muchas de nuestras ideas sobre lo «saludable» eran discutibles. Dimos inicio a un ritual matutino que incluía la respiración y la meditación, también a diario. Aunque al principio participaba a regañadientes y algunos días me lo saltaba, lloraba, me dolían los músculos, me dolía el alma y amenazaba con dejarlo, transcurridos muchos meses se convirtió en una rutina. Empecé a necesitarla, y me sentía física y mentalmente más fuerte que en toda mi vida.

A medida que mi cuerpo se curaba, empecé a plantearme muchas otras verdades que hasta entonces me habían parecido evidentes. Aprendí nuevas formas de pensar sobre el bienestar mental. Entendí que la desconexión entre mente, cuerpo y alma puede manifestarse como enfermedad y desregulación. Descubrí que nuestros genes no son nuestro destino y que, para cambiar, debemos ser conscientes de nuestros hábitos y nuestros patrones de pensamiento, que han sido moldeados por las personas a las que más queremos. Descubrí una nueva definición de trauma, más amplia y que tiene en cuenta los profundos efectos espirituales que el estrés y las malas experiencias de la infancia tienen en el sistema nervioso. Me di cuenta de que tenía traumas infantiles no resueltos que seguían afectándome a diario.

Cuanto más aprendía, más integraba lo que estaba conociendo en mis decisiones diarias. Con el tiempo me adapté a estos cambios y empecé a transformarme. En cuanto mi fisiología empezó a curarse, profundicé más, aproveché algunas de las ideas que había aprendido en mis diversas experiencias clínicas y las apliqué al conocimiento que estaba acumulando sobre la integración de la persona en su totalidad: nuestro yo físico, psicológico y espiritual. Conocí a mi niña interior, aprendí a reeducarla, examiné los vínculos traumáticos que me mantenían prisionera, aprendí a establecer límites y empecé a relacionarme con el mundo con una madurez emocional que hasta ese momento no había creído posible, ya que había sido algo totalmente ajeno a mí. Me di cuenta de que este trabajo interior no se detenía en mi interior, sino que se extendía a todas y cada una de mis relaciones personales y a mi entorno en general. Esta reveladora comprensión del bienestar de la mente, el cuerpo y el alma se condensa en las siguientes páginas, que establecen los principios básicos de la Psicología Holística.

En la actualidad sigo curándome. Mis síntomas de ansiedad y pánico casi han desaparecido. Ya no me relaciono con el mundo desde un lugar reactivo, lo que me permite alcanzar una consciencia y una compasión mayores. Me siento conectada con mis seres queridos, y puedo establecer límites con las personas que no forman parte activa de mi viaje. Soy consciente por primera vez en mi vida adulta. No lo era cuando toqué fondo. No lo era un año después. Hoy sé que no estaría aquí, escribiendo este libro, si no hubiera llegado a lo más profundo de mi desesperación.

Presenté The Holistic Psychologist en 2018, tras decidir que quería compartir con otras personas las herramientas que había descubierto. Tenía que hacerlo. Poco después de empezar a compartir mi historia en Instagram, mi bandeja de entrada comenzó a llenarse de cartas sobre traumas, curación y resiliencia emocional. Mis mensajes de curación holística habían cruzado fronteras culturales y de edad para llegar a la mente colectiva. Hoy, más de tres millones de personas siguen mi cuenta, han asumido la identidad de #SelfHealers y participan activamente en su bienestar mental, físico y espiritual. Apoyar a esta comunidad se ha convertido en la labor de mi vida.

Para celebrar el primer aniversario de The Holistic Psychologist, organicé en la costa Oeste una meditación del niño interior para agradecer a mi comunidad su apoyo y tener la oportunidad de relacionarnos en la vida real, además de conmemorar los viajes que hemos compartido. Días antes, busqué en Google «Venice Beach locations» y elegí al azar un lugar en el que reunirnos. Ofrecí entradas gratis en Instagram y crucé los dedos para que interesara a mis seguidores. En unas horas se habían inscrito tres mil personas. No me lo podía creer.

Sentada bajo el ardiente sol en medio de la gran Venice Beach, vi pasar a personas corriendo y a diversos personajes del sur de California. Observé las olas rompiendo en la orilla.

La áspera arena bajo mis pies y la fría humedad de mi pelo, mojado por el océano, me hicieron ser consciente de mi cuerpo en el espacio y en el tiempo. Me sentía muy presente, muy viva, al levantar las manos en una plegaria imaginando los diferentes caminos que aquella mañana habían llevado hasta la playa a cada una de las personas que me rodeaban. Recorrí la multitud con la mirada y por un momento me sentí abrumada por la gran cantidad de ojos fijos en mí, que siempre he odiado ser el centro de atención. Entonces empecé a decir:

> Algo os ha traído hasta aquí. Algo dentro de vosotros ha venido hasta aquí con el profundo deseo de curaros. El deseo de ser una mejor versión de vosotros mismos. Es algo digno de celebrarse. Todos tenemos una infancia que está creando nuestra realidad actual, y hoy hemos decidido curarnos de nuestro pasado para crear un nuevo futuro.
>
> La parte de vosotros que sabe que esto es verdad es vuestra intuición. Siempre ha estado ahí. Sencillamente, nos hemos acostumbrado a no escuchar o no confiar en lo que nos dice. Estar hoy aquí es un paso para curar esa rota confianza en nosotros mismos.

Mientras decía estas palabras, miré a una mujer a la que no conocía que estaba entre la multitud. Ella me sonrió y se llevó las manos al corazón, como dándome las gracias. De repente se me llenaron los ojos de lágrimas. Estaba llorando, pero no eran las mismas lágrimas que había derramado ante el cuenco de avena unos años antes. Estas eran de amor, de aceptación y de alegría. Estas lágrimas sanaban.

Soy un testimonio vivo de esta verdad: los despertares no

son experiencias místicas reservadas a monjes, místicos y poetas. No son solo para personas «espirituales». Son para todo el que quiera cambiar, curarse, desarrollarse y brillar.

Con la consciencia despierta, todo es posible.

Introducción

Principios básicos de la Psicología Holística

Sánate es el testimonio de una aproximación revolucionaria al bienestar mental, físico y espiritual llamada Psicología Holística. Es un movimiento que busca la creación diaria de tu bienestar, romper patrones negativos, curarte de tu pasado y construirte un yo consciente.

La Psicología Holística se centra en la mente, el cuerpo y el alma para reequilibrar el cuerpo y el sistema nervioso, y sanar heridas emocionales no resueltas. Este trabajo te da la fuerza para convertirte en la persona que siempre has querido ser. Crea una historia nueva y emocionante en la que los síntomas físicos y psicológicos son mensajes, no diagnósticos de por vida que debemos limitarnos a sobrellevar. Es una historia que llega a la raíz del dolor crónico, el estrés, el cansancio, la ansiedad, los trastornos intestinales y los desequilibrios del sistema nervioso que durante mucho tiempo ha pasado por alto la medicina occidental tradicional. Ayuda a explicar por qué tantos de nosotros nos sentimos estancados, desapegados o perdidos. Ofrece herramientas prácticas que te permitirán crear nuevos hábitos, entender el comportamiento de los demás y liberarte de la idea de que tu valor lo determina cualquier persona o cosa al margen de ti mismo. Si te comprometes a practicar cada día, llegará un momento en que te mirarás al espejo y te sorprenderá la persona que te devuelve la mirada.

Estos métodos holísticos —ejercicios que aprovechan el poder de lo físico (con trabajo respiratorio y corporal), lo psicológico (cambiar las relaciones con tus pensamientos y experiencias pasadas) y lo espiritual (conectar con tu verdadero yo y con la colectividad)— son eficaces porque el cuerpo, la mente y el alma están conectados. Funcionan porque se basan tanto en la ciencia de la epigenética como en el hecho de que tenemos más impacto en nuestro bienestar mental de lo que creemos. Curarse es un proceso consciente que podemos vivir a diario si introducimos cambios en nuestros hábitos y patrones.

Muchos vivimos en un estado de inconsciencia. Navegamos por el mundo con piloto automático, y tenemos comportamientos involuntarios que no nos sirven ni reflejan quiénes somos y qué deseamos profundamente. La Psicología Holística nos ayuda a volver a conectar con nuestro sistema de guía interno, del que patrones aprendidos en la más temprana infancia nos enseñaron a desconectar. La Psicología Holística nos permite encontrar esa voz intuitiva, confiar en ella y abandonar la «personalidad» modelada y moldeada por figuras parentales, amigos, profesores y por la sociedad en general, lo que nos ayuda a aportar consciencia a nuestro yo inconsciente.

En estas páginas encontrarás un nuevo paradigma para un enfoque integrador de la curación que incorpora la mente, el cuerpo y el alma. Ten en cuenta que no abogo por derribar el antiguo modelo. No sugiero que las herramientas de la psicoterapia convencional y de otros modelos terapéuticos no tengan valor. Lo que pretendo es proponer un enfoque que abarque aspectos de diversas modalidades —desde la psicología y la neurociencia hasta el *mindfulness* y las prácticas espirituales— en un esfuerzo por cultivar las técnicas que considero más eficaces e integradoras para la curación y el bienestar. He incorporado enseñanzas y conocimientos de modelos tradicionales —como la terapia cognitivo-conductual (TCC) y el psicoanálisis—, y aporto aspectos holísticos que (en el momento en que estoy escribiendo) la psicología convencional no contempla. Es importante entender que la Psicología Holística se basa en la libertad, la elección y, en última instancia, el empoderamiento. Con algunas cosas te identificarás y con otras, no. El objetivo es que utilices las herramientas que te funcionen mejor. El mero hecho de elegir te ayudará a conectar más profundamente con tu intuición y tu verdadero yo.

Aprender a curarte a ti mismo es un acto de autoempoderamiento. La autosanación no solo es posible, sino que es nuestra realidad como seres humanos, porque nadie aparte de nosotros puede saber realmente qué es lo mejor para cada uno en nuestra singularidad. La atención médica de calidad, en especial la atención en salud mental, está fuera del alcance de demasiadas personas. Vivimos en un mundo con grandes desigualdades de acceso según dónde habitamos, qué aspecto tenemos y quiénes somos. Incluso las personas lo bastante privilegiadas para permitirse la atención que necesitan suelen enfrentarse a la reveladora verdad de que no toda la atención es igual. Y si tenemos la suerte de encontrar a alguien que de verdad nos ayude, nos vemos limitados por la cantidad de tiempo que puede dedicarnos. Este libro ofrece un modelo de aprendizaje autodirigido que contiene la información y las indicaciones que te permitirán curarte a ti mismo. Entender de verdad tu pasado, escucharlo, presenciarlo y aprender de él es un proceso que genera profundos cambios. Cambios duraderos. Permite una verdadera transformación.

Sánate se compone de tres partes. La primera proporciona los cimientos a medida que observamos nuestro yo consciente, el poder de nuestros pensamientos y la influencia del estrés y de los traumas infantiles en todos los sistemas de nuestro cuerpo. Nos permite entender que la desregulación física de nuestros sistemas corporales nos impide avanzar mental y emocionalmente. En la segunda parte arrancaremos una capa y entraremos en «la mente». Analizaremos el funcionamiento del consciente y del inconsciente, aprenderemos que el fuerte condicionamiento de nuestras figuras parentales ha moldeado nuestro mundo y ha creado patrones de pensamiento y de comportamiento que se mantienen en la actualidad. Luego ahondaremos un poco más en nuestra mente y conoceremos a nuestro niño interior. Aprenderemos sobre relatos del ego que nos protegen y nos hacen repetir patrones de relaciones que empezamos a experimentar en la infancia. En la última parte, que considero esencial, aprenderemos a aplicar el conocimiento que hemos adquirido para alcanzar la madurez emocional que nos permita relacionarnos de forma más auténtica con los demás. Nadie es una isla. Somos criaturas sociales, y mientras no seamos capaces de encarnar nuestro verdadero yo, no podremos conectar en profundidad con nuestros seres queridos. Esto crea la base a partir de la cual cultivar el sentido de unidad con el «nosotros» colectivo, con algo mayor que nosotros. En estas páginas he incluido indicaciones y herramientas destinadas a encontrarte independientemente del punto del viaje en el que estés.

Lo único que necesitas para embarcarte en esta transformación es tu yo consciente, el deseo de profundizar y entender que el cambio no es fácil y que el camino que tienes por delante a veces será duro. Aquí no hay parches, lo cual es difícil de aceptar para los que hemos sido condicionados a creer en la ilusión de una solución mágica que sea la panacea. Seré la primera en decir que el trabajo es precisamente eso, trabajo. No hay atajos ni nadie puede hacerlo por ti. Convertirte en parte activa de tu propia curación puede ser incómodo e incluso aterrador. En última instancia, aprender quién eres y de lo que eres capaz es no solo empoderador y transformador, sino también una de las experiencias más profundas que podemos tener.

Algunas personas que siguen mi trabajo me dicen que ofrezco verdades envueltas en bonitas y cómodas mantas. Lo tomo como un cumplido, pero voy a ser realista por un segundo: no puede ser demasiado cómodo. Es raro que la curación llegue sin dificultades. A veces es dolorosa y aterradora. Implica abandonar los relatos que te lastran y te dañan. Supone dejar morir una parte de ti para que otra pueda renacer. No todo el mundo quiere mejorar. Y no hay problema. La identidad de algunas personas está vinculada a la enfermedad. Otras temen el verdadero bienestar porque es lo desconocido, y lo desconocido es impredecible. Resulta cómodo saber exactamente cómo será tu vida, aunque esa realidad te enferme. Nuestra mente es una máquina que busca lo que conoce. Lo conocido nos parece seguro, hasta que nos enseñamos a nosotros mismos que la incomodidad es temporal y una parte necesaria de la transformación.

Sabrás cuándo estás listo para empezar el viaje. Luego lo reconsiderarás y querrás dejarlo. Y entonces es fundamental mantener el compromiso y seguir repitiendo los ejercicios hasta que se transforma en una rutina. Al final, esta disciplina se transforma en confianza en uno mismo, la confianza se convierte en cambio, y el cambio pasa a ser transformación. El auténtico trabajo no tiene nada que ver con lo que hay fuera. Solo con lo que hay dentro de ti. Viene de ti.

El primer paso, sorprendentemente desafiante, es empezar a imaginar un futuro diferente del presente. Cierra los ojos. En cuanto puedas visualizar una realidad alternativa a la que estás viviendo, estarás listo para seguir adelante. Y si aún no puedes visualizar esa realidad, no serás el único, ni mucho menos. Tienes motivos para estar mentalmente bloqueado. Quédate conmigo. He escrito este libro para ti, porque yo también estuve ahí.

Empecemos.

1

Quien mejor puede sanarte eres tú mismo

Probablemente esta situación te resulte familiar: decides que hoy es el día que cambiarás tu vida. Empezarás a ir al gimnasio, comerás menos alimentos procesados, te tomarás un descanso de las redes sociales y cortarás la relación con un ex problemático. Estás decidido a que esta vez los cambios duren. Más tarde —unas horas, unos días o incluso unas semanas después— aparece la resistencia mental. Comienzas a sentirte físicamente incapaz de evitar los refrescos con azúcar. No puedes reunir la energía necesaria para ir al gimnasio y te sientes obligado a enviar un breve mensaje a un o una ex para saber cómo está. Tu mente empieza a gritarte historias convincentes para mantenerte en tu vida habitual con excusas como «Te mereces un descanso». Tu cuerpo y tu mente se sienten agotados y pesados. El abrumador mensaje acaba siendo: «No puedes».

Durante mis diez años de trabajo como investigadora y psicóloga clínica, la palabra que más utilizaban mis pacientes para describir cómo se sentían era «estancado». Todos los pacientes venían a terapia porque querían cambiar. Algunos querían cambiar cosas de sí mismos creando hábitos, aprendiendo

nuevos comportamientos o encontrando la manera de empezar a gustarse. Otros querían cambiar cosas de fuera de sí mismos, como sus relaciones con los demás o una dinámica pro-
blemática con una figura parental, su cónyuge o un compañero.
Muchos querían (y necesitaban) hacer cambios tanto internos
como externos. He tratado a personas ricas y a otras que vivían
en la pobreza, tipos hiperfuncionales y con mucha fuerza, y
otros a los que la sociedad tradicional había encarcelado y rechazado. Absolutamente todos mis pacientes, fueran cuales
fuesen sus circunstancias, se sentían estancados —en malos
hábitos, comportamientos nocivos y patrones predecibles y
problemáticos—, y eso hacía que se encontrasen solos, aisla-
dos y desesperanzados. A casi todos ellos les preocupaba
cómo los demás percibían ese «estancamiento» y solían obse-
sionarse por cómo los veían las personas de su entorno. La
mayoría compartía la creencia, profundamente arraigada, de
que su constante incapacidad para llevar a cabo cambios era
un reflejo de una profunda «falta de mérito» intrínseca, una
descripción que muchos utilizaban.

A menudo, los pacientes que eran algo más conscientes
de sí mismos identificaban sus comportamientos problemáticos e incluso visualizaban claramente un camino para cambiar.
Pero pocos podían dar el primer paso del saber al hacer. Los
que veían una salida expresaban sentimientos de vergüenza
porque, instintivamente, volvían a caer en patrones de comportamiento no deseados. Les avergonzaba saber lo que tenían que hacer, pero no poder hacerlo, y por eso habían acabado en mi consulta.

Incluso mi ayuda y mi apoyo solían tener un valor limitado. Para la mayoría de ellos, cincuenta minutos semanales de

terapia no parecían suficientes para lograr un cambio significativo. Algunos acabaron tan frustrados con este insatisfactorio tiovivo que dejaron de asistir a terapia. Aunque a muchos otros les beneficiaba el tiempo que pasábamos juntos, las mejoras eran dolorosamente lentas. Una sesión podía parecer muy productiva, y luego el paciente volvía a la semana siguiente con historias que reflejaban los mismos problemas. Muchos manifestaban una lucidez increíble, reconstruían todos los patrones que los constreñían, pero luego se sentían incapaces de resistir a la instintiva atracción hacia lo conocido en la vida real (fuera de mi consulta). Miraban hacia atrás y veían los problemas, pero no habían desarrollado la capacidad de aplicar esa información en tiempo real a su vida presente. Observé patrones similares en personas que habían pasado por experiencias profundamente transformadoras —habían participado en retiros intensivos o en ceremonias con ayahuasca, que altera la mente—, y después, con el paso del tiempo, habían vuelto a caer en los viejos comportamientos no deseados que los habían empujado a buscar respuestas. La incapacidad para seguir adelante tras haber experimentado algo aparentemente tan transformador hizo que muchos entraran en crisis. «¿Qué me pasa? ¿Por qué no puedo cambiar?»

Lo que entendí es que la terapia y las experiencias transformadoras (como las ceremonias con ayahuasca) solo pueden llevarnos hasta cierto punto del camino hacia la curación. Para que el cambio se convierta en realidad tienes que tomar nuevas decisiones cada día. Para lograr el bienestar mental puedes empezar participando activamente a diario en tu propia curación.

Cuanto más miraba a mi alrededor, más veía esa misma frustración, incluso más allá de mi trabajo como terapeuta, en mi círculo de amigos. Muchos tomaban medicamentos para el insomnio, la depresión y la ansiedad. Algunos no habían sido oficialmente diagnosticados de algún tipo de trastorno del estado de ánimo, pero canalizaban muchos de esos síntomas en expresiones aparentemente aceptables, como tener éxito, viajar de forma constante y dedicarse obsesivamente a las redes sociales. Eran personas que habían obtenido excelentes calificaciones, que terminaban sus tareas semanas antes de lo que debían, que corrían maratones, que conseguían trabajos muy estresantes y que destacaban en entornos de enorme presión. En muchos sentidos, yo era una de esas personas.

Conocía de primera mano los límites del modelo de atención mental tradicional. Empecé a hacer terapia antes de cumplir los treinta años, cuando sufría ataques de pánico casi constantes y lidiaba con los graves problemas cardíacos de mi madre. Los ansiolíticos me ayudaban, pero seguía sintiéndome apática, indiferente y cansada, mayor de lo que era. Era psicóloga, alguien que se suponía que debía ayudar a los demás a conocer su mundo interior, pero seguía siendo una extraña para mí misma, incapaz de ayudarme.

MI CAMINO

Nací en una típica familia de clase media de Filadelfia. Mi padre tenía un trabajo estable de nueve a cinco, y mi madre era ama de casa. Desayunábamos cada mañana a las siete y cenábamos cada tarde a las cinco y media. Nuestro lema era «La familia lo es todo», y en apariencia así era. Respondíamos a la imagen de la normalidad y la felicidad de la clase media, una proyección al más puro estilo estadounidense que nublaba la existencia.

En realidad éramos una familia enferma. Mi hermana sufría desde niña serios problemas de salud que amenazaban su vida, y mi madre luchaba contra sus dolencias imaginarias, que la mantenían en cama durante días. Aunque en mi familia nunca se hablaba abiertamente sobre la enfermedad de mi madre, yo estaba al corriente de ella. Sabía que sufría. Que estaba enferma. Que no estaba presente debido a sus dolencias. Que estaba preocupada y crónicamente angustiada. Entre todo ese estrés, es comprensible que mi mundo emocional quedara olvidado.

Yo era la tercera y última hija. Un «feliz accidente», decían. Mis hermanos son bastante mayores que yo (cuando nací, mi hermano ya podía votar), así que nunca compartieron mis experiencias. Como sabemos, aunque vivamos en la misma casa que nuestros hermanos, nunca vivimos la misma infancia. Mis padres decían de broma que yo era su «niño Jesús». Dormía bien, apenas causaba molestias y me mantenía más o menos alejada de los problemas. Era una niña activa y llena de energía que siempre estaba haciendo cosas. Aprendí muy pronto a aligerar toda carga de mi existencia siendo lo más perfecta posible en todo lo que sabía que hacía bien.

Mi madre no era especialmente expresiva por lo que a sus emociones se refiere. No éramos una familia demasiado «sensible» y el contacto físico era mínimo. Por lo que recuerdo, en mi infancia los «te quiero» eran muy poco frecuentes. De hecho, la primera vez que oí esas palabras fue cuando iban a operar a mi madre del corazón, y entonces yo ya tenía más de veinte años. No me malinterpretes. En el fondo sabía que mis padres me querían mucho. Tiempo después me enteré de que los padres de mi madre eran fríos y distantes para mostrar amor y cariño. Mi madre, que también fue una niña herida, nunca había recibido el amor que tanto deseaba, así que era incapaz de expresárselo a sus hijos, a los que quería muchísimo.

En general, mi familia evitaba las emociones y pasaba por alto cualquier cosa desagradable. Cuando empecé a portarme mal (durante un tiempo abandoné el papel de niño Jesús), a salir de fiesta antes de convertirme oficialmente en adolescente y a volver a casa con los ojos rojos y arrastrando las palabras, nadie dijo nada sobre mi comportamiento. Seguían evitando los problemas hasta que las emociones reprimidas borboteaban y explotaban. Sucedió una vez, cuando mi madre leyó una nota mía, descubrió que bebía y se puso histérica. Tiró cosas al suelo, lloró y gritó: «¡Vas a matarme! ¡Me dará un infarto y me caeré muerta ahora mismo!».

Como solía sentirme diferente a la mayoría de mis conocidos, por lo que recuerdo, me interesé por lo que hacía que las personas se comportaran de una forma determinada. No es de extrañar que poco después me diera cuenta de que quería ser psicóloga. No era solo que quisiera ayudar a las personas; quería entenderlas, investigar y decir: «¡Mira! ¡Por eso eres como eres! ¡Por eso soy como soy!». Ese interés me llevó a la Universidad Cornell, donde estudié Psicología, y luego realicé un doctorado en Psicología clínica en la New School for Social Research de Nueva York. Como mi doctorado seguía el «modelo científico», me pidieron que investigara y ofreciera terapia. Yo era una esponja, absorbía con entusiasmo toda la información que podía sobre diversos enfoques terapéuticos, porque sabía que quería ejercer para ayudar a los demás a entenderse a sí mismos y curarse.

Allí estudié terapia cognitivo-conductual (TCC), un enfoque terapéutico muy utilizado centrado en los objetivos. Durante las sesiones de TCC, los pacientes suelen centrarse en un problema, como la depresión, la ansiedad al hablar en público o los problemas matrimoniales. El objetivo de esta terapia es ayudar al paciente a identificar los patrones de pensamiento defectuosos que subyacen a su comportamiento, un proceso que puede aliviar sentimientos problemáticos.

El modelo de TCC se basa en la premisa de que nuestros pensamientos afectan a nuestras emociones y, en última instancia, a nuestros comportamientos. Cuando cambiamos la relación con nuestros pensamientos, modificamos la cascada de emociones que nos inunda el cuerpo y nos convence para que actuemos de una forma determinada, lo cual es una de las piedras angulares de este libro. Suele decirse que la TCC es el «estándar de oro» de la psicoterapia, porque su estructura y su formato, enormemente replicables o repetibles, hacen que sea ideal para los estudios de laboratorio. Al estudiarla, aprendí una valiosa lección sobre el poder de nuestros pensamientos, aunque puede ser un poco rígida cuando se aplica al mundo real. Al final, en mi práctica con los pacientes a veces me sentía limitada y me parecía que la TCC no se ajustaba a la persona que tenía frente a mí.

Durante mis estudios de posgrado me llamó especialmente la atención la terapia interpersonal, un modelo terapéutico más abierto que utiliza el vínculo entre el paciente y el terapeuta como catalizador para mejorar otras relaciones de quien acude a terapia. Casi todos nosotros tenemos dinámicas de relación problemáticas en algún ámbito de nuestra vida, ya sea con la familia, la pareja, los amigos o los compañeros de trabajo, de modo que ser capaz de establecer una nueva dinámica, más saludable, con un terapeuta puede ser profundamente sanador. El modo en que nos mostramos en nuestras relaciones demuestra nuestro bienestar general. Estoy totalmente de acuerdo con que nos mostramos en nuestras relaciones como en la vida, un tema que analizaremos en este libro. En el marco de la Psicología Holística incorporamos también la consideración de que nuestras relaciones están modeladas por los vínculos más tempranos con nuestras figuras parentales, una modelación de la conducta llamada condicionamiento que trataremos en el capítulo 2.

Durante mi formación también me centré en enfoques psicodinámicos, teorías de la mente que sugieren que las personas son impulsadas por fuerzas internas. Estudié estos modelos —que suelen relacionarse con el cliché del diván y el analista fumando en pipa— en la New York Psychoanalytic Society & Institute y en la Philadelphia School of Psychoanalysis. Allí aprendí la fuerza del subconsciente, la parte profundamente arraigada de la mente que contiene nuestros recuerdos y que es la fuente de impulsos, de instintos automáticos o motivaciones. Cuando empecé a ejercer como terapeuta, profundicé en mi visión del papel del subconsciente. Observaba que todos mis pacientes se daban cuenta de los aspectos de su vida que debían cambiar —recurrir a drogas u otras sustancias para evadirse, dejarse llevar por la ira en sus relaciones sentimentales, adoptar comportamientos infantiles en las relaciones familiares—, pero volvían a la terapia una y otra vez con una historia que reflejaba el mismo ciclo subconsciente. También lo vi en mí misma. Darme cuenta de ello fue fundamental para crear y desarrollar la filosofía de la Psicología Holística.

Mientras estudiaba estas nuevas modalidades, empecé a investigar y a trabajar en el ámbito de la recuperación del consumo de drogas. Dirigí grupos de tratamiento de pacientes externos e internos, y organicé un programa para ayudar a quienes consumían drogas a desarrollar habilidades interpersonales que les sirvieran de apoyo en sus procesos de recuperación. Esto me proporcionó una mayor perspectiva sobre las experiencias reales de las personas que luchan para controlar el consumo de sustancias. Al final estas experiencias me llevaron a la conclusión de que la adicción no se limita a sustancias y experiencias concretas, como el alcohol, las drogas, el juego o el sexo; los ciclos de las emociones humanas también pueden ser adictivos. La adicción emocional es especialmente intensa cuando buscamos o evitamos determinados estados emocionales para sobrellevar los traumas. Estudiar la adicción me mostró el vínculo inextricable entre el cuerpo y la mente, así como el importante papel del sistema nervioso en el bienestar mental, un tema que comentaremos en detalle más adelante.

En varios momentos de mi trabajo posdoctoral intenté incorporar elementos externos en mi práctica como terapeuta. Sentía que el *mindfulness* proporcionaba enormes posibilidades de autorreflexión y autoconsciencia. Tras realizar y publicar mi investigación sobre este tema,[1] intenté convencer a mi director de tesis de que me permitiera estudiar la meditación y su efecto en conductas adictivas. No me dio permiso. No creía que el *mindfulness* tuviera un valor terapéutico. Le parecía una moda pasajera, no algo digno de estudio.

Mirándolo retrospectivamente, veo que estaba abriéndose un camino ante mí. Mi guía interior me mostraba todo lo que necesitaba para crear un modelo de curación holístico. Abrí mi propia consulta e incorporé muchos aspectos de todas las modalidades que había estudiado. Aunque ofrecía un enfoque terapéutico integrador, con el paso de los años empecé a sentirme frustrada. Mis pacientes adquirían cierta consciencia, pero los cambios eran lentos. Sentía que perdían la confianza en sí mismos. A la vez, la mía también iba disminuyendo.

Miré a mi alrededor como si fuera la primera vez. No es exagerado decir que todos y cada uno de los pacientes que acudían a mí en busca de tratamiento psicológico tenían también síntomas físicos subyacentes. Mucho tiempo después de terminar mis estudios empecé a hacerme nuevas preguntas: ¿por qué muchos de mis pacientes tenían problemas digestivos, desde síndrome del intestino irritable (SII) hasta estreñimiento? ¿Por qué el índice de enfermedades autoinmunes era tan alto? ¿Y por qué casi todos tenemos miedo y nos sentimos inseguros la mayor parte del tiempo?

Estoy segura de que no habría encontrado mi camino sin la formación general que recibí en la universidad. En la creación de la Psicología Holística he incorporado mucho de lo que aprendí en el entorno académico. Pero cuanto más descubría por mi cuenta sobre la relación mente-cuerpo-alma, veía con mayor claridad las limitaciones de mi formación tradicional.

Relación mente-cuerpo-alma

Cierra los ojos. Representa un limón en tu mente. Observa su brillante piel amarilla. Cógelo. Siente su rugosidad. Acércatelo a la nariz e imagina el aroma a limpio golpeando tus fosas nasales. Ahora visualízate cortando una rodaja de limón. Fíjate en cómo sale el zumo mientras lo cortas. Observa las semillas ovaladas. Ahora métete la rodaja en la boca. Es posible que te piquen los labios. Saborea su acidez y su frescura. ¿Frunces los labios o salivas? El mero hecho de pensar en un limón puede provocar una respuesta sensorial completa. Acabas de experimentar la relación entre la mente y el cuerpo sin necesidad de dejar de leer este libro.

Este ejercicio de visualización es una forma sencilla pero convincente de mostrarte que la mente y el cuerpo están unidos. Por desgracia, la medicina occidental se ve limitada por la creencia de que la mente y el cuerpo son entidades separadas. Los médicos tratan la mente (psicología o psiquiatría) o el cuerpo (cualquier otra rama de la medicina), pero rara vez incorporan tratamientos para ambos al mismo tiempo. Esta arbitraria separación de mente y cuerpo limita la capacidad de curación de la medicina, y en ocasiones incluso nos enferma todavía más. Por otra parte, las culturas indígenas y orientales han entendido y respetado plenamente las relaciones entre la mente, el cuerpo y el alma/espíritu[2]

—el sentido de algo superior a nosotros—[3] desde hace miles de años. Llevan mucho tiempo recurriendo a rituales y ceremonias para acceder al yo, y así conectar con sus antepasados en busca de guía y claridad, y poseen un «conocimiento» interior de que una persona completa está formada por partes conectadas.

Durante mucho tiempo la medicina occidental convencional ha considerado que esta conexión no es científica. En el siglo XVII, el filósofo francés René Descartes postuló el concepto de «dualidad mente-cuerpo»,[4,5] es decir, la desconexión entre la mente y el cuerpo. Esta dicotomía se mantiene cuatrocientos años después. Seguimos tratando la mente como si fuera diferente del cuerpo. Si estás enfermo psicológicamente, vas a ver a un tipo de médico, te hacen una serie de pruebas y acabas en un hospital concreto; si consideran que tus síntomas son «físicos», el proceso es muy distinto. En el siglo XIX, a medida que avanzaba la tecnología, se ampliaron nuestros conocimientos sobre la biología humana y sobre cómo pueden hacernos daño las cosas que nos rodean (virus y bacterias). La medicina se convirtió en un ámbito de intervención. Cuando aparecen síntomas, el médico se ocupa de ellos, ya sea erradicándolos (mediante la cirugía, por ejemplo) o tratándolos (recetando medicamentos, que tienen efectos secundarios tanto conocidos como desconocidos). En lugar de escuchar al cuerpo —al fin y al cabo, los síntomas son su manera de comunicarse con nosotros—, intentamos silenciarlo. En el proceso de eliminar los síntomas, a menudo causamos nuevos daños. Se ha dejado de lado el enfoque de la persona en su totalidad en favor de uno que trata los síntomas, lo que ha creado un círculo vicioso de dependencia. Es lo que yo llamo el modelo tirita, en el que nos centramos en tratar síntomas individuales a medida que surgen, pero nunca observamos las causas subyacentes.

Hubo un tiempo en que la psiquiatría se definía como «la ciencia [o el estudio] de la psique o el alma». Hoy en día el enfoque de la psiquiatría ha pasado a ser abrumadoramente biológico. Es más probable que te pregunten por antecedentes familiares de enfermedad mental y te receten antidepresivos que que te pregunten por traumas infantiles o te aconsejen sobre alimentación y estilo de vida. La psiquiatría ha asumido totalmente el protocolo del *Manual diagnóstico y estadístico de los trastornos mentales* (DSM-5), creado por la Asociación Estadounidense de Psiquiatría, que cataloga los síntomas como un medio para llegar a un diagnóstico, normalmente un «trastorno», que es de origen genético u «orgánico», no ambiental o aprendido. Al asignar una causa genética, imaginamos que nuestra enfermedad forma parte de quienes somos. Cuando nos convertimos en un diagnóstico, disminuye la motivación de cambiar o de intentar analizar las causas. Nos identificamos con la etiqueta. «Este soy yo.»

Desde principios del siglo xx creímos en las causas genéticas de los diagnósticos, una teoría llamada determinismo genético. Según este modelo, nuestros genes (y por lo tanto la salud) están determinados desde que nacemos. Estamos «destinados» a heredar o a quedar exentos de determinadas enfermedades en función de la buena o mala suerte de nuestro ADN. El determinismo genético no tiene en cuenta el papel del contexto familiar, los traumas, los hábitos ni cualquier otro elemento del entorno. En esta dinámica no participamos activamente en nuestra salud ni en nuestro bienestar. ¿Por qué íbamos a hacerlo? Si algo está predeterminado, no es necesario buscar más allá de nuestro ADN. Pero a medida que la ciencia ha ido aprendiendo sobre el cuerpo y su interacción con el entorno que lo rodea (en sus miles de formas, desde la alimentación hasta las relaciones con nuestros opresivos sistemas raciales), la historia se vuelve más compleja. No somos meras expresiones de un código, sino el resultado de importantes interacciones que podemos o no controlar. Cuando vamos más allá del relato de que la genética es nuestro destino, podemos apropiarnos de nuestra salud, lo que nos permite ver en qué medida habíamos perdido la capacidad de decidir, y nos proporciona la capacidad de crear cambios reales y duraderos.

Vi de primera mano esa pérdida de la capacidad de decidir en mi formación. También a mí me enseñaron que los trastornos psiquiátricos son genéticos, que a cada uno de nosotros nos han transmitido un destino en el ADN y que hay muy poco o nada que hacer al respecto. Mi trabajo consistía en catalogar síntomas —insomnio, aumento de peso, pérdida de peso, rabia, irritabilidad, tristeza— y establecer un diagnóstico que después intentaría tratar ofreciendo apoyo mediante la terapia. Si no bastaba, podía transferir el paciente a un psiquiatra, que le recetaría medicamentos psicotrópicos. Estas eran las opciones. Nadie hablaba sobre el papel del cuerpo en lo que conocemos como enfermedades mentales, y nos aconsejaban no utilizar palabras como «sanación» o «bienestar». Se descartaba la idea de aprovechar el poder del cuerpo para ayudar a curar la mente por considerarla anticientífica. O peor aún, tonterías *new age*.

Cuando no nos preguntamos cómo podemos contribuir a nuestro bienestar, nos volvemos indefensos y dependientes. El mensaje es este: estamos totalmente a merced de nuestro cuerpo, y la única manera de sentirnos bien es poner la salud en manos de médicos, que disponen de remedios mágicos para que nos sintamos mejor, que tienen todas las respuestas y que pueden salvarnos. Pero la realidad es que estamos cada vez más enfermos. Cuando empecé a poner en cuestión el *statu quo*, me di cuenta de lo siguiente: nos consideramos incapaces de cambiar porque no se nos dice toda la verdad sobre nuestra existencia humana.

EL PODER DE TRANSFORMAR

En este momento está produciéndose un despertar. Ya no tenemos que aceptar el relato de los «genes defectuosos» como nuestro destino. La ciencia emergente nos dice que los genes que heredamos no son fijos, que reciben la influencia del entorno, desde el útero y durante toda nuestra vida. El revolucionario descubrimiento de la epigenética nos cuenta algo nuevo sobre los genes.

Recibimos una serie determinada de genes, por supuesto, pero, como en una baraja de cartas, hasta cierto punto podemos decidir qué manos queremos jugar. Podemos tomar decisiones sobre el sueño, la alimentación, las relaciones y el movimiento de nuestro cuerpo que alteran la expresión genética.

El biólogo Bruce Lipton lleva años difundiendo el papel de la epigenética y llama a su influencia «la nueva biología».[6]

Además, ha criticado duramente el determinismo genético, al que considera una burda distorsión de la verdad sobre nuestra biología. En realidad, todo —desde el líquido amniótico que nos envuelve en el útero hasta las palabras que oímos de nuestras figuras parentales de niños, el aire que respiramos y las sustancias químicas que ingerimos— influye en nuestros genes y hace que unos se enciendan y otros se apaguen. Es cierto que al nacer tenemos un código genético. Pero la expresión y la represión de los genes están influidas por el entorno. En otras palabras: nuestras experiencias vitales nos alteran a nivel celular.

La ciencia de la epigenética[7] nos ha alejado del modelo de gestión de la enfermedad para acercarnos a un nuevo paradigma que reconoce el impacto del entorno diario sobre nuestra salud. El resultado es una perspectiva radicalmente nueva: podemos participar activamente en nuestro bienestar. Y esto vale tanto para la salud «física» y el riesgo de desarrollar enfermedades como la diabetes y el cáncer, como para la salud mental y emocional. Los factores epigenéticos[8] desempeñan un importante papel en el desarrollo de los trastornos psiquiátricos. Esto puede comprobarse en estudios de gemelos idénticos en los que uno desarrolla una enfermedad mental grave, como la esquizofrenia o el trastorno bipolar, y el otro no. Estudios sobre el estrés (ya en el útero) y su relación con el posterior desarrollo de enfermedades mentales también muestran en qué medida el entorno afecta profundamente a todo nuestro cuerpo, incluido su órgano más poderoso: la mente. El doctor Gabor Maté, especialista en adicciones y traumas, ha escrito ampliamente sobre las profundas huellas que deja en la estructura del cerebro el estrés emocional, que causa muchas enfermedades físicas y psicológicas habituales.

Para mí fue muy importante darme cuenta de que la genética no es el destino. Creía que estaba destinada a estar enferma porque mi familia lo estaba. Pero la perspectiva epigenética me proporcionó herramientas para replantearme la percepción de mi cuerpo. Podía haber heredado de mi familia determinadas tendencias, pero eso no significaba que tuviera que ser como ella.

Diversos estudios han demostrado que la influencia de la epigenética trasciende generaciones. Las experiencias de nuestros antepasados dieron forma a su ADN, que a su vez da forma al nuestro. Esto significa que nuestra vida no termina con nosotros, sino que se transmite, tanto lo bueno como lo malo, los traumas y las alegrías. En estudios de laboratorio con ratones, no solo los que estuvieron expuestos a dietas extremas o a estrés mostraron cambios en el corazón y en el metabolismo, sino también su descendencia, la descendencia de su descendencia, y así sucesivamente. Existen evidencias de que esto se aplica también a los humanos.[9,10] Diversos estudios muestran que los hijos de padres que han sufrido traumas, incluidos los que padecen racismo sistémico, han mostrado problemas de salud similares a los de sus progenitores y también índices más altos en muchas enfermedades.

Si los genes que heredamos se vieron afectados negativamente por las experiencias de generaciones anteriores a nosotros, ¿cómo detener el ciclo? Algunos factores ambientales están fuera de nuestro control —no podemos elegir las circunstancias de nuestra infancia, y menos aún las de la infancia

de nuestros bisabuelos—, pero tenemos la posibilidad de
controlar muchos otros factores. Podemos proporcionarnos
la alimentación que quizá no recibimos de niños. Contamos
con la posibilidad de aprender a establecer vínculos seguros
y a crearnos cierta sensación de estabilidad. Podemos cambiar lo que comemos, la frecuencia con la que hacemos ejercicio, nuestro estado de consciencia y los pensamientos y
creencias que expresamos. Como dijo el doctor Lipton: «En
esto consiste la nueva biología. En alejarnos del "eres víctima
de la vida" para introducir el hecho de que somos los creado-
res de nuestra vida».[11]

No somos solo nuestro cableado genético. En cuanto lo
entendemos, el tradicional enfoque determinista de cableado
defectuoso mediante intervenciones como la medicina y la
cirugía nos parece poco adecuado. Podemos y debemos ayudar a curarnos el cuerpo y la mente para crearnos bienestar.

EL EFECTO PLACEBO

Cuanto más aprendía sobre epigenética, más estudiaba la literatura sobre curación y transformación. Aprendí sobre el
poder de la creencia y el efecto placebo, término que describe
la capacidad de una sustancia inocua (como una pastilla de
azúcar) para mejorar síntomas de enfermedad. Durante toda
mi vida me han obsesionado las historias de remisión espon-
tánea y de personas que superan las enfermedades más debilitantes, que al parecer no podían superarse sin intervención
médica. Aun así, estas historias siempre parecían marginales,
más milagros que algo científicamente válido.

La mente puede crear cambios reales y mensurables en el cuerpo, y el efecto placebo es el reconocimiento de este hecho por parte de la ciencia convencional. Se ha documentado un efecto placebo significativo en trastornos que van desde la enfermedad de Parkinson[12] hasta el síndrome del intestino irritable.[13] Se han observado las respuestas más fuertes en estudios sobre la depresión,[14] en los que los participantes que creen que están tomando antidepresivos, pero en realidad toman pastillas de azúcar, informan de que se sienten mejor en general. Ni siquiera es necesario estar enfermo para experimentar el efecto placebo. En un estudio de la Universidad de Glasgow,[15] los investigadores dijeron a quince corredores que les habían administrado fármacos dopantes y luego les pidieron que corrieran. Los tiempos de los corredores aumentaron significativamente, aunque lo que les habían administrado habían sido inyecciones de solución salina.

Cuando nuestro cuerpo espera mejorar, envía mensajes para iniciar el proceso de curación. Se liberan hormonas, células inmunes y neuroquímicos. El efecto placebo demuestra que, cuando creemos en esa mejoría o pensamos que nos sentiremos mejor, a menudo sucede. Es un claro ejemplo del poder de la mente para influir en el cuerpo por mera sugestión.

Pero existe también la otra cara de la moneda. Se llama efecto nocebo,[16,17] y es el «gemelo malo» del placebo. Se produce cuando pensamos que no vamos a mejorar, sino a empeorar. Para estudiar este efecto, los investigadores dicen a los participantes que el medicamento que están tomando tiene unos terribles efectos secundarios, cuando en realidad están tomando una pastilla de azúcar. Al creer que están tomando un medicamento activo, muchas personas empiezan a experimentar los efectos secundarios sobre los que les han advertido.

Un ejemplo destacable, y extremo, de los peligros del efecto nocebo[18] tuvo lugar fuera de un laboratorio en la década de 1970, cuando un médico dijo accidentalmente a un paciente al que habían diagnosticado cáncer de esófago que le quedaban tres meses de vida. Cuando el hombre murió unas semanas después, la autopsia puso de manifiesto que el diagnóstico había sido erróneo; no había evidencia alguna de cáncer en su esófago. Murió, al parecer, ya que es imposible asegurarlo, porque creyó que iba a morir. Su médico dijo después en una entrevista: «Yo creía que tenía cáncer. Él creía que tenía cáncer. Todas las personas que lo rodeaban creían que tenía cáncer. ¿Eliminé de algún modo la esperanza?».[19]

En otro caso documentado del efecto nocebo de 2007,[20] a un hombre de veintiséis años que formaba parte de un estudio clínico sobre antidepresivos tuvieron que llevarlo de urgencia al hospital por sobredosis. Después de pelearse con su novia, tomó veintinueve pastillas de las que le habían recetado para el estudio. Cuando llegó al hospital, su presión arterial había descendido peligrosamente a niveles casi mortales, sudaba, temblaba e hiperventilaba. En cuanto los médicos lo estabilizaron, le hicieron pruebas y no encontraron fármacos en su cuerpo. Cuando un médico del ensayo clínico llegó al hospital, descubrió que el chico estaba en el grupo placebo, lo que significaba que había tomado pastillas sin ningún efecto. Al parecer, sus pensamientos y deseos negativos le habían provocado la sobredosis.

Psicología Holística

Adquirir estos conocimientos sobre la relación entre lo mental y lo físico supuso un cambio de paradigma para mí. Aprender que con cada elección participamos activamente en nuestro bienestar mental (o en su carencia) me animó a seguir aprendiendo y estudiando todo lo que pude sobre nuestro potencial de sanar el cuerpo.

Aprendí sobre los difusos efectos de la inflamación crónica del cerebro gracias a la emergente psiconeuroinmunología. Muchos grandes pensadores me abrieron los ojos sobre el papel de la alimentación y sus efectos en el ecosistema del intestino, que se comunica directamente con el cerebro. Empollé sobre la nueva ciencia de la teoría polivagal y el papel del sistema nervioso en el bienestar físico y mental (que abordaremos más adelante en este libro). Es increíble lo que estamos aprendiendo. Vivimos un cambio importante en nuestra visión de lo que nos pone enfermos y lo que nos ayuda a curarnos.

Al levantar la cabeza de los libros y los artículos de investigación, descubrí que ese conocimiento estaba conformando mi perspectiva sobre el papel que yo desempeñaba en mi propia salud. Quería integrar todo lo que había aprendido de la psicología convencional con las nuevas investigaciones sobre la curación mente-cuerpo. Desde esta perspectiva, formulé las bases de la Psicología Holística, destinadas fundamentalmente a abordar todos los aspectos de la persona (mente, cuerpo y alma). Los principios básicos de la Psicología Holística son los siguientes:

1. Curarse es una actividad diaria. No puedes «ir a algún sitio» a que te curen; para ello, debes dirigirte a tu interior. Esto implica el compromiso diario de hacer lo debido. Eres responsable de tu curación y participarás de forma activa en este proceso. Tu nivel de actividad está directamente relacionado con el de curación. El camino hacia una profunda transformación consiste en tomar pequeñas decisiones constantemente.

2. Aunque muchas cosas están fuera de nuestro control, podemos dominar otras. La Psicología Holística aprovecha el poder de decidir, porque eso permite curarse.

3. Las herramientas holísticas son muy prácticas y accesibles. Cambiar puede parecer abrumador, y a menudo lo es, ya que la principal función de tu mente subconsciente es mantenerte a salvo, y el cambio es una amenaza. Experimentamos esta «tendencia hacia lo que conocemos» en las distintas incomodidades que solemos sentir al cambiar. Tomar pequeñas decisiones a diario pese a la resistencia nos ayuda a empoderarnos para mantener el cambio.

4. Asumir la responsabilidad de tu bienestar mental, aunque intimidante, puede resultar muy enriquecedor. En la colectividad está produciéndose un cambio palpable, y muchas personas están cada vez más frustradas por las injusticias y las limitaciones de nuestro sistema sanitario. Probablemente hay en ti una parte intuitiva que sabe que puedes hacer algo más, o no habrías elegido este libro. Compartiré contigo la ciencia emergente que ilustra las muchas razones por las

que el viejo modelo ya no funciona, y te ofreceré una hoja de ruta para aprovechar este nuevo modelo de bienestar mental.

Al compartir la filosofía y las herramientas de la Psicología Holística con un círculo cada vez más amplio, me sorprenden constantemente las muestras de gratitud y las historias de resiliencia y curación. No podría decirte cuántas lágrimas he derramado al enterarme de la increíble fuerza y del poder interior de personas de todo el mundo. Pero me viene a la mente una historia que refleja una auténtica metamorfosis, y quiero compartirla contigo. Entré en contacto con una mujer llamada Ally Bazely, que se reconocía en muchos de mis comentarios sobre autosabotaje, especialmente en su necesidad de aprobación externa y en su incapacidad de mantener nuevos hábitos productivos. Lo peor era que no entendía que sus heridas más profundas no se las causaban los demás, sino el hecho de que ella misma traicionara a su yo intuitivo, su verdadero ser, que resonaba profundamente y le permitía ver su vida con mayor claridad. «Era como si por primera vez alguien iluminara las sombras que estaban causándome tanto dolor», escribió más tarde.

Lo que después consideraría su noche oscura del alma fue un momento especialmente difícil. Poco antes había sobrevivido a una terrible reacción adversa a la medicación que estaba tomando para tratar su esclerosis múltiple (EM). Se le hinchó la garganta. Perdía la consciencia viendo *El precio justo* desde el sofá, en casa de su madre. Los médicos le dijeron que seguramente nunca se pondría lo suficientemente bien como para volver a trabajar. «Nadie podía decirme qué estaba pasando. Ni mi médico, ni mi neurólogo, ni la empresa farmacéutica. Nadie sabía cómo me recuperaría. Ni siquiera si me recuperaría», escribió. Estaba muy deprimida, cansada de vivir, confinada en el sofá. Se moría por cambiar, pero no la orientaban lo más mínimo sobre lo que podría ser una vida saludable con una enfermedad crónica, ni si podía soñar con algo así. Algunas personas con EM viven sin que la enfermedad les complique la vida, y otras pueden perder la capacidad de andar y sufrir discapacidades neurológicas. Ella no sabía en qué tipo de persona se convertiría. De hecho, sus padres empezaron a buscar un piso al que pudiera accederse en silla de ruedas porque parecía que no iba a volver a andar, ya que sus opciones de tratamiento eran limitadas, y su pronóstico, «malo».

Pese a la amplia gama de resultados, nadie le aconsejó cómo sobrellevar o, mejor aún, aliviar sus síntomas; nadie le preguntó por su lucha previa contra la depresión y contra sus traumas infantiles. Nadie se interesó siquiera por cómo podía participar en su curación, porque no formaba parte del vocabulario que emplea la medicina convencional. Ally tuvo que investigar estas cosas por su cuenta.

En aquellos momentos bajos, un día se puso a mirar las redes sociales en el móvil y vio mi *post* sobre la autotraición. Leyó sobre cómo curar la autotraición reconstruyendo la confianza en uno mismo y se animó a dar un significativo paso adelante. Decidió hacerse una pequeña promesa diaria para mejorar su salud, y cumplirla. Cuanto más diminuta y realizable, mejor. Se prometió beber un vaso de agua cada mañana antes del café. Al principio se sentía tonta. «¿Cómo va a cambiarme la vida un vaso de agua?» Pero se puso una alarma en el móvil a las 6.45 para tomarse el vaso de agua, costumbre que siguió diligentemente.

Una semana después resistió el deseo de introducir más cambios y se centró en su victoria diaria de beber un vaso de agua. Hacía una pausa después de bebérselo para felicitarse y reflexionar sobre lo orgullosa que estaba de haber mantenido su promesa. «Madre mía —se decía—, mira lo bien que vas.»

Treinta días después, Ally añadió escribir un diario a su ritual matutino y empezó a seguir mis indicaciones en un ejercicio al que llamo «Diario del yo futuro» (puedes conseguir gratis la guía completa en https://yourholisticpsychologist. com), que creé para curarme a mí misma. Esta actividad te permite crear conscientemente nuevas vías neuronales en el cerebro que llevarán a nuevos pensamientos, sentimientos y comportamientos. Antes del «Diario del yo futuro», Ally siempre quiso escribir un diario, pero nunca fue constante. Sin embargo, al combinarlo con el vaso de agua, una práctica que ya había integrado en sus rituales cotidianos, pudo mantener su promesa. No tardó en descubrir que se sentía más segura siendo amable con su yo futuro que con su yo presente, y su escritura reflejaba ese enfoque más suave. Cuanto más escribía sobre sí misma en un tono cariñoso, más cuenta se daba de que el constante diálogo consigo misma que le llenaba la cabeza a lo largo de todo el día era negativo. Cuanto más confiaba en sí misma, más tranquilo era ese diálogo y más se extendían sus cuidados diarios y su amor al resto de su vida.

Ally llama a lo que siguió un «renacimiento». Descubrió

la obra del doctor Terry Wahls y el protocolo que lleva su nombre, un programa de alimentación y estilo de vida que ayuda a tratar los síntomas de la EM. Empezó a establecer límites y a practicar meditación y yoga a diario; además, siguió escribiendo su diario; comenzó a interactuar con su entorno a un nivel totalmente diferente, y, por supuesto, siguió bebiéndose el vaso de agua diario. Todos los días. «Me siento más a gusto conmigo misma hoy que en los últimos catorce años —escribió en un blog—. Los sueños que han vivido conmigo toda mi vida se han vuelto a encender.»

La EM de Ally remitió hace más de un año. Aunque estuvo confinada en un sofá, ahora no solo puede subir escaleras, sino que ha empezado a ir en bicicleta e incluso a correr, dos actividades que pensaba que su EM le había robado para siempre.

La historia de Ally nos muestra el poder de elegir. Aprendió que, incluso enfrentándose a un diagnóstico nefasto, tenía en su interior el poder de poner en práctica cambios beneficiosos. Esta aceptación de la elección en nuestra salud y bienestar es la primera lección que espero que se quede contigo mientras sigues adelante en tu viaje.

SÁNATE: OBSERVA SI ESTÁS ATASCADO

Dedica un tiempo a reflexionar sobre las siguientes preguntas respecto a si estás estancado, y analiza la razón o razones por las que te sientes atascado en estas áreas. Por ejemplo, puedes identificar patrones en tus pensamientos, emociones y comportamientos que te llevan a repetir esos patrones inútiles. Puede servirte analizarlos escribiendo un diario.

¿Sueles sentirte incapaz de cumplir las promesas que te haces a ti mismo, intentas tomar nuevas decisiones o crear nuevos hábitos, pero siempre vuelves a los antiguos? _____ .

¿Sueles reaccionar emocionalmente a los acontecimientos sintiéndote fuera de control e incluso avergonzándote después de tu comportamiento? _____ .

¿Te sientes distraído o desconectado de ti mismo y de los demás o del momento presente, quizá pensando en el pasado, o en el futuro, o sintiéndote en otro sitio? _____ .

¿Sueles sentirte abrumado y destrozado por pensamientos críticos que no te dejan sintonizar con tus necesidades físicas, emocionales y espirituales? _____ .

¿Te cuesta expresar tus deseos, necesidades, creencias o sentimientos en las relaciones? _____ .

¿Sueles sentirte agobiado o incapaz de manejar el estrés o alguno de tus sentimientos (o todos ellos)? _____ .

¿Te descubres a menudo repitiendo experiencias y patrones del pasado en tu vida diaria? _____ .

Si has contestado afirmativamente a una a o más de estas preguntas, es probable que te sientas estancado debido a tus experiencias y condicionamientos del pasado. Puede que te parezca imposible cambiar, pero te aseguro que no es el caso. La primera forma de crear cambios es empezar a imaginar un futuro diferente de tus realidades del pasado y del presente.

DIARIO DEL YO FUTURO

Llevar un diario de tu yo futuro es una práctica diaria que te ayudará a salir del piloto automático o de los hábitos diarios que te mantienen estancado y repitiendo tu pasado. Puedes empezar a avanzar si te comprometes a hacer con frecuencia las siguientes actividades:

- Observar de qué maneras sigues estancado en tus condicionamientos del pasado.

- Establecer una intención consciente y diaria de cambio.

- Fijar pequeños pasos realizables que apoyen decisiones diarias con miras a un resultado futuro diferente.

- Potenciar estas decisiones diarias a pesar de la experiencia universal y de la presencia de resistencia mental.

Para iniciar esta nueva práctica diaria utilizarás una libreta. Puedes dedicar un tiempo a personalizar o decorar tu diario o a crear una pequeña ceremonia en la que te felicites por haber tomado esta decisión. Dedica un momento a decidir cómo vas a utilizar esta nueva actividad y céntrate en lo que conseguirás si mantienes estas promesas día tras día.

Ahora estás listo para empezar: hazte una pequeña promesa para conseguir cambios en estas áreas y mantenla cada día. Si eres como yo, como Ally o como el millón de personas que luchan contra la traición a sí mismos como resultado de sus experiencias pasadas, debes saber que no estás solo. Te estás uniendo a un movimiento de millones de personas en todo el mundo que también se hacen estas pequeñas promesas a sí mismas.

2

El yo consciente

Durante mi primera sesión con Jessica, pensé: «Me haría muy amiga de ella». Tenía casi la misma edad que yo, trabajaba en una tienda en la que yo compraba y vestía con estilo hippy. Parecía cariñosa, amable y el alma de la fiesta.

Había ido a terapia, pero no había funcionado. Decidió volver a intentarlo porque también ella experimentaba la universal sensación de estancamiento, y dio conmigo en una búsqueda, en pleno ataque de pánico, en la web de *Psychology Today*. Al principio dedicaba nuestras sesiones a desahogarse sobre lo que le había sucedido durante la semana, mientras yo asentía. Apenas me pedía nada. Solo necesitaba un espacio seguro para hablar de cosas del trabajo, del estrés diario, de sus molestos compañeros de piso y de esa constante sensación de que estaba perdiéndose algo.

A medida que trabajábamos juntas, el barniz de hippismo relajado fue desvaneciéndose y pude ver su ansiedad crónica y su necesidad de complacer a los demás, lo que se ponía de manifiesto en sus altos niveles de perfeccionismo. Para adormecer su ansiedad y sus dudas, se daba una fiesta: bebía un poco de vino, fumaba un poco de hierba, tomaba algunas drogas, todo para relajarse y someter a su crítico interno. Pero hiciera lo que hiciese o consiguiera lo que consiguiese, nunca se sentía satisfecha.

Entonces conoció a un chico. Toda la ansiedad y la insatisfacción que sentía en su vida diaria se dirigieron a su nueva pareja. ¿Le gustaba de verdad o solo era una relación cómoda? ¿Debía irse a vivir con él o romper la relación? No dejaba de darle vueltas, de pasar de una idea extrema a otra. Con el tiempo, a medida que avanzaba su relación y casarse parecía casi inevitable, se volvía cada vez más reactiva emocionalmente. Contaba lo mismo sobre su relación semana tras semana. Hablaba de sus airadas discusiones y de cómo lo insultaba o pegaba portazos, y luego creía que no tenía razón y se sentía avergonzada. Para sobrellevarlo, bebía en exceso. Entonces la bebida amplificaba su reactividad emocional y, como en un bucle, volvía a empezar el ciclo de los insultos y los portazos. Se había quedado atrapada en un patrón de comportamiento que provocaba mucha angustia, tanto en ella como en su pareja. Las espirales de vergüenza y reactividad eran ya tan habituales y previsibles que se habían convertido en una parte segura de su relación.

Cada semana, Jessica me hablaba de su comportamiento e identificábamos cosas que podía empezar a hacer para que la semana siguiente los resultados fueran mejores. Tras observar el papel que desempeñaba el alcohol en su reactividad, decidió que una de esas cosas sería limitar su consumo. Cuando volvía a la terapia sin haber emprendido estos cambios, se despreciaba por su poca constancia. «Como de costumbre, no he cumplido nada de lo que me propuse», me decía.

Cuando llevábamos dos años de sesiones de terapia semanales, se sentía tan frustrada que me soltó: «Quizá debería tomarme un descanso de la terapia. Vengo aquí a hablar de lo mismo una y otra vez». No era la primera vez que escuchaba esa frustración. Experimentar la decepción ya es bastante difícil, pero es aún más duro tener a un testigo de tu fracaso. Es comprensible que los pacientes empiecen a verme (a mí o a cualquier otro terapeuta) como una figura parental que no aprueba lo que hacen.

El problema era que no podía avanzar. Estaba atrapada —o estancada— en el ciclo de su reactividad. Pensaba que todo lo que se le pasaba por la cabeza era una creencia que expresaba su yo interno. No podía tomar una decisión porque, como sus pensamientos pasaban de un extremo —«Amo a este chico»— a otro —«Odio a este chico»—, ella los seguía sin cuestionamiento ni contención.

La realidad es esta: pocos de nosotros estamos conectados con quien realmente somos, pero queremos que los demás traspasen todas nuestras capas de autotraición y vean nuestro interior. Como Jessica, todos queremos ser mejores versiones de nosotros mismos. Pero nuestros intentos fracasan porque no entendemos nuestra mente y nuestro cuerpo. No disponemos de las herramientas prácticas para entender cómo crear los cambios que nos proponemos. No podemos esperar que otros hagan por nosotros lo que no somos capaces de hacer.

No eres tus pensamientos

Cuando las personas oyen hablar de mi enfoque de sanación integral, quieren zambullirse en él de inmediato y conocer a su niño interior, empezar el proceso de reeducación, trabajar con el ego y eliminar los traumas. Este deseo de una solución rápida, en muchos sentidos característica de la cultura occidental, procede de un comprensible deseo de acabar con la increíble incomodidad de vivir con esas heridas. Antes de llegar a las capas más profundas, debemos adquirir la capacidad de observar nuestro mundo interior. Puede que no suene sexy, pero es fundamental. Todo lo que sigue se orienta a despertar tu consciencia.

Me topé con el concepto de consciencia cuando menos lo esperaba. Estaba pasando por un momento de desesperación. Tenía veintitantos años, por primera vez vivía por mi cuenta en la ciudad de Nueva York, tomaba mucha medicación para la ansiedad y compraba todo tipo de suplementos y pociones mágicas para sobrellevar la agitación física y emocional que parecía acompañarme. Trabajaba como investigadora en el centro de Manhattan para complementar mis (nulos) ingresos en el doctorado, y a la hora del almuerzo salía a pasear para evitar los ataques de ansiedad. Me dirigía a la majestuosa iglesia románica de San Miguel Arcángel, junto al Empire State Building. Me sentaba fuera, respiraba y rogaba: «Dios mío, ayúdame a superarlo».

Un día, tras otro de esos ataques de pánico, en lugar de detenerme delante de la iglesia seguí andando y llegué a un edificio en el que nunca me había fijado. Era el Rubin Museum of Art, donde se exhiben piezas y tejidos de religiones orientales. En el edificio había un cartel que decía: «No recordamos días, recordamos momentos». Algo en esta breve frase captó mi atención.

Cuando llegué a casa, busqué en Google la cita (que resultó ser del poeta italiano del siglo xx Cesare Pavese), y la búsqueda me llevó a gran cantidad de bibliografía sobre el poder del momento presente. Intrigada, me metí en una madriguera de investigación personal, una cadena de búsquedas que al final me llevó al concepto de consciencia,[21] una palabra que todos conocemos. Como término médico, su significado fundamental es «estar despierto». Pero para nuestros propósitos significa algo más amplio: un estado que no solo nos permite ser testigos de nosotros mismos y de la vida que nos rodea, sino que también proporciona capacidad de decisión.

Tócate la frente. Justo detrás de los dedos, en la parte delantera del cráneo, está la corteza prefrontal, la sede de la mente consciente. Aquí es donde planificamos el futuro y llevamos a cabo razonamientos sofisticados y múltiples tareas complejas. Nuestra mente consciente no está limitada por las cargas del pasado. Mira hacia delante y es constructiva. Nos hace excepcionalmente humanos. Aunque el resto del reino animal está sin duda vivo y presente, los otros animales no parecen compartir nuestra capacidad de pensar sobre el pensamiento, lo que llamamos la metacognición.

Aunque la consciencia nos hace humanos, la mayoría estamos tan inmersos en nuestro mundo interior, tan inconscientes, incluso dormidos, que no nos damos cuenta de que en nuestra mente siempre se ejecuta un guion. Creemos que ese guion es nuestro verdadero yo. Pero esa charla son solo nuestros pensamientos. Llevamos a cabo pensamientos durante todo el día.

Quizá te hayas detenido en este párrafo y hayas pensado: «Los pensamientos no se llevan a cabo». Pero así es. Llevamos a cabo pensamientos desde que abrimos los ojos por la mañana hasta que los cerramos de noche. Has llevado a cabo pensamientos tan constantemente y durante tanto tiempo que ni siquiera eres consciente de ello. Llevas a cabo pensamientos cuando sueñas y en tu subconsciente. Puedes etiquetar estos pensamientos como «tú», pero no son tú. Tú eres el que piensa tus pensamientos, no los pensamientos en sí.

Los pensamientos son respuestas electroquímicas que se producen gracias a la puesta en marcha de neuronas en el cerebro. Estos tienen un propósito: nos permiten resolver problemas, crear y establecer conexiones. Pero a veces confiamos demasiado en nuestros pensamientos. Cuando estamos en la «mente del mono», como describió Buda, nunca dejamos de pensar, nuestros pensamientos se mezclan; no queda espacio para respirar y analizarlos.

Volvamos a Jessica. Su indecisión —un día se sentía negativa, y al siguiente positiva— era producto de su mente de mono. A veces sus pensamientos giraban en torno a la suerte de tener a un chico estupendo en su vida, y lo creía así. Y cuando lo creía totalmente, se ponía de manifiesto en su comportamiento (irse a vivir con su novio o aceptar casarse con él). Pero otros días, cuando quería que el chico se fuera a la mierda, también creía en estos pensamientos, así que se peleaba, daba portazos y tiraba cosas. La oscilación hacía que desconfiara de sí misma, y el resultado fue que empezó a anestesiarse con drogas y alcohol para desconectarse aún más de su yo consciente. Jessica no podía avanzar porque su mente pensante estaba atrapada en un estado de reactividad. Le resultaba imposible aclararse sobre lo que quería porque no podía acceder a su intuición. Todos tenemos una intuición, un concepto psicológico y espiritual que remite a una sabiduría innata e inconsciente. El instinto visceral nos ha ayudado a seguir vivos a lo largo de la historia de la humanidad y sigue hablando con nosotros; es esa sensación de que se nos ponen los pelos de punta cuando andamos solos por un callejón oscuro, esa profunda sensación de desconfianza en la barriga cuando nos encontramos con alguien de quien no tenemos razones lógicas para dudar, ese cosquilleo en la columna vertebral cuando conocemos a alguien que sabemos que es especial. Es tu yo intuitivo hablándote desde el alma a través de la fisiología. Normalmente, de niños estamos en contacto con este autoconocimiento espiritual y tenemos instintos fuertes. A medida que crecemos y caemos bajo la influencia de otras personas, tendemos a desconectarnos de nuestra intuición. Nuestro sexto sentido se enturbia. No se pierde. Solo queda enterrado.

EL YO CONSCIENTE Y EL YO SUBCONSCIENTE

Solo cuando eres consciente puedes verte a ti mismo, un proceso de autoconsciencia que de repente puede poner de manifiesto muchas de las fuerzas antes ocultas que constantemente te moldean, te manipulan y te retienen. No puedes comer mejor, dejar de beber, querer a tu pareja o prosperar en algún sentido hasta que te vuelves transparente para ti mismo. Porque si intuitivamente sabes lo que tienes que hacer para cambiar a mejor, ¿por qué no lo haces? No se trata de un fracaso moral, sino que estás estancado y repites unos patrones de comportamiento más o menos automáticos.

Quizá esto te resulte familiar: vas al trabajo a la misma hora todos los días y tienes más o menos memorizada la rutina hasta que sales por la puerta. Te duchas, te cepillas los dientes, preparas café, desayunas, te vistes, te diriges al trabajo en coche, etc. Apenas tienes que pensar conscientemente en ninguna de estas cosas porque las has hecho con tanta frecuencia que tu mente pone el piloto automático. ¿Has ido alguna vez al lugar donde trabajas y te has preguntado: «Cómo he llegado hasta aquí»?

Cuando vamos con el piloto automático, una parte primitiva o subconsciente de nuestra mente impulsa nuestras reacciones. Sorprendentemente, nuestro subconsciente almacena todas y cada una de las experiencias que hemos tenido. Sin embargo, no es un mero almacén neutro de hechos y cifras; es emocional, reactivo e irracional. En todo momento, a diario, esta mente subconsciente da forma a nuestra manera de ver el mundo, ya que es el principal impulsor de la mayoría de nuestros comportamientos (a menudo automáticos). Aunque no siempre somos del todo conscientes, nuestra mente subconsciente trabaja duro para ser «nosotros». El modo en que pensamos, hablamos y respondemos procede de la parte subconsciente de nosotros mismos, que ha estado condicionada por pensamientos, patrones y creencias arraigados en nuestra infancia mediante un proceso llamado condicionamiento.

Funcionar con piloto automático es una función de nuestro condicionamiento. Casi todos nosotros estamos atrapados en la programación subconsciente; de hecho, algunos escáneres cerebrales muestran que solo un cinco por ciento del día operamos en un estado consciente;[22] el resto del tiempo estamos en modo piloto automático subconsciente. Esto significa que solo tomamos decisiones activamente durante una pequeña parte de nuestros días y que dejamos que nuestro subconsciente nos dirija el resto del tiempo.

Impulso homeostático

La abrumadora fuerza de la mente subconsciente hace que nos resulte difícil cambiar. No estamos evolutivamente preparados para los cambios. Cuando intentamos salir del piloto automático, nos enfrentamos a la resistencia de nuestro cuerpo y nuestra mente. Esta respuesta tiene nombre: impulso homeostático. El impulso homeostático regula nuestras funciones fisiológicas, desde la respiración hasta la temperatura corporal y los latidos del corazón. Y todo ello sucede a nivel subconsciente, lo que significa que no iniciamos ninguna de estas acciones de forma activa. Son automáticas. El objetivo del impulso homeostático es crear un equilibrio en la mente y el cuerpo. Cuando no están regulados, los desequilibrios pueden ser problemáticos e incluso provocar que estas funciones se traicionen a sí mismas.

A la mente subconsciente le encanta vivir en una zona de confort. Resulta que el lugar más seguro es aquel en el que ya has estado, porque puedes predecir el resultado. Los hábitos o comportamientos a los que volvemos una y otra vez se convierten en el modo predeterminado del subconsciente. En realidad, nuestro cerebro prefiere pasar la mayor parte del tiempo navegando con piloto automático. Saber qué podemos esperar es la mejor manera de ahorrar energía. Por eso nuestros hábitos y rutinas nos parecen tan cómodos, y nos inquieta e incluso nos agota que nuestros hábitos se interrumpan. El problema es que seguir nuestra rutina condicionada nos mantiene atrapados en ella.

Esta tendencia a persistir en lo conocido mantuvo a nuestros antepasados a salvo de diversas amenazas, como los animales salvajes, la escasez de alimentos y los enemigos. El impulso homeostático repetía y favorecía todo comportamiento que nos mantenía vivos —alimentados y con un lugar en el que vivir— sin que tuviéramos que tomar una decisión al respecto. En nuestro mundo actual de relativo confort (en las zonas desarrolladas del mundo), nuestras mentes y cuerpos no han evolucionado más allá de este estado reactivo en el que todo lo que no conocemos o nos resulta ligeramente incómodo lo consideramos una amenaza. También es cierto que las personas negras, indígenas y de color (BIPOC), incluso en el mundo desarrollado, se enfrentan a amenazas diarias por parte de nuestros sistemas opresivos. Debido a esas reacciones instintivas, cuando intentamos cambiar nuestros hábitos, muchos quedamos atrapados en ciclos de desempoderamiento. En lugar de entender que procede de una respuesta del cuerpo evolutivamente perfeccionada, tendemos a avergonzarnos. Esta vergüenza es una mala interpretación de nuestra fisiología.

Cada vez que tomamos una decisión que está fuera de

nuestra programación predeterminada, la mente subconsciente intentará que volvamos a lo que conocemos creando una resistencia mental. Esta tiene la capacidad de manifestarse como incomodidad tanto mental como física. Puede adquirir la forma de pensamientos cíclicos, como «Ya lo haré después» o «No tengo por qué hacerlo», o de síntomas físicos, como agitación, ansiedad o no sentirte tú mismo. Es tu subconsciente comunicándote que se siente incómodo en el nuevo territorio de estos cambios.

LIBERARSE

Al acercarse el día de la boda de Jessica apareció la angustia, que ella canalizó planificando diversos detalles sobre la misma. Estaba muy lejos de ser una novia insoportable, pero me contaba que se sentía fuera de control, lo que parecía dar a entender que, en realidad, su gran día le suponía una carga. Seguimos trabajando juntas e intentando que aprovechara su fuerza para observar y despertar su consciencia. Más o menos por aquella época, cuando llevábamos varios años de sesiones, me enteré por fin de que había sufrido una pérdida devastadora. Me lo comentó al contarme que le entristecía pensar que no podría bailar con su padre el día de la boda.

Cuando Jessica tenía poco más de veinte años, su padre, una piedra angular en su vida y un miembro muy querido en su comunidad, falleció de forma repentina. Una tragedia como esta devastaría a cualquiera, pero la decisión de Jessica de ni siquiera mencionar la muerte de su padre en nuestros cinco años de relación me permitió entender cuánto había reprimido esa pérdida. Merecía la pena analizar si sus sentimientos no resueltos emergían en estos ciclos diarios de reactividad, quizá en sus enfados con su pareja y en su constante estrés. Jessica estaba atrapada en un bucle porque nunca se había enfrentado a su dolor. Sus sentimientos le parecían demasiado grandes y aterradores, así que los dejaba de lado y seguía con su vida. Su cuerpo se aclimató al bucle y la hacía sentir más cómoda cuando evitaba sus sentimientos más profundos que cuando se enfrentaba a ellos. Le comenté que me parecía extraño que no hubiera mencionado antes a su padre en nuestras conversaciones y le pregunté por qué creía que no me había contado algo tan importante y traumático. Pareció sorprendida por no haberlo mencionado y no estaba segura de cuáles habían sido los efectos de aquella pérdida. Hasta ese punto había enterrado su dolor.

Al empezar a planificar su boda, su padre se convirtió en un tema más frecuente. Su evidente ausencia hacía imposible que siguiera negándole su lugar en su vida. Aun así, rara vez mostraba alguna emoción respecto a su ausencia. Se mantenía serena, casi insensible, cuando hablábamos de él. A medida que se acercaba la boda, cada vez salía más en nuestras conversaciones, y al mismo tiempo trabajábamos para que cultivara su consciencia de las muchas formas en que su dolor pasado se filtraba en su visión del presente. Se daba cuenta de que se volcaba en factores estresantes superficiales para no pensar en el dolor no reconocido por la muerte de su padre.

Analizamos juntas la importancia de desarrollar el músculo de la atención o el poder de la consciencia para acabar con estas reacciones automáticas. Trabajamos para trasladar su consciencia al momento anterior a su inmersión en una reacción instintiva exagerada sobre el pastel de boda o la disposición de los asientos. Analizamos cómo podía aprovechar mejor los ejercicios de respiración y la meditación. Lo que tenía más impacto en Jessica era el movimiento físico, especialmente el yoga. A muchas personas les resulta útil el movimiento físico para ejercitar el músculo de la atención, que es clave para la consciencia. El yoga, que se considera una práctica «de arriba abajo» (es decir, que el cerebro dicta los planes que sigue el cuerpo), puede ser un medio especialmente poderoso para ayudar a la mente a asentarse en el momento presente y centrar la atención mientras canalizamos nuestra respiración y desafiamos a nuestro cuerpo. El control de la atención que desarrolló gracias al yoga la ayudó a empezar a tomarse un segundo antes de reaccionar. Esto le permitió crear un espacio para empezar a ser más consciente de lo que le pasaba. A partir de esta base de consciencia, crearía los cambios futuros.

El yoga transformó tanto a Jessica que decidió formarse como instructora. Para ello, siguió un programa riguroso que la obligaba a enfrentarse a muchos de los estados de reactividad predeterminados en los que había estado viviendo. En cuanto dejó espacio para la autorreflexión y fue capaz de sobrellevar la incomodidad de los sentimientos, a veces abrumadores, que activaban las posturas físicas desafiantes, nuestra terapia empezó a hacer un clic. Cuanto más yoga hacía, más vivía en el momento presente. Empezó a salir del modo piloto automático y a observarse en lugar de limitarse a saltar de un sentimiento a otro. Al volverse más presente, era capaz de tomarse una pausa y observar sus pensamientos y comportamientos como lo que realmente eran: estados transitorios que podía gestionar. El músculo de la atención la ayudó a desarrollar más consciencia de sus pensamientos, y luego aprendió a vivir la incomodidad de observarlos y construir un sentido de resiliencia y empoderamiento. Esto se convirtió en un catalizador para su transformación interior.

Cuanto más yoga practicaba Jessica, más consciente se volvía. De hecho, parte de lo que ocurría era que estaba cambiando su cerebro a nivel físico, literalmente. Al desarrollar el músculo de la atención se produce un proceso llamado neuroplasticidad. La neuroplasticidad es un concepto introducido en los últimos cincuenta años, cuando los investigadores descubrieron que sigue siendo posible cambiar estructural y fisiológicamente el cerebro a lo largo de toda nuestra vida (aunque antes se creía que las posibilidades de cambiarlo terminaban entre los veinte y los treinta años). El cerebro es capaz de reorganizarse y desarrollar nuevas conexiones neuronales. Las investigaciones muestran que prácticas como el yoga y la meditación, que nos ayudan a centrar la atención en el momento presente, son especialmente potentes para reestructurar el cerebro. Cuando se forjan nuevas vías neuronales, podemos liberarnos de nuestros patrones predeterminados y vivir más activamente en un estado consciente. De hecho, las resonancias magnéticas funcionales (RMNf) lo confirman,[23] y muestran evidencias tangibles de que las prácticas constantes de consciencia engrosan los lóbulos prefrontales, la zona en la que reside nuestra consciencia. Otras formas de meditación basadas en la compasión (o simplemente en cerrar los ojos y pensar en un ser querido) ayudan a fortalecer una zona llamada sistema límbico, el centro emocional del cerebro. Todo este trabajo permite que se vuelva a cablear nuestro cerebro, interrumpir nuestros patrones de pensamiento predeterminados y despertarnos del modo piloto automático que impulsa el subconsciente. Desde esta base de consciencia podemos empezar a observar los patrones condicionados de nuestros pensamientos, creencias y relaciones. Esta sincera consciencia de nosotros mismos nos muestra el camino hacia el cambio, y, en última instancia, hacia la curación.

EL PODER DE LA CREENCIA

En 1979, la psicóloga de Harvard Ellen Langer reclutó a dos grupos de hombres de hogares de ancianos de la zona de Boston para que pasaran una semana en un monasterio de New Hampshire y formaran parte de un estudio pionero sobre el poder de la creencia y su efecto en el envejecimiento.[24] A los del primer grupo les dijeron que vivieran como si, de la noche a la mañana, el reloj hubiera retrocedido veinte años. Les pidieron que intentaran vivir como versiones jóvenes de ellos mismos. Los del segundo grupo se quedaría en el presente, pero se les instó a recordar el pasado.

En la zona del monasterio del primer grupo, que habían decorado para el estudio, todo apoyaba la transformación de los participantes en su yo más joven. Los muebles eran de mediados del siglo pasado. Había ejemplares de la revista *Life* y del *The Saturday Evening Post* repartidos por las habitaciones. Veían a Ed Sullivan en televisores en blanco y negro, escuchaban radios antiguas y les ponían películas de los años cincuenta, como *Anatomía de un asesinato*. Los animaban a hablar de acontecimientos de ese pasado: el lanzamiento del primer satélite estadounidense, el ascenso al poder de Fidel Castro en Cuba y sus miedos sobre la escalada de las tensiones en la Guerra Fría. Quitaron todos los espejos y los sustituyeron por fotografías de estos hombres de hacía veinte años.

Aunque el estudio solo duró una semana, los cambios que experimentaron los hombres fueron asombrosos. Ambos grupos mostraron grandes mejoras en todos los ámbitos, desde el físico hasta el cognitivo y el emocional. Todos los hombres aumentaron su flexibilidad, se encorvaban menos, y sus dedos, devastados por la artritis, eran más diestros e incluso parecían más sanos. Observadores independientes, a los que, sin que supieran nada del estudio, se les pidió que compararan fotos anteriores al estudio con las tomadas una semana después, calcularon que las fotos posteriores eran como mínimo de dos años antes que las primeras.

Los cambios fueron más allá de lo físico y resultaron más profundos para aquellos que encarnaron a su yo más joven. El 63 por ciento mostró coeficientes de inteligencia considerablemente más elevados después de esa semana, frente al 44 por ciento en el otro grupo. En general, todos los hombres del primer grupo mostraron mejoras en los cinco sentidos, desde la capacidad de percibir más sabores en la comida hasta mejor audición y visión.

Comento este estudio para mostrar el increíble poder de nuestros pensamientos, que pueden influirnos de muchas maneras. Que estos importantes cambios se produjeran en una población mayor, normalmente más resistente al cambio, es una muestra de la posibilidad de que puedas experimentar una transformación similar en tu vida.

En lugar de centrarte en pensamientos negativos —como los estudios muestran que hacemos el 70 por ciento del tiempo—,[25] quiero que intentes observar las sensaciones de tu cuerpo cuando te sientes amenazado. En otras palabras: quiero que te vuelvas consciente. ¿Te ves poniéndote a la defensiva, con los hombros y los músculos de la mandíbula tensos, cuando hablas con tu madre por videollamada? ¿Te retiras, te desconectas o te vuelves hiperconsciente de las sensaciones de tu cuerpo cuando entras en un entorno desconocido? Obsérvate sin juzgarte. Limítate a verlo. El camino que debes seguir consiste en conocerte a ti mismo. Aprender a pasar tiempo solo, a quedarte quieto, a escuchar realmente a tu intuición y a ser testigo de ti, incluso y especialmente de esas partes más oscuras que preferirías mantener ocultas.

No creer en todos nuestros pensamientos y entender que nosotros los pensamos, que no somos nuestros pensamientos, nos hace tremendamente libres. La mente es una herramienta poderosa y, si no adquirimos consciencia de la desconexión entre nuestro auténtico yo y nuestros pensamientos, les damos demasiado control en nuestra vida diaria.

Para empezar, debemos estar en un entorno que consideremos seguro y alentador. No podemos ser conscientes en un entorno hostil, y menos al principio. Debemos estar en un lugar en el que podamos bajar un poco nuestras defensas, arriesgarnos y soltarnos. Las personas que vivan en entornos físicos inseguros, especialmente las que están sometidas a nuestros actuales sistemas opresivos, pueden encontrar los lugares más seguros en breves y tranquilos momentos dentro de sí mismos.

Ha llegado el momento de probar varios ejercicios que te

ayudarán a acceder a esta consciencia. Será útil utilizar estas indicaciones durante unos minutos cada día. ¿Por qué? Porque, para llevar a cabo el cambio, tendrás que crear una rutina y mantenerla, una pequeña promesa diaria que puedas realizar durante tu viaje hacia la curación. Notarás que al principio estos ejercicios pueden ser muy incómodos. Es porque la mente grita: «¡Eh, espera! ¡Esto me molesta! ¡Queremos funcionar con nuestra programación habitual!». La incomodidad puede manifestarse en forma de nervios. Intenta respirar y no juzgar la experiencia. Si la inquietud llega a ser demasiado intensa, detente y, lo más importante, reconoce que has identificado tu límite. Descansa, por supuesto, y ten presente que puedes volver a empezar al día siguiente.

Recuerda que al principio puede parecerte complicado o que es una bobada. Sigue con ello. Este ejercicio para construir la consciencia sienta las bases para los pasos que vendrán a continuación.

SÁNATE: CONSTRUYE LA CONSCIENCIA

1. Encuentra uno o dos minutos para centrarte y estar realmente presente en lo que haces. Aprovecha mientras friegas los platos, doblas la ropa o te duchas. Puedes detenerte cuando paseas para mirar las nubes o tomarte un momento para percibir los olores de tu lugar de trabajo. Decide conscientemente ser testigo de la totalidad de tu experiencia en ese momento. Dite: «Estoy en este momento presente». Tu mente puede responder con un flujo continuo de resistencia mental porque estás sacándola de su condi-

cionamiento y se siente observada. En tu mente puede surgir todo tipo de pensamientos. Limítate a observarlos.

2. Conéctate con el momento. Nuestros sentidos nos permiten dejar la mente de mono y encontrar una conexión más profunda con el presente. Supongamos que has decidido hacer este ejercicio mientras friegas los platos. Siente el jabón en las manos; observa las burbujas que forma; nota cómo resbalan los platos en el fregadero; huele el aroma del aire. Esto te permitirá quedarte en este momento sin que tu mente te ordene que salgas. Con la práctica, te sentirás cada vez más cómodo.

3. Tras realizar este ejercicio durante uno o dos minutos, reconoce que te has concedido ese tiempo. Esto permitirá que tu mente y tu cuerpo entiendan cómo se sienten y te ofrecerá un momento para darte las gracias por el tiempo que te has tomado.

4. Repite este ejercicio al menos una vez al día. A medida que te sientas más cómodo, empezarás a encontrar más momentos en los que repetirlo.

DIARIO DEL YO FUTURO:
EL EDIFICIO DE LA CONSCIENCIA

Ahora me uniré a vosotros en este viaje y compartiré las entradas del diario del yo futuro que utilicé todos los días para empezar a crear nuevos hábitos en mi vida. De entrada, empecé manteniendo la promesa de crear una nueva experiencia de consciencia diaria. Cada día copiaba en mi cuaderno versiones similares de las siguientes frases para recordarme que quería cambiar. Esto me ayudaba a tomar decisiones a lo largo del día y a crear nuevos hábitos. Para ayudaros en este proceso, podéis utilizar el siguiente ejemplo (o cread otro similar):

Hoy estoy siendo consciente de mí mismo y de mis patrones diarios.

Agradezco la oportunidad de crear cambios en mi vida.

Hoy soy consciente cada vez que elijo.

Cambiar en este ámbito me permite sentirme más consciente de mí mismo y de mis patrones.

Hoy realizo este ejercicio dirigiendo mi atención al momento presente.

El objetivo a partir de aquí es seguir tomando esta nueva decisión todos los días. Para ayudarme a recordar mi intención de introducir consciencia, me puse alarmas en el móvil para diferentes momentos del día. (Sí, a veces la tecnología puede ser nuestra amiga.) Cada vez que sonaba, comprobaba dónde estaba dirigiendo mi atención. Tardé poco en descubrir que no la enfocaba al momento presente. En absoluto. Descubrí que me encantaba dedicar tiempo a dar vueltas a experiencias estresantes pasadas. Si no estaba reviviendo el pasado, me dedicaba a preocuparme por las muchas e inevitables calamidades que podrían estresarme en el futuro. Mi capacidad consciente de crear cambios no estaba en ninguna parte.

3

Una nueva teoría sobre los traumas

Conocí a Christine poco después de empezar a compartir mi viaje hacia la curación en las redes sociales. Como Ally, Christine conectó con mis publicaciones sobre el concepto de autotraición, o la negación constante de nuestros auténticos deseos y necesidades, que lleva a conductas destructivas o autolesivas.

Christine admitió sin problemas que era una «adicta a la autoayuda». No existía una moda relativa al bienestar que no hubiera probado. Compraba libros, asistía a seminarios e incluso participaba en talleres de una semana que se organizaban en cualquier parte del mundo, y todo ello con el mismo resultado: decepción. Hiciera lo que hiciese, acababa en el mismo lugar en el que había empezado. Al principio se lanzaba de cabeza a una práctica o experiencia, pero a las pocas semanas la dejaba correr. Se aburría. Se sentía incómoda. Y la daba por concluida.

Me contó que su principal problema parecía superficial, pero la atormentaba: odiaba su barriga. Le molestaba desde la adolescencia. Aunque nunca había tenido sobrepeso, siempre sentía que su barriga era asquerosa, como una parte extraña de su cuerpo que no formaba parte de ella. Cuando empezó a investigar sobre su alimentación, descubrió que a menudo no recordaba lo que había comido ese día. A veces olvidaba que estaba comiendo incluso con la comida en la boca. Describía noches en las que desconectaba por completo mientras se comía una bandeja de *brownies*. Hasta que no se tomaba un descanso no se daba cuenta de que era tan poco consciente de lo que comía que apenas distinguía los sabores.

Este tipo de experiencia es típica de las personas que pasan por un estado de disociación, un mecanismo de afrontamiento de desconexión física y mental de nuestro entorno como respuesta a un estrés continuo o agobiante. La persona está físicamente ahí, pero su mente se ha ido. Es una respuesta protectora ante un acontecimiento o situación que siente demasiado grande o amenazador para que lo vea la mente consciente. La disociación es una respuesta muy frecuente al estrés en las personas que viven con traumas infantiles. El psiquiatra Pierre Janet, que acuñó el término, lo describió como una «escisión» del yo.[26] Se lo describo a mis pacientes como la sensación de marcharse en una nave espacial, una especie de separación metafísica del yo respecto del cuerpo. La disociación alimentaria de Christine me mostró que intentaba escapar de algo que no tenía nada que ver con la comida.

Con el paso del tiempo, Christine empezó a hablar de su pasado. Se dio cuenta de que su familia no le había proporcionado un entorno de confianza y apoyo, y que su madre y sus hermanos solían intimidarla. En ausencia de relaciones seguras, guardaba un terrible secreto que la torturaba: un buen amigo de la familia, un hombre de más de cuarenta años, había empezado a abusar sexualmente de ella a los nueve años.

El hombre había convencido a Christine de que lo que hacía con ella era un secreto y de que, si se lo contaba a alguien, se metería en problemas, la habitual estrategia de los depredadores. Los abusos se prolongaron durante años. Su familia incluso se burlaba de ella por la clara preferencia que el hombre mostraba por ella. «Eres su favorita», le decía su madre. Sus hermanos se enfadaban cuando el hombre le llevaba regalos o la sacaba de paseo. «Eres una pelota.»

Christine sabía intuitivamente que lo que le pasaba era malo, pero aprendió a rechazar su intuición y a creer en el hombre que abusaba de ella. Lo sobrellevó desconectándose, escapando mentalmente mientras su cuerpo sufría el abuso. Al desconectar de su intuición una y otra vez, al final aprendió que no podía confiar en sí misma y que debía atender los pensamientos, las creencias y las opiniones de los demás.

Su conducta disociativa se convirtió en una estrategia de afrontamiento predeterminada, y en la edad adulta significó salir del momento presente cuando se sentía incómoda. Observar este patrón en la edad adulta la ayudó a entender que se trataba de un comportamiento aprendido en la infancia, cuando abandonaba su presente para sobrellevarlo emocionalmente.

TRAUMA: UN CONCEPTO MALINTERPRETADO

El trauma, tal y como lo entiende la mayoría de los profesionales de la salud mental, es el resultado de un acontecimiento profundamente catastrófico, como el abuso o la negligencia severos. Estos acontecimientos alteran la vida y dividen el mundo de las personas en un «antes» y un «después», como sucedió con el abuso sexual de Christine. Los Centros para el Control y la Prevención de Enfermedades ofrecen una escala llamada test sobre Experiencias Adversas en la Infancia (EAI),[27] que los profesionales de la salud mental utilizan para evaluar el nivel de los traumas en la vida de sus pacientes. El cuestionario sobre EAI incluye diez preguntas que cubren varios tipos de traumas infantiles, incluidos los abusos físicos, verbales y sexuales, así como las experiencias de haberlos presenciado o de tener a un miembro de la familia en la cárcel. Cada respuesta afirmativa a las diez preguntas vale un punto. Las investigaciones han mostrado que, cuanto más elevada es la puntuación, mayores son las posibilidades de resultados negativos en la vida, desde elevadas tasas de abuso de drogas u otras sustancias y suicidio hasta mayores riesgos de desarrollar enfermedades crónicas.

El cuestionario sobre EAI es importante porque traza claramente en qué medida los traumas sufridos en la infancia dejan huellas duraderas en nuestro cuerpo y nuestra mente. Muestra que lo que sucede en la infancia, especialmente cuando ha sido una experiencia muy negativa, nos acompaña toda la vida.

Cuando hice el test sobre EAI, saqué un 1 (alrededor del 70 por ciento de las personas en todo el mundo saca al menos un 1).[28] Este resultado reflejaba el mismo mensaje que recibí durante mi formación, que la palabra «trauma» se aplicaba exclusivamente a personas como Christine, que sufrió un abuso extremo. Jamás habría pensado en mi infancia como traumática en algún sentido. Procedía de una familia que me parecía «normal». Mi padre trabajaba duro y volvía a casa cada noche a la misma hora. Nunca nos quedamos sin comer. Mis padres no bebían. Seguían casados. No había abusos verbales ni físicos extremos.

Sin embargo, apenas tenía recuerdos de mi niñez. Los hitos que suelen marcar la existencia de las personas —el primer beso, la graduación, las vacaciones— estaban en blanco. También tenía problemas con el reconocimiento facial. Apenas distinguía los parecidos familiares. (Para mí, los bebés no eran «clavados» a sus padres. Eran... bebés.) Cuando veía docudramas, nunca diferenciaba a la persona entrevistada del actor que recreaba una escena.

No me di cuenta de que todo esto no era normal hasta que compartí esta carencia con otras personas que se molestaban cuando no recordaba algo que habíamos vivido juntos, o se burlaban de mí cuando me costaba reconocer a alguien de mi pasado a quien no debería haber tenido ningún problema en identificar. Algunas no se lo creían. «¡No puede ser! ¿Cómo has podido olvidarlo?» Se convirtió en una broma con mis amigos: «¡Nicole tiene una pésima memoria!».

Debo añadir que sí recordaba emociones. Seguía teniendo «recuerdos emocionales» o impresiones del pasado, pero no relacionaba esos sentimientos con experiencias concretas. Siento lo que era estar tumbada en la cama a los seis años, repasando una y otra vez la lista de cosas que podrían destrozar mi mundo: mis padres podrían morir, alguien podría entrar en nuestra casa, podríamos fallecer todos en un incendio... La lista era interminable. Este estado de ansiedad es un recuerdo emocional y una expresión de la cantinela suscitada por el temor de mi familia: «Siempre pasa algo». Ese «algo» podía ser un vecino enfadado, una factura que no se había pagado, una tormenta de nieve o una pelea con un familiar. Si le sucedía a uno de nosotros, nos pasaba a todos. Estábamos unidos en un ciclo de ira y ansiedad.

Sin embargo, a diferencia del resto de mi familia, que luchaba por sobrellevar la vida con tantos miedos, yo nunca parecía abrumada. Me decían que era distante, despreocupada y tranquila, una niña fácil que se adaptaba a todo. Daba la impresión de que nada me molestaba. Pero ese distanciamiento era una estrategia de afrontamiento, la forma en que mi mente se protegía del estrés. Me desconectaba, me separaba de mí misma y entraba en mi «nave espacial». Estaba tan desconectada, me marchaba tan lejos en esa nave espacial, que al final guardé muy pocos recuerdos de mi infancia y apenas ninguno de entre los veinte y los treinta años. Pero que mi mente no estuviera presente en lo que sucedía a mi alrededor no significa que mi cuerpo no lo recuerde.

El doctor Bessel van der Kolk, experto en traumas y autor del innovador libro *El cuerpo lleva la cuenta. Cerebro, mente y cuerpo en la superación del trauma*, describe la disociación como un proceso de «saber y no saber simultáneamente» y dice que las personas traumatizadas que se desconectan «recuerdan muy poco y demasiado simultáneamente».[29] El trauma se instala en el cuerpo de maneras difusas —lo comentaremos con detalle en el capítulo siguiente—, pero su impacto más profundo puede producirse en el modo en que afecta a la respuesta del sistema nervioso al estrés: mediante la lucha o la huida.

Hasta más adelante, tras años de ofrecer terapia a personas como Christine, no empecé a encontrar puntos en común con personas que habían sufrido un trauma infantil. Muchas lo sobrellevaban construyendo «naves espaciales» individuales que empujaban a patrones de desconexión y desapego de por vida, y tenían pocos recuerdos. Este descubrimiento planteaba las siguientes preguntas: si nunca me había sucedido nada «traumático», como pensaba en su momento, ¿por qué no recordaba la mayor parte de mi infancia? ¿Por qué me costaba tanto conectar con mi yo y cuidarme emocionalmente? ¿Por qué me traicionaba a mí misma de forma constante? ¿Por qué Christine y yo expresábamos las mismas respuestas al trauma cuando nuestras experiencias infantiles habían sido tan diferentes?

En aquel momento no sabía que lo que yo había sufrido era una forma de trauma espiritual, y vivía sus consecuencias en mi vida diaria, igual que Christine.

AMPLIAR LA DEFINICIÓN DE TRAUMA

He tratado a personas de todo el espectro de EAI, desde las que tenían familias «perfectas» y puntuaciones de traumas de 0 hasta las que obtenían casi 10 puntos, con más experiencias traumáticas de las que muchos podríamos imaginar, y menos sobrevivir a ellas.

Aunque sus historias diferían drásticamente, las dinámicas seguían un guion similar. Muchas personas eran perfeccionistas funcionales, sobresalientes o adictas a diferentes sustancias o comportamientos. Sentían mucha angustia, depresión, falta de confianza en sí mismas, baja autoestima y la obsesión por que las vieran de determinada manera. Tenían patrones de relación problemáticos. Y, por supuesto, estaban «estancadas», eran incapaces de avanzar desde patrones de comportamiento que parecían arraigados. Los patrones contaban una historia que arrojaba luz sobre lo generalizados que son los traumas infantiles.

La realidad es que muchas personas no pueden señalar varios momentos (ni siquiera uno) que destrozaran su vida. Es posible que no puedan admitir que parte de su infancia fue perjudicial. Pero eso no significa que el trauma no estuviera presente. Aún no he conocido a una persona que no haya experimentado algún trauma en su vida. Creo que nuestra idea del trauma debería ampliarse e incluir una amplia gama de experiencias agobiantes o, como lo definió el neurólogo Robert Scaer, cualquier acontecimiento negativo «que se produce en un estado de relativa impotencia».[30]

El cuestionario sobre EAI, aunque útil, no cuenta toda la historia de los traumas. No considera la gama de traumas emocionales y espirituales que son consecuencia de negar o reprimir constantemente las necesidades del verdadero yo, como muchos hemos experimentado. De hecho, sorprendentemente, la valoración sobre EAI ni siquiera tiene en cuenta las innumerables formas en que el entorno —la sociedad en general— puede traumatizarnos. En el test sobre EAI no hay una sola pregunta sobre racismo —por ejemplo, la discriminación y el abuso, formas obvias de trauma racial—, menos aún alguna referencia a formas más sutiles, generalizadas y perniciosas de intolerancia y prejuicios que existen en la infraestructura de la sociedad. Cuando vives en un mundo que no te apoya y que es totalmente amenazante —en el sistema educativo, el sistema penitenciario, la policía, el lugar de trabajo, los hospitales—, estás en un estado casi constante de trauma. Los grupos marginados, especialmente las personas BIPOC (blancos, indígenas y personas de color), se abren camino entre la opresión sistémica, las leyes discriminatorias y un marco perjudicial que puede colocarlos directamente en un «estado de relativa impotencia», que es la base de la definición de trauma de Scaer.

En otras palabras, las experiencias traumáticas no siempre son obvias. Nuestra percepción del trauma vale tanto como el trauma en sí. Esto es especialmente cierto en la infancia, cuando somos más indefensos y dependientes. El trauma se produjo cuando nos traicionamos constantemente a nosotros mismos por amor, cuando nos trataron de un modo que hizo que nos sintiéramos indignos o inaceptables, lo que provocó que se interrumpiera la conexión con nuestro verdadero yo. Los traumas crean la idea fundamental de que debemos traicionar a la persona que somos para sobrevivir.

Condicionamiento en la infancia

El papel de las figuras parentales es ser guías. Las relaciones parentales cariñosas ofrecen una base segura a la que el niño puede regresar cuando se aventura a salir a la vida, con los altibajos propios de esta gran transición. Un guía básicamente no juzga y permite que el niño sea como es. Debe observar y actuar desde un estado de consciencia y sabiduría. Esto permite que el niño experimente las consecuencias naturales de sus actos sin intervenciones y siente las bases para construir la confianza en sí mismo. Piensa en el guía como en un profesor sabio, alguien que tiene fe en la base que ha proporcionado y confía en que el alumno podrá sobrellevar lo que le depare la vida. Entonces el niño interioriza esa fe. Esto no significa que evite el dolor, la pérdida, la ira o la pena —la amplia gama de sentimientos humanos—, pero el guía o la figura parental ofrece una base de seguridad y resiliencia para que el niño regrese cuando lleguen tiempos difíciles.

Si las figuras parentales no se han curado o ni siquiera han reconocido sus traumas no resueltos, no pueden avanzar conscientemente su camino en la vida, y mucho menos actuar como guías en los que otros puedan confiar. Es muy frecuente que las figuras parentales proyecten en sus hijos sus traumas no resueltos. Incluso figuras parentales bienintencionadas reaccionan bajo la influencia de sus heridas inconscientes y, en lugar de ofrecer una guía, intentan controlar, microgestionar o coaccionar al niño para que cumpla su voluntad. Algunos de estos intentos pueden tener las mejores intenciones. Tal vez las figuras parentales quieren, consciente o inconscientemente, que el niño se sienta seguro y protegerlo del mundo para que no sufra el mismo dolor que ellas. Al hacerlo, puede que nieguen los deseos y necesidades del muchacho. Aunque parezcan intencionadas, a menudo estas reacciones surgen de su propio dolor, profundamente arraigado, que quizá no es visible en la superficie. A muchos nos criaron figuras parentales que gestionaban con dificultad sus emociones por no haber resuelto su dolor infantil. Quizá proyectaron ese dolor en nosotros directamente, cuando nos pedían que no lloráramos, o de forma indirecta, cuando respondían a nuestras muestras de emoción retirándose. Según Lindsay Gibson, psicoterapeuta y autora de *Hijos adultos de padres emocionalmente inmaduros. Cómo recuperarse del distanciamiento, del rechazo o de los padres autoinvolucrados*, esta falta de conexión emocional en la niñez deja «un enorme agujero donde debería haber habido la verdadera seguridad. La soledad de sentirse invisible para los demás es un dolor tan fundamental como las lesiones físicas».[31] Esta soledad emocional se prolonga hasta la edad adulta cuando repetimos los patrones de evitación emocional, cerrazón y vergüenza.

Creo que resulta cada vez más fácil ver que los traumas son intergeneracionales, que se han transmitido de una figura parental a la siguiente, y de esta a la otra... hasta llegar a nosotros. En este proceso es fundamental el concepto de condicionamiento, en el que las creencias y los comportamientos se imprimen en nosotros de forma inconsciente. Cualquiera que haya pasado tiempo con un niño pequeño sabe que los chicos imitan los comportamientos de los demás: ya sea un amigo, un compañero de clase o un personaje de dibujos animados, hacen lo que ven. Así funciona el condicionamiento. Aprendemos lo que otros modelan en nosotros, especialmente nuestras figuras parentales. Los vínculos que establecemos en los primeros años sientan la base de nuestras creencias subconscientes. Aprendemos cómo es una relación viendo las relaciones de las personas más cercanas a nosotros. Aprendemos cómo sentirnos con nuestro cuerpo observando cómo se sienten con él nuestros padres. Asimilamos si debemos priorizar o no el cuidado de nosotros mismos. Asumimos hábitos de consumo, visiones del mundo y creencias sobre nosotros mismos, sobre los demás y sobre el mundo. Almacenamos estas creencias, así como otros muchos mensajes, en el subconsciente.

Buscamos constantemente a nuestras figuras parentales para que nos guíen y nos sirvan de espejo. Su manera de relacionarse con su realidad probablemente determinará la nuestra. Heredamos sus formas de ver e interactuar, sus creencias, hábitos e incluso sus estrategias de afrontamiento.

Así como aprendes a ser testigo consciente de ti mismo, para sanarte debes observar intencionadamente a tus seres queridos y tus vínculos con ellos. Tardé mucho en llegar a la conclusión de que tenía un trauma infantil no resuelto. Durante mucho tiempo no estuve dispuesta a admitirlo. Habría peleado contigo con uñas y dientes si hubieras insinuado que mi infancia no fue perfecta. Esto procedía no solo de una idealización de mi pasado, sino también de una protección de la unidad familiar culturalmente arraigada. Admitir en público que no todo era de color rosa habría sido muy irrespetuoso. ¡Éramos una gran familia feliz italiana! ¿Cómo te atreves a insinuar lo contrario?

Me resistí durante años. Había negado mi realidad durante tanto tiempo que iba a costarme mucho cambiar mi perspectiva y empezar a ver el pasado a través del prisma de las heridas infantiles. Hacía tanto que negaba mis necesidades que ni siquiera era consciente de ellas. Como la mayoría, repetí y llevé conmigo durante toda mi vida varios hábitos que aprendí en la infancia. Muchos nunca nos detenemos a pensar: ¿este soy realmente yo? ¿Cuántos de nosotros nos descubrimos celebrando las fiestas como lo hacíamos en la infancia sin imaginar siquiera que podríamos hacerlo de otra manera? ¿Cuántos aspectos de tu vida has elegido y cuántos has heredado?

Identificar tus heridas es un paso fundamental en el viaje hacia la curación, y rara vez es fácil. Este ajuste de cuentas suele desenterrar profundos depósitos de dolor, tristeza e incluso ira que has reprimido durante mucho tiempo para, al menos a nivel superficial, funcionar y seguir adelante. Es importante que tengas en cuenta que, a medida que vayas profundizando, a veces se abrirán viejas cicatrices, y en el proceso de sanar heridas de la infancia surgirá una avalancha de sentimientos. Solo recuerda que también este puede ser un momento que observar. Empieza siendo amable contigo mismo y con tus seres queridos, independientemente de lo que surja. Cómo te trató una figura parental cuando eras niño no refleja quién eres. Ni siquiera quién es ella. No tienes que ser un reflejo de su trauma no asumido.

Lo que sigue es un nuevo marco para entender los traumas infantiles por medio de arquetipos que he desarrollado basándome en la dinámica habitual que he observado en mi extensa práctica clínica y en la comunidad SelfHealer. En ningún caso son categorías estrictas. Quizá te identifiques mucho con una dinámica, o puede que varias de ellas te evoquen algo. No tienes que encajar en todo. Solo quiero ayudarte a pensar en tus principales relaciones y en el condicionamiento que has experimentado. El primer paso hacia la sanación es la consciencia.

ARQUETIPOS DEL TRAUMA INFANTIL

Tener una figura parental que niega tu realidad

Un típico ejemplo de negación de la realidad se produce cuando un niño que se siente incómodo con un familiar se lo cuenta a su madre y recibe una respuesta como: «Oh, solo intenta ser amable. Tienes que ser educado». (Lo vimos llevado al extremo en la historia de Christine y en la visión de su familia sobre el hombre que abusaba de ella.)

Cuando una figura parental niega la realidad de un niño, inconscientemente le enseña a rechazar su intuición, su instinto. Cuanto más aprendemos a desconfiar de nosotros mismos, más se retira esta voz intuitiva y más complicado resulta escucharla. El resultado es la pérdida de la intuición y que surjan conflictos internos. Aprendemos que no podemos confiar en nuestro juicio y miramos a otros para que moldeen nuestra vida.

Negar la realidad de un niño puede adoptar formas sutiles. Pudo suceder que este le contara a una figura paterna que sus amigos no querían sentarse a comer con él en la escuela. Para el niño, en aquel momento la situación fue extremadamente angustiosa, hizo que se sintiera rechazado en una época en que la necesidad de que sus compañeros lo valoren tiene un papel importante en su desarrollo. Cabe que la figura parental le contestara, con la mejor intención, restándole importancia: «No te preocupes, encontrarás nuevos amigos. No pasa nada. Las cosas cambiarán. ¡Es solo el primer día!». Cualquier persona con sentimientos no resueltos se sentirá incómoda con la expresión de los sentimientos de un niño y puede que se enfrente a ellos restándoles importancia. Las experiencias del infante pueden activar recuerdos dolorosos similares en la figura parental (a menudo inconscientes), que tiende a reprimir o ignorar los sentimientos que surgen. El problema es que el niño tenía un sentimiento legítimo, buscaba que lo consolaran y lo apoyaran, pero lo que le dijeron fue que su dolor era intrascendente. Mediante repetidas experiencias similares, aprende que no puede confiar en su percepción de la realidad ni en las experiencias emocionales relacionadas con ella.

También pueden negarse realidades de la infancia cuando las figuras parentales y las familias restan importancia a problemas objetivos. Una vez tuve un paciente cuyo padre era alcohólico funcional. Aunque trabajaba y mantenía económicamente a su familia, en cuanto cruzaba la puerta abría una cerveza y bebía toda la noche hasta que se ponía agresivo y empezaba a gritar o se desmayaba. Cuando mi paciente fue lo bastante mayor para darse cuenta de lo que sucedía y comentar el comportamiento de su padre, su madre restó importancia a su miedo y excusó a su marido diciendo que había tenido «un día muy duro en el trabajo». Esta negación fue un comportamiento aprendido modelado por la madre de mi paciente, que había crecido en un hogar que negaba la realidad de que un miembro de la familia consumía alcohol. Con el tiempo, mi paciente empezó a heredar la visión de su madre sobre la conducta de su padre, y él mismo hablaba de lo duro que trabajaba. Hasta que levantó un poco la cortina y reconoció las filas de botellas vacías y las noches bebiendo, no empezó a ver el comportamiento de su padre como lo que era.

Tener una figura parental que no te ve ni te escucha

Todos hemos oído a algún adulto diciéndole a un niño: «Tú, oír, ver y callar». Es una especie de eslogan que resume la mentalidad de las generaciones de nuestros mayores sobre la crianza de los hijos. Esta mentalidad surgió de la idea de que las únicas necesidades que tenían los niños eran las básicas, como la comida y la vivienda. La escasez de recursos fue una realidad para muchos miembros de estas generaciones, bastantes de ellas limitadas a sobrevivir. Estos adultos solían considerar que ser buenos padres consistía en satisfacer las necesidades básicas para la supervivencia, y no dedicaban tiempo ni atención a las emocionales. Los efectos de este estilo parental basado en la supervivencia han traspasado generaciones en forma de traumas heredados, y vivimos con sus consecuencias a largo plazo.

Que no te vean ni te escuchen en la infancia supone que te sientas emocionalmente desconectado de tus figuras parentales. A veces esto implica una negligencia grave, aunque a menudo se presenta en forma de experiencias más sutiles. Puede parecer que la figura parental está agobiada por sus propios sentimientos y distraída por el estrés crónico, o, por el contrario, que se encuentra en un estado de absoluta cerrazón emocional y es incapaz de escuchar y apoyar las emociones de su hijo. Otra versión sería una figura parental que funciona con piloto automático, que pasa de una tarea a la siguiente, distraída en sus cosas e incapaz de mirar al hijo que tiene delante. Esto impide toda conexión emocional más profunda con su hijo por la sencilla razón de que la figura parental «no está ahí» mentalmente.

Que no te escuchen es doloroso. Que te ignoren es triste. Resulta confuso aprender que debemos ocultar nuestro verdadero yo para que nos quieran. Que nos reconozcan es una de las más profundas necesidades humanas. Si de niño no escuchan tus pensamientos e ideas, tu mente se siente menoscabada. Si cuando eres niño no ven las expresiones de tu yo, tu alma se siente dañada. Esta falta de reconocimiento también puede adquirir la forma de un ser futuro reservado o predeterminado antes de que conozcas tus pasiones y el camino que quieres tomar. Experiencias como estas hacen que nos cueste aprender a confiar en nuestras inclinaciones y a seguir nuestras necesidades intuitivas.

Para las figuras parentales que estén leyendo estas páginas, es importante que recordéis que los niños están más conectados que nosotros con su intuición y su yo. Los adultos nos perdemos fácilmente en nuestra constante avalancha de pensamientos. Los hijos son muy intuitivos, y su mundo es cambiante, todavía está formándose. Al proporcionar un espacio seguro pero abierto para que exploren, también aprenderéis sobre vosotros mismos y sobre las posibilidades con las que contamos cuando somos libres de expresar nuestro verdadero yo.

Tener una figura parental que vive indirectamente
a través de ti o que te moldea y te da forma

Este tipo de figura parental es lo que solemos llamar un «padre representante», una persona demasiado entusiasta que empuja a su hijo a convertirse en actor o cantante para satisfacer sus propias necesidades de fama, éxito o atención. Aunque este arquetipo suele relacionarse con el mundo del espectáculo (e injustamente con las madres), este tipo de comportamiento no se limita al escenario.

Es fácil criticar a las figuras parentales del mundo del espectáculo, ya que la cultura popular suele retratarlas como claramente abusivas. A menudo, el impulso para conseguir que un hijo tenga éxito procede de un instinto parental muy natural: el orgullo. Desgraciadamente, este se vuelve amargo cuando la motivación para empujar a un niño a que tenga éxito parte de un trauma no asumido.

Las figuras parentales que viven su vida a través de sus hijos tienen la dolorosa y arraigada creencia de que ellos son un «fracaso» o ineptos en algún sentido, y a menudo proyectan esta creencia en sus descendientes. Pongamos el caso de un padre que quería ser jugador de baloncesto, pero se rompió una pierna antes de entrar en el equipo de la universidad, o de una madre que quería ser médico, pero no pudo, así que se hizo enfermera. El resultado es que el niño se siente presionado para conseguirlo y abandona parte de su verdadero yo para complacer a su figura parental. En última instancia, intentar establecer la propia validez a través de los éxitos de otro lleva a la decepción de la figura parental y al resentimiento del niño, que descuida sus necesidades para satisfacer las necesidades insatisfechas de otra persona. En cuanto se niega una necesidad intrínseca, el resentimiento no tarda en llegar.

Esta pérdida del yo puede manifestarse de diversas formas en la edad adulta, y la mayoría de las veces la he visto desarrollarse como indecisión y procrastinación severas o como una obsesiva necesidad de tener éxito. Es decir, en ocasiones la figura parental actúa deliberadamente (como sucede en el caso del perverso progenitor de Hollywood que empuja a su hijo al escenario para obtener ganancias económicas), pero muchas otras veces el progenitor realmente desea que el niño tenga una vida mejor. El moldear adopta muchas formas y se produce cuando una figura parental proyecta constantemente en su hijo sus deseos o necesidades, como al decirle que evite a determinados amigos o que se centre en unas asignaturas concretas en la escuela. Puede ser algo tan sutil como decirle a una niña: «Algún día serás una madre increíble». A menudo es un proceso totalmente inconsciente. Es probable que los padres que lo hacen no vean que su comportamiento puede ser problemático. De hecho, muchos creen que es un acto de amor (y para ellos suele serlo). En ocasiones, los resultados pueden ser devastadores para algunos de los que se dedican a profesiones consideradas deseables (abogados y médicos,[32] por ejemplo), que luchan para sobrellevar su sensación de no encajar en sus carreras, consumen drogas o alcohol, sufren problemas mentales y, en casos extremos, incluso se suicidan.[33, 34]

Tener una figura parental que no pone límites

Los límites son definiciones claras de nuestras restricciones personales. Los niños entienden instintivamente los límites. Responden a ellos y pueden trazarlos con claridad y mantenerlos, independientemente de las reacciones de los demás (basta con observar cómo un niño pequeño niega instintivamente con la cabeza en respuesta a algo que no le gusta). Pero algunos adultos poseen menos límites y les cuesta mantener los que tienen. Muchos crecimos en hogares con figuras parentales que no terminaban de entender cómo utilizar o mantener sus límites, lo que las hizo ser incapaces de trazar los adecuados para nosotros.

En mi práctica como terapeuta he escuchado con frecuencia historias de la figura parental que lee el diario de un niño. El resultado de esta violación de la privacidad a menudo es exponerlo a la vergüenza, y a veces incluso castigarlo por lo que se ha leído (como me sucedió a mí). Estas experiencias infantiles nos enseñan que nuestros seres queridos pueden cruzar nuestros límites, y a veces lo hacen. Cuando se cruzan los límites con frecuencia, los niños pueden interiorizar la creencia de que eso forma parte de la «cercanía» y quizá incluso del «amor», lo que les permite cruzarlos en futuras relaciones. Otros pueden justo hacer lo contrario, volverse muy reservados y proteger su información personal.

También se cruzan los límites cuando una figura parental se queja a un niño de la otra figura parental. Varios pacientes me dijeron que de pequeños les contaron detalles personales sobre la relación entre sus padres (como que habían sido infieles o que habían perdido dinero). La figura parental, incapaz de darse cuenta de que el niño no es un amigo, puede buscar consuelo emocional en él. En estos casos, el hijo puede sentirse agobiado por estos detalles personales y tener sentimientos conflictivos al escuchar los comentarios negativos sobre la otra querida figura parental.

*Tener una figura parental demasiado centrada
en la apariencia*

Como sabemos, la necesidad de que nos valoren no se interrumpe cuando crecemos. El impulso de gustar y de que nos admiren se mantiene a lo largo de nuestra vida. Las figuras parentales pueden proyectar esta necesidad en sus hijos de diversas maneras. A veces es obvio: la figura parental que comenta el peso de un niño o se obsesiona por que su hijo vaya «presentable» en todo momento; o la figura parental que se preocupa demasiado por detalles sin importancia, como el peinado del niño. Los hijos aprenden rápidamente que algunas partes de su apariencia física son «aceptables» y otras no. Esto despierta la creencia de por vida de que recibir amor depende del aspecto externo.

La misma huella se produce cuando las figuras parentales se centran demasiado en su aspecto, hacen dieta de forma obsesiva, prestan una atención exagerada al arreglo personal o practican demasiado ejercicio. Puede adquirir la forma de considerar que determinados alimentos son «malos» o «engordan». También puede convertirse en comentarios sobre el cuerpo o el aspecto de amigos, familiares o figuras públicas. No es necesario que se comenten estas cosas con los niños, porque, como sabemos, son esponjas que se dan cuenta de si las creencias fundamentales de una persona se centran demasiado en la imagen.

Se observa a mayor escala cuando las figuras parentales se comportan de manera diferente en casa y fuera, lo que muestra al niño que las personas pueden tener «pseudoyoes». Un ejemplo serían los miembros de una familia que en casa están constantemente discutiendo o gritándose, pero en público se hablan y actúan con cariño o al menos con educación, representando personajes que en realidad son máscaras. Los niños aprenden rápidamente que deben cambiar su modo de ser dependiendo de dónde estén, como han visto hacer, para sobrevivir y sentirse queridos.

Tener una figura parental que no puede regular sus emociones

La regulación emocional es el proceso de experimentar una emoción, permitir que la sensación recorra nuestro cuerpo (en lugar de intentar distraernos con drogas, alcohol, el móvil o la comida, por ejemplo), identificarla («En este momento estoy enfadado» o «Estoy triste») y respirar hasta que pase. Regular las emociones nos permite mantenernos centrados y tranquilos ante las diversas situaciones de tensión que conlleva vivir, y volver al punto de partida fisiológico.

La mayoría no tuvimos figuras parentales capaces de identificar, y mucho menos regular, sus sentimientos. Cuando estaban desbordados emocionalmente o experimentaban muchos sentimientos intensos a la vez, no sabían qué hacer. Algunos seguramente proyectaron la abrumadora energía emocional hacia fuera, gritando, pegando portazos, tirando cosas o marchándose enfadados. Otros proyectaron las emociones hacia dentro, lo que les provocaba cierto retraimiento, como los padres que recurren al silencio o a «congelar» al que tienen enfrente. Esta conducta tiene lugar cuando una figura parental se vuelve emocionalmente distante o aparta el amor de un niño, en general porque se siente emocionalmente abrumada. Al no ser capaz de controlar sus sentimientos ante una experiencia concreta, la figura parental se cierra y deja fuera a sus hijos. Muchos SelfHealers reconocen esta experiencia. Algunos se identifican con el fenómeno de las figuras parentales que recurrían al silencio como castigo. En nuestros círculos de sanación se ha hablado de figuras parentales que se desconectaban, que dejaban de hablarles y que utilizaban a otros miembros de la familia para rechazarlos. Cuando nuestros seres queridos se cierran y no gestionan sus sentimientos, nuestro modelo es la ausencia de regulación emocional y a menudo no desarrollamos habilidades de afrontamiento que nos permitan construir resiliencia emocional.

Enfrentarnos a nuestros traumas

«¡Eres una cerda! ¡Eres una guarra! ¡Eres la vergüenza de la familia!», me gritó una vez mi madre.

Este terrible momento fue uno de los raros ejemplos en que mi madre explotó tras pasarse años reprimiendo sus emociones. Sucedió después de la boda de mi hermana. Yo era la dama de honor y me permitieron invitar al banquete a mis tres mejores amigas de la universidad. Una de aquellas mejores amigas resultó ser mi novia secreta, Katie.

Nadie, ni siquiera nuestros amigos, sabía que Katie y yo salíamos. No es que nos diera vergüenza decirlo. Sencillamente, era mi primera relación con una persona de mi mismo sexo y no sentía la necesidad de proclamarlo al mundo, mucho menos a una familia que nunca hablaba de nada en profundidad. La mañana del banquete, mis amigas y yo empezamos a beber mucho. Me recuerdo llorando al ver el baile de mi padre con mi hermana, y estoy segura de que a mis amigos y familiares les pareció raro, porque las tradiciones nupciales no podrían importarme menos. En el fondo, me producía una profunda sensación de pérdida saber que yo no podría ofrecerle ese ritual a mi padre. Mi boda nunca podría ser tradicional. A partir de ahí, la noche fue de mal en peor, y, cuanto más triste me ponía, más me encerraba en mí misma.

Katie también estaba borracha, además de molesta por mi actitud distante. Cada vez que intentaba bailar conmigo, yo la ignoraba. Entonces intentó besarme y le lancé una mirada de «corta el rollo». Se enfadó y salió de la sala hecha una furia. Montamos una escena, y todos los invitados a la boda tuvieron claro que había algo entre nosotras.

Era tal mi negación que creí que nos habían pillado. Nadie mencionó a Katie esa noche ni al día siguiente. Un mes después, cuando ya estaba de vuelta en la Universidad Cornell, al norte del estado de Nueva York, apareció mi madre sin previo aviso. Vino con mi padre en coche desde Filadelfia, y, en cuanto abrí la puerta, entró como una flecha y me gritó esas dolorosas palabras. Siguió chillando mientras yo intentaba hacerla salir de mi apartamento. Montamos tal escándalo que un vecino salió a ver si necesitaba ayuda. La saqué del edificio y la metí en el coche de mi padre, que estaba sentado con la cabeza gacha, sin decir una palabra. Me pilló desprevenida, porque mi madre rara vez, por no decir nunca, mostraba ese nivel de emoción, así que su ataque nos desestabilizó a todos.

Cuando meses después volví al hogar de mi infancia a pasar las vacaciones de verano, mi madre actuó como si yo no existiera, como si pudiera atravesarme porque era invisible, un fantasma. Si nos cruzábamos por el pasillo, pasaba de largo levantando la cabeza y mirando al frente. Mi padre no decía nada sobre el silencio de mi madre, aunque él seguía hablándome. Era el trauma de mi infancia llevado a su máxima expresión. Yo no contaba y no merecía que me quisieran. No existía. Fue casi un alivio convertirme en la manifestación física de lo que tanto temía. Era para lo que me había entrenado durante toda mi vida. Mi «nave espacial» en acción.

La retirada emocional se prolongó durante semanas, hasta que un día, de repente, mi madre empezó a hablar conmigo de nuevo y a actuar como si entre nosotras no hubiera pasado nada. Nunca volvimos a hablar sobre mi orientación sexual, y aceptó por completo a mis siguientes novias como si jamás se hubiera comportado de otra manera. De hecho, nunca volvimos a hablar de lo sucedido. Tras años de represión, su cuerpo había expulsado todos los sentimientos de golpe, lo que provocó una enorme y destructiva explosión de emociones. Cuando por fin las aguas volvieron a su cauce, fue como si apenas pudiera creerse que hubiera reaccionado así, que fuera capaz de semejante expresión emocional.

Durante la adolescencia, seguí descubriéndome en una dinámica que pasaba de la reactividad al retraimiento emocional, tanto en las relaciones sentimentales como en las de cualquier otro tipo. Solía elegir relaciones en las que podía mantenerme distanciada emocionalmente, alejada y a menudo inaccesible. Cuando sentía que mis necesidades emocionales y mis profundos deseos de conexión estaban insatisfechos, reaccionaba, llamaba por teléfono o enviaba mensajes demasiado a menudo, me daban rabietas y me peleaba. Si por fin obtenía una reacción emocional que hasta cierto punto deseaba, me distanciaba y me desvinculaba, agobiada. Me convertía en el fantasma que había aprendido a ser de niña. Cuando inevitablemente la relación iba mal, echaba la culpa a los demás. Mirándolo de forma retrospectiva, la realidad era que estaba estancada en patrones condicionados que eran estrategias de afrontamiento o formas de gestionar y controlar mi confusión interna.

En 1984, dos innovadores psicólogos que estudiaban el estrés y las emociones, el fallecido profesor de la Universidad de California (UC) de Berkeley Richard Lazarus y la profesora de la UC de San Francisco Susan Folkman, presentaron una teoría del afrontamiento, que definían como «esfuerzos conductuales cognitivos en constante cambio para sobrellevar determinadas demandas externas e internas que sobrepasan los recursos de una persona».[35] En otras palabras, el afrontamiento es una estrategia aprendida para sobrellevar el profundo malestar que el estrés genera en el cuerpo y en el alma.

Lazarus y Folkman describieron las estrategias de afrontamiento adaptativo y desadaptativo. El adaptativo es una acción —como enfrentarnos a un problema o redirigir pensamientos negativos—, que llevamos a cabo para ayudarnos a volver a experimentar sentimientos de seguridad. La clave aquí es ser activo; el afrontamiento adaptativo exige esfuerzo y el reconocimiento consciente de la incomodidad. Puede ser más difícil utilizar una estrategia de afrontamiento adaptativo cuando no tuvimos modelos ni se nos enseñó a utilizar estas estrategias.

Las de afrontamiento desadaptativo, a menudo aprendidas de nuestras figuras parentales, nos brindan una breve

distracción o un alivio de la incomodidad (por ejemplo, bebiendo alcohol en una boda, como hice yo), o evitan toda
reacción emocional (como también hice yo cuando me diso-
cié). Sin embargo, cualquiera de estos intentos de aliviar
nuestra angustia acaba con una mayor desconexión del verdadero yo.

La forma en que nos enfrentamos a un entorno concreto
tiene menos que ver con el ambiente que con nuestras estrategias de afrontamiento condicionado ante el estrés. Supongamos que dos personas tienen el mismo trabajo estresante.
Sonia gestiona el estrés adoptando estrategias de afrontamiento adaptativo: ir al gimnasio con frecuencia para canalizar
su estrés o llamar a un buen amigo para que la apoye. Miche-
lle, que lidia con las mismas presiones, recurre a las drogas o
el alcohol para desconectar y escapar de la realidad. Aunque
en ese momento puede sentirse mejor, a la mañana siguiente,
cuando se despierta, está confusa, descentrada y triste. Ahora
al estrés se suma la vergüenza, y el ciclo de afrontamiento
desadaptativo continúa.

En mi trabajo clínico he observado muchas estrategias de
afrontamiento desadaptativo. Algunas de las más frecuentes son:

- **Complacer a los demás.** En cuanto satisfaces la deman-
  da, el estrés desaparece (temporalmente).
- **Ira o rabia.** Si puedes descargar la emoción en otra
  persona, la liberas.
- **Disociación.** «Abandonas tu cuerpo» ante un acontecimiento estresante para no «experimentar» el trauma. Por lo que se refiere al sexo, esta forma de desapego

puede implicar mantener relaciones sexuales con personas que en realidad no nos interesan; o podría provocar que nos dedicáramos a dar placer a nuestra pareja sin preocuparnos ni prestar atención al nuestro.

Todas estas estrategias de afrontamiento nos permiten no repetir o revivir el trauma del pasado y retrasan el dolor inmediato. Pero no nos ayudan a satisfacer plenamente nuestros deseos y necesidades físicos, emocionales y espirituales. Cuando nuestras necesidades quedan constantemente insatisfechas, el dolor se suma a la desconexión. La autoconservación lleva a la autotraición. Es un bucle en el que fácilmente podemos quedar atrapados. El ciclo de trauma no resuelto, repetición de conductas de afrontamiento desadaptativas y negación constante del yo favorece que el dolor viva en nuestra mente y en nuestro cuerpo, y que al final puede enfermar.

La posibilidad de cambiar

Todos arrastramos traumas no resueltos. Como hemos visto, lo que determina la huella que deja no es necesariamente la gravedad del acontecimiento en sí, sino nuestra respuesta. La resiliencia se aprende a través del condicionamiento; si no fue modelada por nuestras figuras parentales cuando éramos jóvenes, puede que nunca hayamos aprendido a ser resilientes. Al trabajar para resolver los traumas, nuestra resiliencia aumenta. De hecho, estas experiencias pueden convertirse en los catalizadores de una profunda transformación.

Cuando comparto información sobre traumas con mi comunidad de SelfHealers, recibo muchos comentarios de personas que me preguntan: «¿Estás diciendo que todos estamos traumatizados?» o «¿Qué debo hacer para no traumatizar a mis hijos?». La cuestión es la siguiente: los traumas forman parte de la vida. Son inevitables. Tu primera experiencia en este mundo —nacer— fue un trauma, probablemente tanto para ti como para tu madre. Pero haberlo sufrido no tiene por qué significar que estemos destinados de por vida al sufrimiento y a la enfermedad. No tenemos que repetir los patrones que dieron forma a nuestra vida anterior. Podemos cambiar. Podemos seguir adelante. Podemos sanarnos.

Los traumas pueden ser universales, pero también son individuales y afectan a cada persona en su totalidad —el sistema nervioso, la respuesta inmune y toda su fisiología— de una forma única. El primer paso hacia la sanación de la mente y el cuerpo es saber a lo que te enfrentas, es decir, identificar el trauma no resuelto. El siguiente es entender los efectos a largo plazo de ese trauma y que tus estrategias de afrontamiento aprendidas te mantienen estancado.

SÁNATE: IDENTIFICA TUS HERIDAS INFANTILES

Con el fin adquirir consciencia de tus heridas infantiles o de tus emociones reprimidas, tómate un tiempo para reflexionar y escribir utilizando las siguientes indicaciones. Solo has de responder a las experiencias que se ajusten a ti. Muchas personas con traumas no resueltos, incluida yo misma, no tienen muchos recuerdos, lo que hace difícil que contesten a algunas de estas preguntas. Explora todo lo que se te ocurra.

TENER UNA FIGURA PARENTAL QUE NIEGA TU REALIDAD

Recuerda un momento de tu infancia en el que te dirigiste a tus figuras parentales con una idea, sentimiento o experiencia, y te contestaron anulándote. Por ejemplo, su respuesta podría haber sido alguna versión de «No sucedió así», «No es importante», «Deberías olvidarlo». Dedica un tiempo a conectar con tu yo infantil y analiza cómo te sentiste cuando tus figuras parentales respondieron así. Para ayudarte a reflexionar, puedes utilizar esta entrada de diario:

En mi infancia, cuando mis figuras parentales _____, me sentí _____.

TENER UNA FIGURA PARENTAL QUE NO TE VE NI TE ESCUCHA

Recuerda un momento de tu infancia en el que querías que tus figuras parentales te reconocieran, pero parecían distraídas, ocupadas o te hicieron sentir no reconocido. Dedica tiempo a observar las circunstancias pasadas que te llevaron a sentir que no te veían ni te escuchaban. Luego reflexiona al respecto y escribe cómo podrías haber llamado su atención. ¿Actuaste, te portaste mal o te retiraste? Para ayudarte a reflexionar, puedes utilizar esta entrada de diario:

En mi infancia, cuando mis figuras parentales _____,
me sentí _____.

Para sobrellevarlo, yo _____.

TENER UNA FIGURA PARENTAL QUE VIVE INDIRECTAMENTE A TRAVÉS DE TI O QUE TE MOLDEA Y TE DA FORMA

¿Recuerdas un momento de tu infancia en el que recibieras mensajes sobre quién eras (o no eras)? ¿Tuviste una figura parental que te decía: «Eres tan sensible como tu madre» o «Tienes que sacar sobresalientes para que estemos orgullosos de ti»? ¿Te apasionaban tanto o te sentías tan comprometido con estos objetivos como tus figuras parentales, o sentías que te dejabas llevar por complacerlas?

Dedica un tiempo a observar los diferentes mensajes que puedes haber recibido sobre ti en la infancia, y observa también las diferentes formas en que tus figuras parentales pueden haberte influido directa o indirectamente, mediante la expresión de sus deseos. Para ayudarte a reflexionar, puedes utilizar estas entradas de diario:

EN MI INFANCIA...

Recibí los siguientes mensajes sobre mí:
_____.

Yo era consciente de que mis figuras parentales deseaban lo siguiente de mí:
_____.

TENER UNA FIGURA PARENTAL QUE NO PONE LÍMITES

Dedica un tiempo a pensar en tus experiencias con los límites personales y sus violaciones en la infancia, así como en los diferentes tipos de límites (o la ausencia de ellos) de tus figuras parentales. Para ayudarte a reflexionar, puedes utilizar estas entradas de diario:

EN TU INFANCIA...

¿Te sentías libre para decir «no»? ¿Tus figuras parentales te decían que te comportaras de determinada manera?_____.

¿Tus figuras parentales establecían límites claros sobre el tiempo, energía y recursos en sus relaciones? _____.

¿Tus figuras parentales respetaban tu privacidad o la invadían? Entre los ejemplos de violación de la privacidad se incluyen transgresiones, como leer un diario, escuchar llamadas telefónicas y otras formas de fisgoneo. _____.

¿Tus figuras parentales te permitían mantener conversaciones, relaciones y experiencias con personas sin entrometerse? _____.

TENER UNA FIGURA PARENTAL DEMASIADO CENTRADA EN LA APARIENCIA

En la infancia, muchos recibimos mensajes directos e indirectos sobre nuestra apariencia. Nuestras figuras parentales pueden incluso haber comentado determinados aspectos de nuestra imagen con frases como «Deberías llevar el pelo suelto», «Tus muslos están engordando», «¿De verdad crees que es buena idea llevar ropa de segunda mano?» o «Estarías mucho mejor si no te pusieras esa ropa». A veces pueden dirigir estas frases a otras personas. Tus figuras parentales pueden haber comentado detalles de la apariencia de los demás, destacando algunas cualidades positivas y otras negativas. La atención o los rituales de tus padres respecto de su propia apariencia también han modelado en ti creencias y valores sobre lo que es aceptable y lo que no. Para ayudarte a reflexionar, puedes utilizar esta entrada de diario:

¿Qué mensajes recibías sobre la apariencia? _____.

TENER UNA FIGURA PARENTAL QUE NO PUEDE REGULAR SUS EMOCIONES

Uno de los aspectos más importantes de tu salud emocional es cómo regulas y procesas tus emociones. En la infancia aprendes a controlarlas observando cómo tus figuras parentales expresan sus sentimientos (o no lo hacen) y cómo responden cuando tú expresas los tuyos. Dedica un tiempo a reflexionar sobre cómo se gestionaban las emociones en tu infancia. Para ayudarte, puedes utilizar estas entradas de diario:

¿Cómo respondían tus figuras parentales ante sentimientos fuertes (como la rabia o la tristeza)? ¿Daban portazos, por ejemplo, explotaban, gritaban o respondían con el silencio? _____.

¿Tus figuras parentales tenían una estrategia de afrontamiento concreta? ¿Hacían compras innecesarias, por ejemplo, consumían drogas u otras sustancias, o evitaban algunas emociones (o todas)? _____.

¿Cómo se comunicaban contigo o con las personas que te rodeaban cuando experimentaban sentimientos fuertes? ¿Insultaban, por ejemplo, hacían reproches, se avergonzaban o se quedaban calladas? _____.

Si alguna vez tenías sentimientos fuertes, ¿tus figuras parentales se tomaban un tiempo para explicarte o ayudarte a procesar tus sentimientos sobre lo sucedido? _____.

En mi infancia recibía los siguientes mensajes sobre los sentimientos en general o sobre los míos en particular: _____.

4

El cuerpo y los traumas

El punto de inflexión para mí, al menos físicamente, fue el día que me desmayé. Perdí el conocimiento.

Llevaba años con síntomas de desregulación. Como en el juego *Whac-A-Mole*, intentaba solucionar cada problema por separado cuando los síntomas empezaban a ser incómodos. Pensaba que la disociación era una función de mi personalidad. «¡Tengo mala memoria!» Me decía a mí misma que la ansiedad era el resultado tanto de mis genes como de las circunstancias del momento —«Vivo sola en Nueva York. Mi madre está enferma»—, así que iba al psiquiatra en busca de medicación que me ayudara a sobrellevar las dificultades. Los dolores de cabeza también los había heredado genéticamente. La confusión era consecuencia de trabajar demasiado. No sabía por qué me estreñía tanto, pero también veía un patrón similar en mi madre y mi hermana, así que no me molestaba en pensarlo demasiado. Lo que hacía era tomarme botellas de cerveza, zumo de ciruela y muchos medicamentos que se venden sin receta. Todos eran problemas individuales con tratamientos individuales. No se relacionaban entre sí.

Por aquella época me trasladé de Nueva York a Filadelfia

para hacer un trabajo psicodinámico posdoctoral en la Philadelphia School of Psychoanalysis. Como estaba más cerca de mi familia, la veía con más frecuencia que en los últimos años. Al mismo tiempo, iba a mi analista una vez por semana, a veces dos, para potenciar mi trabajo psicoterapéutico, y empecé a hurgar en las heridas de traumas infantiles que había olvidado hacía mucho tiempo. La terapia me permitió entender lo problemáticas que eran las dinámicas de mi familia, que ellos excluían a cualquier persona ajena a la unidad familiar y se esforzaban por presentar al mundo una imagen de armonía y unidad cuando en realidad vivían en un bucle de ansiedad y miedo. Vi las dificultades de mi madre para mostrar cariño y amor, que procedían de las carencias —no solo materiales, sino también emocionales y espirituales— creadas por sus figuras parentales, que tampoco nunca le expresaron amor. Identifiqué mis mecanismos de protección —la desconexión, el perfeccionismo y el entumecimiento— como respuestas condicionadas por los traumas que mi madre me transmitió.

Darme cuenta de ello fue duro y triste. No sabía qué hacer con ellas. Así que empecé a complicar las cosas con Lolly, a buscar peleas, a alejarla y a volverme loca cuando se marchaba. Era el mismo patrón que había repetido durante años con mis anteriores parejas, oscilando entre la desconexión emocional y el inevitable pánico que aparecía cuando la distancia se volvía demasiado agobiante.

Entonces empecé a desmayarme.

La primera vez fue en la fiesta de inauguración del apartamento de una amiga de toda la vida, Amanda. (No se me escapa que sucedió en casa de una persona que estaba vinculada a mi infancia.) Era un cálido día de verano. La urbanización de mi amiga tenía piscina, que se empeñó en mostrarnos, y mientras caminábamos por los alrededores empecé a sentirme mal. El sol me golpeaba en la nuca con fuerza. Me puse a sudar. De repente me mareé y el cielo comenzó a dar vueltas. Recuerdo que pensé: «Muy bien, Nicole. Tranquilízate».

Abrí los ojos. Lolly y mi amiga me miraron preocupadas.

«¿Estás bien?», me preguntó Lolly mientras Amanda, una experimentada técnica en emergencias sanitarias, evaluaba mi estado cognitivo. Había visto que me había dado un fuerte golpe en la cabeza contra el cemento y le preocupaba que tuviera una conmoción cerebral. Insistí en que estaba bien, aunque me sentía mareada y tenía náuseas.

La caída no fue la revelación que debería haber sido. Lo registré como un accidente tonto. Volví al trabajo tan inestable y distante como siempre. Empecé a notar cada vez más problemas cognitivos. A menudo me costaba encontrar las palabras adecuadas. Durante una sesión de terapia, perdí el hilo de mis pensamientos hasta tal punto que durante minutos me quedé en absoluto silencio y tuve que pedir mil disculpas a mi paciente por el lapsus.

Luego volví a desmayarme. Durante las vacaciones de Navidad de ese año, Lolly y yo pasamos mucho tiempo con mi familia. Salimos a comprar unos cuchillos para abrir ostras. Recuerdo que, al entrar en la ferretería, me mareé y pensé que debajo de la fuerte iluminación de la tienda hacía mucho calor.

Una vez más, levanté la mirada y vi un grupo de caras preocupadas.

Obviamente, algo iba muy mal en mi sistema nervioso. No presté atención a mi cuerpo hasta que por fin me gritó.

EL CUERPO Y LOS TRAUMAS

No es exagerado decir que todo paciente que llega a mi consulta con síntomas psicológicos también tiene problemas de salud física subyacentes. Los traumas no resueltos se entrelazan con el tejido de nuestro ser.

Como sabemos por las EAI, los traumas nos vuelven más propensos a desarrollar una serie de afecciones físicas y psicológicas, desde la depresión y la ansiedad hasta infartos, cáncer, obesidad y accidentes cerebrovasculares. Las investigaciones son inequívocas: las personas con traumas no resueltos enferman más y mueren más jóvenes.

Los traumas afectan al cuerpo de un modo diverso y complejo, pero la disfunción física se reduce a un denominador común: el estrés. Es más que un estado mental; es un trastorno interno que desafía la homeostasis, el estado de equilibrio físico, emocional y mental. Experimentamos una respuesta fisiológica al estrés cuando nuestro cerebro percibe que no disponemos de los recursos adecuados para sobrevivir a un obstáculo o una amenaza (que es la situación general cuando se trata de traumas no resueltos). El doctor Gabor Maté, experto en adicciones y estrés, y autor de muchos libros, incluido *El precio del estrés. Cuando el cuerpo dice no*, lo llama «conexión estrés-enfermedad».[36]

Cuando estamos estresados, el cuerpo deja de dedicar sus recursos a mantener la homeostasis, ese lugar feliz de bienestar y equilibrio, para protegerse. El estrés es inevitable (el mero hecho de evitarlo es estresante). El normativo, por ejemplo, es una parte natural de la vida: nacer, morir, casarse, romper o perder el trabajo forman parte de la experiencia humana. Como respuesta adaptativa, podemos desarrollar estrategias de afrontamiento que nos ayuden a volver a nuestro nivel psicológico y fisiológico normal: buscar recursos de apoyo, aprender a tranquilizarnos y permitir que nuestro sistema nervioso, a menudo estancado, recupere la homeostasis. Este proceso de alejarnos de nuestro equilibrio y regresar se llama alostasis. Nos permite desarrollar la capacidad biológica de resiliencia.

Seguramente conozcas la respuesta del cuerpo al estrés, a menudo llamada reacción de lucha o huida. Luchar y huir son dos reacciones instintivas y automáticas del cuerpo al estrés (la tercera es congelarse, que la comentaremos en breve). Cuando nos encontramos con una amenaza, ya sea real o percibida, el centro del miedo del cerebro, la amígdala, se enciende. Una vez activada, esta zona envía al resto del cuerpo mensajes que indican que estamos sufriendo un ataque, lo que provoca que los diversos sistemas del cuerpo movilicen los recursos necesarios para ayudarnos a sobrevivir.

Mientras que el estrés normativo nos ayuda a crecer y a adaptarnos, el crónico —el estrés constante y persistente— nos desgasta y daña todos los sistemas del cuerpo. Cuando estamos estresados crónicamente y no podemos volver a la homeostasis —porque nunca aprendimos ni desarrollamos estrategias de afrontamiento adaptativo, o porque nos parece demasiado agobiante para hacerle frente—, el cuerpo sobreactiva determinados sistemas y suprime otros. En casos de estrés crónico, las glándulas suprarrenales liberan continuamente cortisol y otras hormonas del estrés, como la adrenalina.

También activa el sistema inmunológico, lo vuelve hipervigilante y lo prepara para reaccionar ante la mera sospecha de problemas. Nuestro sistema inmunológico aprende de nuestro comportamiento y de nuestros hábitos desde que estamos en el útero. En cuanto recibe la señal de que estamos en estado de amenaza casi constante, envía repetidamente sustancias químicas que provocan una inflamación en todo el cuerpo. Estas sustancias químicas actúan como una especie de desencadenante de una amplia gama de síntomas de desequilibrio y disfunción, y aumentan el riesgo de desarrollar enfermedades autoinmunes, dolor crónico y otras enfermedades que van desde las enfermedades cardíacas hasta el cáncer.[37]

Las citocinas —moléculas que coordinan la comunicación entre las células— son una de estas sustancias químicas inflamatorias. Incitan al sistema inmunológico a actuar ante una lesión o a invasores tóxicos. Son responsables de los síntomas inflamatorios que todos hemos experimentado cuando hemos estado enfermos —fiebre, hinchazón, enrojecimiento y dolor—, pero cuando reaccionan de forma exagerada o «atacan» a nuestro cuerpo, los resultados pueden ser mortales.

Si el sistema inmunológico dirige constantemente malas sustancias químicas inflamatorias, como las citocinas, la capacidad del cuerpo para responder a enfermedades reales se reduce. Al mismo tiempo, se produce una inflamación en todo el cuerpo que incluso puede afectar al cerebro. El impacto del estrés y de los traumas en el sistema inmunológico y el cerebro es tan importante que los científicos han introducido un nuevo campo de investigación sobre la conexión mente-cuerpo llamado psiconeuroinmunología. Se ha identificado una inflamación en el cerebro en diversas formas de disfunción psicológica y enfermedades mentales, desde la depresión y la ansiedad hasta la psicosis total.

Dadas estas consecuencias, que pueden ser devastadoras, es fundamental dar una respuesta hiperactiva de lucha o huida. Si se queda inmovilizado o atrapado en esta respuesta, el sistema inmunológico seguirá activando la reacción inflamatoria de todo el cuerpo. El doctor Bessel van der Kolk escribió en *El cuerpo lleva la cuenta. Cerebro, mente y cuerpo en la superación del trauma*: «Mientras no se resuelva el trauma, las hormonas del estrés que el cuerpo segrega para protegerse siguen circulando».[38, 39, 40, 41] El cuerpo también debe dedicar demasiada energía a «eliminar el caos interno» del trauma, o la respuesta activada de lucha o huida, que nos empuja aún más a un estado de desregulación. Es un círculo vicioso, un bucle fisiológico que se repite una y otra vez.

El estrés afecta a todos los sistemas del cuerpo, incluido el intestino. No es casualidad que los problemas gastrointestinales (GI) sean de los más citados por las personas con ansiedad. Cuando estamos estresados, asustados o angustiados, nuestro cuerpo tiene problemas para digerir la comida y puede retenerla durante demasiado tiempo —lo que provoca estreñimiento— o liberarla demasiado rápido —lo que provoca el síndrome del intestino irritable (SII) o diarrea—. El estrés afecta a la comida que elegimos y a la composición del microbioma del intestino, que se comunica constantemente con el cerebro (lo comentaremos en detalle en el capítulo 5). En estos casos, a tu cuerpo se le niegan nutrientes esenciales, ya porque no descompone lo que comes lo bastante rápido o porque los elimina antes de empezar a procesarlos. Si el sistema digestivo no funciona bien, todas las partes de nuestro cuerpo enferman.

La conexión entre el estrés y la enfermedad es especialmente dañina entre la población oprimida.[42] Los entornos opresivos imponen a los individuos un estado de trauma casi perpetuo e inducen respuestas crónicas e interminables ante el estrés. No es de extrañar que se haya documentado la conexión entre opresión y elevados niveles de enfermedad física y angustia psicológica. Las investigaciones muestran que los BIPOC tienen niveles más altos de depresión y ansiedad, y son más propensos a desarrollar hipertensión, calcificación arterial, dolor lumbar y cáncer. En un aleccionador estudio,[43] se hizo el seguimiento de un grupo de mujeres negras durante seis años tras haber respondido a un cuestionario sobre el nivel de discriminación al que se enfrentaban en su vida diaria. Las que consignaron más incidentes tuvieron un mayor riesgo de desarrollar cáncer de mama que las que registraron menos. Estamos empezando a entender los efectos generales de la opresión sistémica. Afortunadamente, hay cada vez más bibliografía dedicada a investigar sus consecuencias. Aunque este tema supera el alcance de mi experiencia, en la «Bibliografía complementaria», al final de la obra, he incluido varios libros que considero lecturas fundamentales. Todos los estudios confirman que el racismo, los prejuicios y la intolerancia se abren paso en las células del cuerpo y, de forma fundamental y destructiva, producen cambios que se transmiten de una generación a otra. Los efectos del racismo existen en la sangre y en los huesos.

INTRODUCCIÓN A LA TEORÍA POLIVAGAL

Como hemos visto, los traumas no resueltos, junto con malas estrategias de afrontamiento, afectan fisiológicamente al cuerpo. El estrés altera tu realidad. No hay parte de tu universo que no moldee. El olor a hierba recién cortada podría transportarte a un trauma infantil. Una cara desconocida quizá te ponga a la defensiva o asustarte sin razón. Escuchar la sintonía de una comedia de tu infancia podría provocar que, de repente, te doliera el estómago. Si eres un BIPOC en Estados Unidos, el mero hecho de andar por la calle o de ver las noticias de violencia diaria contra personas que son como tú puede activar tu respuesta al trauma. Algunos nunca os sentís seguros, podéis tener siempre la sensación de que el cielo está a punto de caer sobre vuestras cabezas.

Cuando empecé a desmayarme, años después de haberme trasladado a Filadelfia, entendí que estaba estresada, aunque seguía confundida respecto a por qué me pasaba. No fui capaz de identificar un estrés lo bastante amenazante para justificar semejante respuesta en mi cuerpo. ¿Por qué mi cuerpo estaba en un estado de activación elevada sin que hubiera una amenaza inmediata?

Más tarde, cuando empecé a investigar la teoría polivagal del psiquiatra Stephen Porges —que ofrece conocimientos revolucionarios sobre los traumas y la respuesta del cuerpo al estrés—, descubrí por qué, al parecer sin razón, empecé a desmayarme. La teoría polivagal me ayudó a entender que el trauma vive en el cuerpo y sigue moldeando nuestro mundo.

El término «polivagal» alude al nervio vago, que conecta el cerebro y el intestino. El nervio vago tiene muchas ramas de fibras sensoriales que recorren el cuerpo —desde el tallo cerebral hasta el corazón, los pulmones, los genitales y todo lo demás— y conectan los órganos importantes con el cerebro. La ubicación y función de estos nervios nos ayudan a entender por qué el cuerpo reacciona tan rápidamente cuando estamos estresados: por qué se nos acelera el corazón al encontrarnos con un ex, por qué el pánico nos corta la respiración y por qué empecé a desmayarme (o a perder el conocimiento) de forma inesperada.

Cuando estamos en un estado de homeostasis, el nervio vago actúa como un «descanso neutro», nos mantiene tranquilos y abiertos, y nos ayuda a ser más sociales. Cuando el nervio vago se activa y entra en su sistema defensivo, las respuestas de lucha o huida pueden manifestarse casi de inmediato.

INTERACCIÓN SOCIAL

La mayoría de las personas a las que trato viven en un modo casi constante de lucha o huida. Esta respuesta al estrés es una función automática de lo que se llama sistema nervioso autónomo, la parte que regula las funciones involuntarias, incluidas los latidos del corazón, la respiración y la digestión.

El sistema nervioso autónomo se dedica a distribuir de forma adecuada los recursos del cuerpo. Analiza constantemente nuestro entorno en busca de señales: ¿debería tener cuidado en este lugar? ¿La situación es peligrosa? ¿Es esta persona un amigo o un enemigo? ¿Estoy bien hidratado y alimentado para enfrentarme a cualquier amenaza? El sistema autónomo utiliza la neurocepción —un «sexto sentido» que funciona al margen de nuestra consciencia— para evaluar nuestro entorno y colocar a las personas, los lugares y las cosas en una de estas dos categorías: seguros o inseguros.

Cuando el sistema nervioso autónomo considera que una situación es segura, el nervio vago le dice a nuestro cuerpo que se relaje. Aquí es cuando se activa nuestro sistema nervioso parasimpático, algo llamado el sistema de «descanso y digestión». El nervio vago envía señales al corazón para que reduzca su velocidad. La digestión avanza alegremente, distribuyendo de forma adecuada los nutrientes por nuestro cuerpo. Los pulmones se inflan y absorben más oxígeno. En este estado de tranquilidad, entramos en el llamado modo de interacción social, en el que estamos preparados para sentirnos seguros y somos capaces de conectar fácilmente con los demás.

Cuando estamos en modo de interacción social, incluso parecemos más simpáticos y amables. Nuestra sonrisa es más auténtica (el nervio vago conecta con los músculos de la cara) y nuestra voz suena melódica y amable (el nervio vago también activa la laringe). La audición mejora, ya que este nervio conecta con los músculos del oído medio, que se abren para que podamos escuchar mejor las tranquilas voces humanas. Incluso las glándulas salivales se activan para engrasar los engranajes de nuestro instrumento más potente para relacionarnos con el mundo que nos rodea: la boca.

En este estado receptivo y parasimpático, nuestros recursos se asignan a funciones ejecutivas superiores del cerebro, como planificar el futuro, automotivarnos, resolver problemas y regular las emociones. Ahora que no nos consume la supervivencia, podemos ser la mejor versión de nosotros mismos. Llamo a este estado de juego, alegría, compasión y amor el «cerebro que aprende». Es flexible, abierto, tranquilo, pacífico y curioso, situaciones clave para que el desarrollo neurológico y conductual avance en la infancia. Es más probable que aprendamos de nuestros errores cuando los cometemos y que nos levantemos al caernos.

LUCHA O HUIDA

Cuando nos sentimos amenazados, nuestro cuerpo entra en modo de movilización, el hogar de la respuesta de lucha o huida, activada por el sistema simpático, el yin del parasimpático yang.

En el modo de movilización, el nervio vago envía señales de auxilio al sistema nervioso simpático, y eso provoca que el corazón lata más fuerte y más deprisa, que se activen las respuestas al estrés en las glándulas suprarrenales, que aumenten los niveles de cortisol y que se eleve la temperatura corporal, lo que nos hace sudar.

En este estado intensificado, experimentamos el mundo de una forma literalmente diferente. No registramos el dolor. Nos concentramos en sonidos más fuertes y angustiantes. Perdemos matices en el olfato. Además, como ocurre en el modo de movilización, nuestro aspecto es distinto. Los ojos se vuelven inexpresivos. Fruncimos el ceño. Los hombros se encorvan y adoptamos una postura defensiva. La voz adquiere un tono poco natural y estresado. Los músculos del oído medio se cierran y de repente solo registramos frecuencias altas y bajas (lo que llamamos sonidos de depredadores). Todo se filtra a través de la lente de una posible amenaza. Los rostros neutros se vuelven hostiles. Las caras con miedo tienden a enfadarse. Las fisonomías amables son sospechosas. Nuestro cuerpo se ha preparado para la batalla, una necesidad evolutiva que hemos heredado de nuestros antepasados. Es una respuesta adaptativa innata que aprendimos cuando teníamos que enfrentarnos a amenazas constantes, como a los animales salvajes, el hambre y la guerra. Todo esto nos ayuda y nos protege si de verdad nos enfrentamos a estos niveles de amenaza. La misma respuesta sobrecargada se produce ante las dificultades cotidianas de la vida, por ejemplo, al recibir un mensaje de tu jefe o al ver que el ordenador falla cuando tienes que hacer algo.

Además de los problemas de salud relacionados con este estado de estrés crónico, las personas que se enfrentan a un sistema de respuesta simpático hiperactivo (lo que conocemos como tono vagal bajo) informan de gran cantidad de problemas preocupantes. Algunos de los patrones emocionales y relacionales más comunes incluyen:

- Falta de resiliencia emocional.
- Incapacidad para formar conexiones significativas.
- Problemas de concentración.
- Dificultad para realizar tareas cognitivas de alto nivel, como planificar el futuro.
- Problemas de demora de la gratificación.

Es importante tener en cuenta que entramos en el modo de lucha o huida de forma totalmente subconsciente. La reacción de nuestro cuerpo a la amenaza es instintiva e involuntaria. No lo decidimos nosotros. No podemos culpar más a una persona que ataca porque cree que está siendo atacada que a una persona por sudar demasiado cuando hace ejercicio.

Inmovilización

Las dos respuestas al estrés más conocidas —luchar y huir— no son todas las que puede dar el cuerpo que está siendo atacado. Como el doctor Porges señaló en la década de 1990 en su legendario artículo sobre la teoría polivagal, existe un tercer modo: la inmovilización o «congelación».

El nervio vago tiene dos vías. Una de ellas es el modo de activación social y la movilización. Esta vía está mielinizada, es decir, revestida de una capa de grasa para que se active y se apague más deprisa. La segunda vía no está mielinizada, y por lo tanto es menos reactiva, tarda más en cerrarse y es más primitiva. De hecho, no compartimos esta vía con nuestros antepasados simios, sino con los reptiles.

Cuando se activa la segunda vía, nos inmovilizamos. Todo el cuerpo se apaga. El ritmo cardíaco y nuestro metabolismo se ralentizan al máximo. Los intestinos pueden soltarse totalmente o apretarse y contenerse. Podemos dejar de respirar. Podemos desmayarnos. Esto sucede cuando nuestro cuerpo siente que no hay esperanza de sobrevivir. Justin Sunseri, un terapeuta conocedor de la teoría polivagal, describe muy bien el modo de inmovilización: «Si ves un oso, tu modo de movilización puede activarse, porque tu cuerpo te prepara para correr o huir. Pero si ya tienes el oso encima, tu cuerpo podría simplemente rendirse y hacerse el muerto».

Este es el modo disociación. Las personas que entran en él abandonan su cuerpo psicológicamente. Muchas, como yo, pueden parecer presentes e interactuar con los demás, aunque su mente esté lejos, en su «nave espacial». Algunas se despegan tanto que ven lo que sucede como en un sueño. Otras desarrollan amnesia. Cualquiera que sea el nivel de disociación, esta respuesta al trauma evolutivamente programada explica por qué muchos tenemos tan pocos recuerdos de experiencias pasadas. Si no estuvimos verdaderamente presentes cuando se produjeron los hechos, no los podemos recordar. También explica lo difícil que es desconectar de este estado de alejamiento y volver al momento presente. El nervio amielínico hace que sea casi imposible recuperarse rápidamente cuando se ha entrado en este modo.

EL MUNDO SOCIAL

Muchos de mis pacientes, amigos y miembros de mi comunidad de SelfHealers me han hablado de problemas interpersonales que reflejan una desconexión: «Parece que no puedo conectar con nadie», «Quiero amigos, pero parece que no soy capaz de cultivar relaciones emocionales profundas», «Nadie conoce mi verdadero yo», «No puedo encontrar el amor».

En cuanto me sumergí en la literatura polivagal me di cuenta de que la incapacidad de establecer una verdadera intimidad con los demás no suele deberse a un defecto de la personalidad, sino que es producto de nuestro tono vagal, una forma de respuesta del sistema nervioso a nuestro entorno. Cuando es bajo, tenemos mayor sensibilidad para percibir amenazas en nuestro entorno, lo que sobreactiva la respuesta al estrés del cuerpo y reduce la regulación emocional y de la atención en general.

Los que sintáis el malestar de la ansiedad social podríais reconocer esta desconexión. Imagina que llegas a una fiesta llena de desconocidos. Puede que te hayas obsesionado con qué ponerte, que hayas planificado todos los detalles, todos los posibles temas de conversación, o puedes no haber sentido nada respecto de la fiesta, ninguna señal que te advirtiera que podrías sentirte incómodo y actuar en consecuencia. En cualquier caso, nada de esto importa en cuanto entras en la sala.

De repente todos te miran. Sientes la cara roja y caliente cuando oyes risas, y estás seguro de que se deben a lo que te has puesto o a tu pelo. Alguien te roza al pasar y sientes claustrofobia. Todos los desconocidos parecen mirarte mal. Aunque racionalmente sabes que no es un lugar hostil, que nadie te mira ni te juzga (y si lo hacen, ¿qué importa?), te resulta casi imposible librarte de esa sensación en cuanto te atrapa.

Esto sucede porque tu subconsciente percibe una amenaza (a través de tu sexto sentido de neurocepción del sistema nervioso) en un entorno no amenazante (la fiesta), activa tu cuerpo y te coloca en un estado de lucha (discutir con todos y cada uno), huida (marcharte de la fiesta) o congelación (no decir una palabra). El mundo social se ha convertido en un espacio lleno de amenazas.

Por desgracia, este tipo de desregulación del sistema nervioso se autoconfirma. Mientras está activado, tu neurocepción ignorará cualquier cosa que no confirme sus sospechas (una cara amistosa) en beneficio de lo que las confirma (la risa que has pensado que tenía que ver contigo). Malinterpretará o ignorará señales sociales que considerarías amistosas si estuvieras en modo de interacción social, como hacer una pausa en la conversación para que puedas entrar en ella, mirarte o sonreírte.

Somos criaturas interpersonales. Necesitamos conectar para sobrevivir. Pero los sistemas nerviosos que no están regulados debido a traumas no resueltos nos mantienen insatisfechos, al margen de nuestras emociones y atrapados en la incapacidad de conectar con los demás.

CORREGULACIÓN

Cuando estamos atrapados respondiendo a un trauma, nuestra neurocepción puede volverse inexacta. Interpreta mal el entorno, ve amenazas donde no las hay y nos devuelve al estado hiperactivo de lucha o huida. Entonces el ciclo de activación empieza de nuevo. Entender por qué sucede no solucionará nuestros conflictos sociales. El problema es que los estados de nuestro sistema nervioso son circuitos que se retroalimentan. Como dijo el doctor Porges, «reflejamos el estado autónomo de los que nos rodean».[44]

Cuando nos sentimos seguros, eso se refleja en los ojos, la voz y el lenguaje corporal. Estamos totalmente presentes, y nuestra actitud es ligera y fácil. Esta sensación de seguridad se transmite a otros en un proceso llamado corregulación. Cuando los demás estén seguros de que no eres una amenaza, también ellos se sentirán bien y entrarán en el mismo modo de activación social que los tranquiliza. Nuestras energías y estados son transferibles. Nos encontramos mejor y más tranquilos rodeados de determinadas personas porque nuestro sistema nervioso responde al suyo. La oxitocina, la hormona de los vínculos afectivos, fluye y nos ayuda a vincularnos emocionalmente y, en el caso de las relaciones sentimentales, de forma física. La sensación de seguridad crea un coespacio de comodidad. Es un intercambio mutuo de conexión.

La capacidad para la corregulación se establece en la infancia. Como hemos visto, estamos condicionados por nuestras figuras parentales de forma sutil y profunda. Uno de los comportamientos más importantes que aprendemos de nuestros seres queridos es la capacidad de aplicar estrategias de afrontamiento internas que nos ayuden a volver al espacio seguro y creativo de la movilización social en los momentos de estrés. Si viviste en una casa rodeada de tranquilidad y energía sanadora, tu sistema no solo interiorizó ese entorno, sino que lo reflejó. El nervio vago nos devolverá al estado parasimpático de equilibrio u homeostasis cuando sienta que hay un lugar seguro al que volver.

Si viviste en una casa caótica en la que la norma era reaccionar exageradamente, que se disparara la rabia o que reinaran la desconexión y el miedo, probablemente tus recursos internos se centraban en gestionar el estrés (en realidad, en sobrevivir) y no podían volver al modo de interacción social segura. Como hemos aprendido, los hijos son criaturas dependientes. Si una figura parental ofrece un entorno caótico y estresante, el niño interiorizará y generalizará este estado: «Mis padres se sienten amenazados. Estoy asustado porque ellos no están en sintonía con mis necesidades. El mundo es un lugar amenazante». Este «cerebro de supervivencia» (a diferencia del «cerebro de aprendizaje» de la interacción social) está supercentrado en las amenazas que percibe, piensa las cosas estrictamente en blanco y negro, y suele ser circular, obsesivo y empujado por el pánico. Nos da mucho miedo cometer errores. Cuando fracasamos, nos quedamos destrozados, hundidos y nos cerramos en banda.

En la fiesta, por ejemplo, probablemente no pudimos escapar de la respuesta vagal porque transmitíamos ese estado a las personas con las que nos cruzábamos. Las personas que estaban allí reflejaban nuestro estado activado y nos lo devolvían, lo que nos mantenía atrapados y nos llevaba por un camino de adicción emocional.

ADICCIÓN EMOCIONAL

Cuando los traumas no se abordan adecuadamente, se les permite dirigir nuestros relatos y dar forma a nuestras respuestas autónomas. Mente y cuerpo se vuelven dependientes de la fuerte respuesta física que procede de la liberación de neurotransmisores relacionada con esa experiencia y la solidifica en las vías neuronales del cerebro. En otras palabras, este aprende a desear sentimientos relacionados con la respuesta al trauma. Es el bucle de la adicción emocional.

Un típico día de adicción emocional podría ser así:

Te despiertas por la mañana y el miedo se apodera de ti.

La alarma está sonando y es hora de levantarse y prepararse
para ir al trabajo. De inmediato, piensas lo mismo que cada
mañana: «Necesito un café. Tengo cuarenta y cinco malditos
minutos de viaje para llegar al trabajo. He de ducharme. Ojalá fuera viernes». Tu mente hace lo de siempre, proporcionarte los interminables relatos de lo que tienes que hacer (aunque deseas evitarlo desesperadamente) antes de haberlo
hecho. Tu cuerpo responde a tus pensamientos estresantes:
tu frecuencia cardíaca aumenta, tu respiración se ralentiza, tu
sistema nervioso se regula al alza y se liberan hormonas del
estrés, todo ello antes de que te hayas levantado de la cama.
De camino al trabajo hay tráfico. Ya lo esperas porque suele
haber casi cada día, pero tu mente se lanza a criticarte porque
deberías haberte levantado más temprano y te repite cuánto
odias ese trayecto. Experimentas un cúmulo de frustración y
rabia que descargas sobre tus colegas en cuanto llegas a la
oficina. Te quejas ante ellos, y te sientes bien cuando te escuchan, pero al abrir tu email se te vuelve a acelerar el corazón
y se te encoge el estómago. Dedicas algo más de tiempo a
desahogarte, lo que hace que vuelvas a sentirte bien, y el ciclo
de activación emocional continúa.

Cuando llegas a casa, estás agotado: una respuesta normal
después de haber estado todo el día en una montaña rusa
emocional. Para relajarte, te sirves una copa de vino. Al estar
tan agotado, eres incapaz de estar presente y conectar con tu
pareja. Enciendes el televisor y te das un atracón de Netflix.
La estresante visión de crímenes te permite sentir los mismos
picos emocionales que los vividos durante todo el día. Te encanta la incertidumbre y que te mantenga en vilo. Te sientes
más o menos contento (y más relajado por el vino) y al final te

quedas dormido en el sofá, te despiertas a las dos de la madrugada y te metes en la cama para repetir el mismo patrón cuando te despiertes.

El cuerpo aprende a participar en patrones como estos para sentirnos como el yo que conocemos. En teoría, al experimentar una emoción fuerte, se activa nuestro modo de movilización o inmovilización, y volvemos rápidamente a nuestra zona de interacción social estándar. Se supone que estos estados de activación resultan desagradables y peligrosos, y a los que estamos atrapados en el bucle de la adicción emocional la descarga nos hace sentir bien. Puede que sea la única vez que sintamos algo. Nuestro cuerpo responde a estos sentimientos liberando hormonas como el cortisol y neuroquímicos como la dopamina, que fundamentalmente cambian nuestra química celular. Ahora necesitamos buscar esta descarga emocional una y otra vez. Aunque una emoción nos estrese o nos entristezca, a menudo nos resulta familiar y segura porque nos ofrece el tipo de liberación que experimentábamos de niños.

En el hogar de mi infancia, por ejemplo, reinaban el estrés y el miedo. Estos sentimientos nos unían y ofrecían un sustituto de la intimidad emocional, que en buena medida estaba ausente. En lugar de conectar de forma auténtica, lo hacíamos mediante el drama y el dolor, y nos uníamos frenéticamente hasta la siguiente crisis (la salud de mi madre o un vecino grosero). Los «periodos de inactividad», cuando no experimentábamos estos sentimientos, nos parecían sosos en comparación con los ataques de indignación, miedo y rabia.

Cuando yo no estaba en el ciclo de adicción emocional, no me sentía yo. Mi cuerpo se acostumbró tanto a la adrenalina, al cortisol y a otras respuestas hormonales fuertes que inconscientemente seguí buscándolos en la edad adulta para repetir el estándar emocional establecido en mi infancia. Sin ellos, me sentía aburrida y agitada.

Por eso me ponía quisquillosa cuando todo estaba tranquilo en mis relaciones sentimentales, entraba en pánico por el trabajo que tenía que terminar o me empujaba a un estado de ansiedad al mismo tiempo que intentaba descansar y relajarme. Mi cuerpo se sentía incómodo y me devolvía al estrés habitual de mi infancia.

Algunos de mis pacientes han descrito que la rabia que sienten al ver las noticias en realidad les hace sentirse agradablemente «cargados». Quieren esa descarga de rabia o indignación. Es lo único que les hace sentir de verdad, porque su cuerpo se ha acostumbrado a funcionar a niveles muy altos. Las relaciones son otro lugar en el que solemos proyectar nuestras adicciones emocionales. Muchos de mis pacientes mantienen relaciones con personas imprevisibles o en las que no pueden confiar. No están seguros de sus emociones, lo que les provoca angustia. La mayoría de sus pensamientos giran en torno al tema amoroso y cómo se sienten al respecto. Toda acción o comportamiento de la otra persona se convierte en algo que mis pacientes analizan una y otra vez. Intelectualmente, buscan un tipo de pareja diferente. Quieren a alguien que se comprometa y que tenga claros sus sentimientos. Pero vuelven a la misma dinámica en sus relaciones porque les resulta emocionante. Como son adictos al ciclo de imprevisibilidad y a la fuerte respuesta bioquímica que les produce, no pueden alejarse de ellos.

Con el tiempo (como pasa con otras adicciones, como el

azúcar, el sexo o la dependencia de las drogas o el alcohol), nuestro cuerpo necesita experiencias cada vez más intensas para recibir ese «chute» químico. Nuestro subconsciente nos lleva a situaciones en las que podamos conseguirlo en dosis cada vez más altas: relaciones imprevisibles, noticias que nos asustan y nos indignan, o redes sociales que nos permiten buscar peleas virtuales. Por eso nos gusta desahogarnos con los amigos y quejarnos permanentemente. Estos comportamientos nos ayudan a mantener un estado elevado. La paz no activada es aburrida y no nos resulta familiar. Cuerpo y mente buscan lo que conocen, aunque sea doloroso, y muchos al final nos sentimos avergonzados y confundidos por nuestro comportamiento.

CERRAR EL CÍRCULO

Los ciclos constantes de adicción emocional exacerban otras disfunciones del cuerpo traumatizado, entre ellas la inflamación crónica y problemas intestinales que son síntomas físicos clave que han expresado todos mis pacientes.

Como el nervio vago está conectado con el intestino, si no está regulado o tenemos un tono vagal bajo, nuestra digestión sufre. Cuando entramos en el modo de lucha o huida, la cascada de hormonas del estrés activa nuestro cuerpo para que bombee sustancias químicas inflamatorias, como las citocinas, que provocan aún más hinchazón. Nuestro sistema nervioso —y nuestra adicción a mantenerlo en un estado muy activado— es el origen de muchos de los síntomas psicológicos y físicos.

Entender por qué el sistema nervioso se desregula —y darnos cuenta de que las reacciones al estrés tienen lugar al margen de nuestro control consciente— puede ayudar a normalizar estos comportamientos y explicar por qué muchos nos sentimos solos cuando estamos en una sala llena de gente, por qué nos metemos drogas u otras sustancias en el cuerpo para adormecer nuestras respuestas fisiológicas naturales y por qué atacamos, huimos o nos desconectamos. Como hemos visto, son respuestas automáticas condicionadas por experiencias de corregulación en la infancia o la carencia de ella.

Pero aquí no acaba la historia.

Como veremos en el próximo capítulo, hay formas de mejorar el tono vagal y controlar las respuestas del sistema nervioso. Aprender a aprovechar el poder del nervio vago fue el descubrimiento más impactante y empoderador de mi viaje hacia la sanación, y espero que las siguientes herramientas te ayuden a hacer lo mismo.

SÁNATE: EVALÚA LA DESREGULACIÓN DE TU SISTEMA NERVIOSO

Paso 1. Sé testigo de ti mismo. La desregulación del sistema nervioso es un término empleado para describir síntomas que proceden de la activación repetida o de prolongados periodos de estrés. En teoría, cuando te enfrentas a una situación estresante, el sistema nervioso se activa y luego vuelve al equilibrio estándar, que permite a tu cuerpo «descansar y digerirlo». Pero si tu sistema nervioso no puede regularse por sí mismo, no podrás recuperarte del estrés y es posible que tengas los siguientes síntomas:

- **Posibles síntomas psicológicos y emocionales:**

  - *Síntomas de activación*: vergüenza, culpa, cambios de humor, miedo, pánico, agresividad, ansiedad, rabia, terror, confusión, sentimiento de culpa y agobio.

  - *Síntomas de desconexión*: incapacidad de conectarse con las personas o las experiencias, sensación de estar en babia y adormecido, incapacidad de pensar con claridad y miedo a hablar o a que te vean.

- **Posibles síntomas físicos:**

  - *Síntomas de hipervigilancia*: insomnio, pesadillas, nerviosismo (facilidad para sobresaltarse), miedo a los sonidos fuertes, temblores, palpitaciones, migrañas, problemas digestivos y trastornos autoinmunes.

  - *Síntomas de tensión*: rechinar de dientes, migrañas, tensión o dolor muscular, agotamiento y cansancio crónico.

- **Posibles síntomas sociales:**

  - *Síntomas afectivos*: evitar relaciones o mantener en ellas un tira y afloja, miedo constante al abandono (que a menudo provoca el aferrarse a otra persona o la incapacidad de estar solo).

  - *Síntomas emocionales*: sin límites o con límites «absolutos» demasiado rígidos y no flexibles, ansiedad social, irritabilidad y aislamiento.

Durante una semana, dedica un tiempo cada día a sintonizar con tu cuerpo (para ayudarte, puedes utilizar el ejercicio «Construye la consciencia» de las páginas 78-79). Sé testigo de ti mismo y observa cuándo experimentas alguno de los síntomas anteriores de activación del sistema nervioso.

Paso 2. Restaura el equilibrio de tu sistema nervioso. Ser consciente de tu estado de activación del sistema nervioso será una parte importante de tu viaje hacia la sanación. Incorporar los siguientes ejercicios a diario te ayudará a regularlo. Con el tiempo te permitirá conseguir la capacidad de interactuar de formas nuevas contigo mismo, con los demás y con el mundo.

Elige uno de estos ejercicios para concentrarte cada día; hazlo solo hasta el nivel de intensidad o esfuerzo que te resulte cómodo. Los que llevéis un diario o cuaderno podéis anotar cómo se siente y responde vuestro cuerpo a cada ejercicio.

- **Asiéntate en el momento presente.** Busca un olor, un sabor o una imagen en tu entorno actual. Practica activamente la concentración de toda tu atención en estas experiencias sensoriales.

EL CUERPO Y LOS TRAUMAS   143

- **Haz una meditación de visualización.** Cierra los ojos y respira profundamente. Imagina una luz blanca saliendo de tu corazón. Repite las palabras «Estoy a salvo y en paz» mientras te llevas las manos al corazón. Hazlo tres veces al día. La primera hora de la mañana o justo antes de meterte en la cama es un buen momento para ello.

- **Sé consciente de la información que consumes.** Cuando lo haces, tu sistema nervioso también se implica. Sé consciente de cómo te sientes en tu cuerpo cuando consumes diferentes tipos de información. ¿Te sientes recargado y recuperado, o agotado y temeroso? Puede ser útil desconectar de los medios que activan sentimientos de ansiedad.

- **Busca la naturaleza y sé testigo de ella.** Sal y experimenta cualquier pequeño aspecto del entorno natural al que tengas acceso. Observa los colores de las flores. Siéntate bajo los árboles. Camina descalzo por la hierba o mete los pies en el agua. Deja que el viento te recorra la piel. La naturaleza es un equilibrador natural del sistema nervioso y nos permite «resetearnos».

Cuando empieces a utilizar estas herramientas para ayudarte a restablecer el equilibrio de tu sistema nervioso, recuerda que la clave es hacer pequeños ejercicios constantes. Muchos de vosotros habéis pasado toda la vida en un cuerpo desregulado, así que sanarlo, cosa que sucederá, llevará tiempo.

DIARIO DEL YO FUTURO:
RESTAURAR EL EQUILIBRIO

Aquí tienes un ejemplo de las entradas del diario del yo futuro que utilicé cada día para empezar a crear una nueva experiencia de equilibrio del sistema nervioso en mi vida cotidiana. Para ayudarte en este proceso, puedes utilizar el siguiente ejemplo (o crear otro similar).

Hoy estoy haciendo ejercicios para restaurar el equilibrio de mi sistema nervioso.

Agradezco la oportunidad de crear tranquilidad en mi vida.

Hoy estoy ofreciendo un momento de tranquilidad a mi cuerpo, que tanto lo necesita.

Cambiar en este ámbito me permite sentir más paz.

Hoy realizo este ejercicio buscando seguridad en el momento presente/haciendo una meditación de visualización/siendo consciente de la información que consumo/dedicando un minuto a observar la naturaleza.

5

Prácticas que sanan la mente y el cuerpo

Los conocimientos que adquirí sobre el sistema nervioso y la teoría polivagal me permitieron deshacerme de algo que durante mucho tiempo me había reprimido: la vergüenza. Entendí que muchos aspectos de mí contra los que luchaba —mi comportamiento, mis pensamientos cíclicos, mis explosiones emocionales y mis relaciones distantes— tenían una base fisiológica. Eran los impulsos reactivos de un cuerpo desregulado. Yo no era mala. No era defectuosa. En realidad, esos hábitos y comportamientos eran respuestas aprendidas que mi cuerpo utilizaba para mantenerme viva. Eran mecanismos de supervivencia. Ahora me daba cuenta de que aplicar calificativos como «bueno» o «malo» simplificaba enormemente la intrincada interacción entre la mente y el cuerpo.

Aunque había aspectos de mi ser que quedaban fuera de mi control consciente, eso no significaba necesariamente que estuviera a merced de los caprichos de mi cuerpo. No implicaba que porque viviera con traumas no resueltos y luchara contra la inflamación y un bajo tono vagal, nunca pudiera cambiar. De hecho, todo lo contrario: si mi cuerpo podía aprender formas de afrontamiento desreguladas, también sería capaz de asimilar rutas saludables para recuperarse. Gracias a la epigenética sabemos que nuestros genes no son fijos; a través de la neuroplasticidad sabemos que el cerebro puede formar nuevos caminos; gracias a la mente consciente conocemos el poder de nuestros pensamientos para llevar a cabo cambios; mediante la teoría polivagal sabemos que el sistema nervioso afecta a todos los demás sistemas del cuerpo. Cuando empecé a arrancar capa tras capa de ignorancia sobre las conexiones entre mi mente, mi cuerpo y mi alma, y por primera vez me observé a mí misma, empecé a entender el potencial interior para sanar. Podemos desaprender y volver a aprender como adultos, aunque hayamos sufrido un trauma importante en el pasado. Podemos aprovechar el poder de nuestro cuerpo para sanar nuestra mente, y el poder de nuestra mente para curar nuestro cuerpo.

¿Recuerdas a Ally, la extraordinaria mujer cuyo viaje hacia la curación vimos en el capítulo 1? Su historia me enseñó mucho sobre el increíble poder que todos tenemos para cambiar. La transformación de Ally empezó con la «noche oscura del alma» que experimentó después de que le diagnosticaran esclerosis múltiple y de que sufriera una reacción adversa a la nueva medicación. Se quedó en *shock*, con la incertidumbre de un diagnóstico crónico y con el doloroso deseo de una vida mejor.

Ally empezó a cumplir pequeñas promesas diarias que se hacía a sí misma, y con el tiempo comenzó a confiar en sí misma lo suficiente para observar sus respuestas a los traumas. Se permitió experimentar los «grandes sentimientos», como los llamaba, recordando momentos de su infancia en que sufrió acoso grave. Empezó a notar las respuestas de su cuerpo a ese miedo y a esa tristeza, y dejó espacio a estas emociones sin juzgar ni reprochar.

Ally comenzó a escuchar su cuerpo, lo que la empujó a aprovechar el poder de respuesta de su sistema nervioso de la forma más empoderadora y alegre posible. Escuchó a su intuición, que le dijo que cantara. Se apuntó a clases de canto, luchó contra su tiránico crítico interior (su impulso inconsciente de seguir sintiéndose cómoda) y combatió el miedo que recorría su cuerpo antes de cada sesión, que le hacía subir la adrenalina y, en último término, la llenaba de emoción y de orgullo. Con la práctica, se liberó de la necesidad de perfección y se lanzó a jugar y a disfrutar de la alegría de crear. Ahora canta, toca la guitarra y el violín, y está empezando a dar pequeños pasos para componer su propia música. Incluso la seleccionaron para un musical, lo que hizo que su niña interior (algo que abordaremos en el capítulo 7) resplandeciera de orgullo. Entretanto empezó a hacer yoga, lo que fortaleció su cuerpo, que durante meses había estado confinado en la cama y el sofá. Esta práctica también amplió su capacidad de soportar la incomodidad y la ayudó a desarrollar resiliencia frente al estrés. Además, hizo impactantes cambios en su dieta siguiendo el protocolo antiinflamatorio Wahls, un programa alimentario que ha ayudado a muchas personas que luchan contra los trastornos autoinmunes.

Ally no sabía nada de esto en aquel momento, pero con cada una de las prácticas perfeccionaba y fortalecía la conexión entre su mente y su cuerpo, en concreto su sistema nervioso, lo que la ayudó a recuperar la homeostasis y a sanarse a sí misma. Los resultados fueron espectaculares: perdió treinta y seis kilos, su cognición mejoró y dejó de sufrir confusión

mental y pérdidas de memoria. Se sentía motivada, lúcida y
llena de propósitos. Lo más asombroso es que ya no se medi-
ca para la EM. En el momento en que escribo estas líneas ha
remitido totalmente.

«Dejé atrás lo conocido por algo muy desconocido, y ahora estoy en un lugar al que no pensé que llegaría —dijo en una
entrevista en podcast—. Es mejor de lo que nunca habría
creído posible. La vida es loca, hermosa y desafiante, a veces
oscura y tormentosa, y también llena de luz, y doy gracias por
la mía.»

La espectacular transformación de Ally nos ofrece un
hermoso testimonio del poder de la conexión cuerpo-mente.
Su dedicación a su bienestar nos muestra que invertir en
nuestra salud física y mental exige esforzarse y comprometerse cada día. Su historia también es un inspirador recordatorio
de que por destrozados, fuera de control, cansados o desesperados que nos sintamos, podemos cambiar.

PROCESOS DESCENDENTES Y ASCENDENTES

La sanación empieza aprendiendo a acceder a las necesidades
del cuerpo y reconectando con nuestro yo intuitivo. Comien-
za con el acto de ser testigo: «¿Cómo reacciona mi cuerpo?
¿Qué necesita?». Hacerse estas preguntas y escuchar las respuestas de su cuerpo llevó a Ally a descubrir su pasión por
cantar, que activa el nervio vago y ayuda a reequilibrar el sistema nervioso. Ella no sabía cómo funcionaba su sistema
nervioso, pero escuchando a su cuerpo adquirió un sentido
intuitivo de cómo activarlo de forma curativa. Todos pode-

mos aprender de Ally y utilizar los útiles mensajes que nos ofrece nuestro cuerpo.

Aunque las reacciones del sistema nervioso son automáticas, hay formas de mejorar el tono vagal, manejar las respuestas al estrés condicionadas por los traumas y volver más rápidamente al espacio abierto, amable y seguro del modo de movilización social. En este momento es un ámbito de investigación tan fructífero que muchos investigadores están estudiando la utilización de estimuladores del tono vagal (mediante implantes que emiten impulsos eléctricos directamente al nervio vago) para tratar una asombrosa variedad de enfermedades, desde la epilepsia hasta la depresión, la obesidad y la recuperación después de insuficiencias cardíacas y pulmonares. La forma de hacerlo sin intervención consiste en activar las partes de nuestro sistema autónomo que están bajo nuestro control, como la respiración y la voz.

Como recordarás, el nervio vago es una vía de comunicación bidireccional que transporta información del cuerpo al cerebro y del cerebro al cuerpo. La conversación del cerebro con el cuerpo se llama proceso descendente. Estos procesos emplean el cerebro para guiar al cuerpo hacia la sanación. Un ejemplo de práctica descendente es la meditación, que, mediante el entreno de la atención, ayuda a regular las respuestas del sistema nervioso autónomo. Una reacción similar, aunque opuesta, se produce con los procesos ascendentes, en los que se utiliza el poder del cuerpo para influir en la mente. La mayoría de los ejercicios que involucran al nervio polivagal que comentamos aquí emplean procesos ascendentes, como el trabajo con la respiración, la terapia de frío y los aspectos físicos del yoga.

Aunque no podemos controlar muchos procesos ascendentes y descendentes, sí que somos capaces de elegir conscientemente intervenciones concretas que reducen activamente nuestro estrés psicológico, ralentizan las respuestas simpáticas de nuestro sistema nervioso e incluso fortalecen los sistemas musculoesquelético y cardiovascular. Además, cuando activamos, desafiamos y tonificamos el nervio vago en un entorno seguro y controlado, desarrollamos tolerancia y aprendemos a vivir con incomodidad, que es la clave para desarrollar la resiliencia, la capacidad de recuperarse rápidamente de las dificultades.

Puede resultarte útil saber que, cuando empieces a tonificar el nervio vago, sin duda experimentarás una incómoda resistencia interna. Que la incomodidad nos desborde nunca ayuda; aproximarnos a ella despacio y con cuidado puede acercarnos a la sanación. Es importante practicar estos ejercicios en un lugar seguro y estable, en el que el estrés y los desafíos de cuerpo y mente estén bajo control. De este modo podremos avanzar dentro de límites seguros, lo que nos preparará para enfrentarnos a las tensiones que están fuera de nuestro control.

A continuación recojo algunas de las formas más eficaces y prácticas de aprovechar el poder sanador de nuestro cuerpo para recuperar la homeostasis y desarrollar la resiliencia. Todos estos ejercicios son herramientas importantes para fortalecer la conexión cuerpo-mente y propiciar un tono vagal saludable. Son pasos fundamentales en el camino hacia la sanación holística.

SANAR EL INTESTINO

Casi todos los pacientes con los que he trabajado expresan sentimientos complicados en torno a la comida, y a menudo tienen problemas intestinales y digestivos crónicos. A ellos les resulta útil conocer los efectos de la alimentación en su cuerpo, y, por lo tanto, en su estado mental.

Muy pocos de nosotros satisfacemos las demandas nutricionales de nuestro cuerpo. Por el contrario, solemos comer basándonos en cómo nos sentimos —tristes, aburridos, contentos, solos o emocionados—, o bien elegimos los alimentos por costumbre u obligación. Esta relación con la comida nos desconecta de las necesidades reales de nuestro cuerpo. No es innata, sino aprendida. De niños nos guían nuestras necesidades básicas. Cuando tenemos hambre, lloramos; cuando estamos llenos, la rechazamos. Los bebés tienen muy claro lo que les gusta y lo que no (para el terror de los preocupados padres de todo el mundo); los guía su cuerpo. A medida que crecemos y aprendemos otras razones para comer y beber, dejamos de escuchar estas necesidades innatas. El estrés crónico que experimentamos en la infancia puede dificultar que nuestro cuerpo descanse y digiera adecuadamente. Así lo confirman numerosos estudios sobre el papel de los traumas en el desarrollo de problemas gastrointestinales en la edad adulta.[45] Pero si escuchamos nuestro cuerpo con atención, podemos volver a aprender lo que perdimos, porque habla en voz alta a través de mensajes que el intestino manda al cerebro. Solo hay que prestar atención.

Tenemos unos 500 millones de neuronas en el intestino que pueden «hablar» directamente con el cerebro a través de un mecanismo conocido como eje intestino-cerebro, uno de los ejemplos más estudiados de la conexión cuerpo-mente. El eje intestino-cerebro es la autopista que permite intercambiar información diversa, como si tenemos hambre, qué nutrientes necesitamos, a qué velocidad pasa la comida por nuestro estómago e incluso cuándo se contraen los músculos del esófago. Nuestro amigo el nervio vago es uno de los mensajeros clave que facilitan el envío de estas señales de ida y vuelta entre el intestino y el cerebro.

El intestino también alberga una amplia red de células nerviosas a lo largo de la pared intestinal que forma lo que se conoce como el sistema nervioso entérico (SNE), un sistema de células nerviosas en forma de malla tan complejo que los investigadores suelen llamarlo «segundo cerebro». Como las neuronas del cerebro, estas células están en constante comunicación con varias zonas del cuerpo para indicar la liberación de hormonas y enviar mensajes químicos por todo el cuerpo.

El SNE reúne información del microbioma y de la diversa variedad de bacterias, hongos y otros microbios que viven en el intestino. Los microbios intestinales producen neurotransmisores al descomponer los alimentos que comemos y envían estos mensajes microbianos al cerebro. Estos microbios influyen en nuestra realidad. Piensa en cuando tenemos que hablar ante un grupo de personas y decimos «Se me ha revuelto el estómago». No es una metáfora. Nuestro estado emocional provoca que nuestro estómago se sienta mal. De hecho, el 90 por ciento del neurotransmisor serotonina, a menudo llamada «hormona de la felicidad» (aunque también está implicada en el sueño, la memoria y el aprendizaje), se produce en el intestino. Este descubrimiento ha llevado a la teoría de que un grupo de antidepresivos llamado inhibidores selectivos de la recaptación de serotonina (ISRS), como el Prozac, en realidad actúan sobre la serotonina que se produce «por debajo del cuello» en el SNE. Este profundo conocimiento anuló la antigua creencia de que estos neuroquímicos solo se producían en el cerebro. Pensábamos que cuando estábamos enfermos psicológicamente debíamos identificar y tratar las causas «por encima del cuello». Ahora sabemos que el cerebro solo es una pequeña parte de una gran red interconectada.

En un estado de trauma, la desregulación física tanto del sistema nervioso como del intestino afecta a la digestión, lo que dificulta la capacidad de absorber adecuadamente los nutrientes de la comida. Cuando nuestro cuerpo está estresado, no podemos entrar en el estado parasimpático que envía mensajes de tranquilidad y seguridad a nuestro cuerpo. Sin estos necesarios mensajes, expulsamos o retenemos la comida, lo que produce síntomas como la diarrea y el estreñimiento. Es probable que la desregulación del cuerpo se refleje en el intestino, donde el microbioma desequilibrado también dificulta la extracción de nutrientes del alimento. Con el tiempo, el cuerpo se ve crónicamente privado de los nutrientes que necesita, y por «saludable» o abundante que sea nuestra dieta, podemos acabar desnutridos y hambrientos.

Si no es tan saludable, las cosas empeoran. El revestimiento intestinal se inflama cuando consumimos alimentos que lo dañan, entre ellos el azúcar, los carbohidratos procesados y las grasas inflamatorias (como las trans y muchos aceites vegetales). Estos alimentos proporcionan sustento a los ocupantes menos deseables del microbioma intestinal (algunos microbios son buenos, pero otros pueden ponernos enfermos). Esta colección de microbios sienta las bases para una afección llamada disbiosis intestinal, en la que el equilibrio del ecosistema interno favorece los bichos «malos».

La disbiosis suele ir seguida de una afección llamada intestino permeable, que es exactamente lo que su nombre indica: el revestimiento intestinal no actúa como barrera porque se ha vuelto permeable, lo que permite que las bacterias se filtren en los sistemas circulatorios. Cuando las bacterias malas se filtran en el flujo sanguíneo, el sistema inmune responde, las reconoce como invasores extraños y aumenta la respuesta inmune. Como sabemos, esto propaga las sustancias químicas inflamatorias por todo el cuerpo, incluidas las citocinas, de las que hemos hablado en el capítulo anterior. El intestino crónicamente inflamado suele provocar inflamación sistémica,[46] en la que esta se extiende por todo el cuerpo. Esto puede hacernos sentir enfermos, aletargados e incluso, en algunos casos, psicológicamente enfermos.

Los estudios sugieren que la disbiosis intestinal puede provocar algunas afecciones que consideramos «enfermedades mentales», como la depresión, el autismo, la ansiedad, el trastorno por déficit de atención e hiperactividad (TDAH) e incluso la esquizofrenia.[47] Varios estudios con animales han demostrado la relación directa entre el deterioro de la salud del microbioma (a consecuencia de la mala alimentación, de influencias del entorno como el estrés y de sustancias químicas tóxicas) y el importante aumento de síntomas relacionados con la ansiedad y la depresión en humanos.[48] De hecho, en algunos estudios, las personas que padecían depresión tenían niveles más bajos de determinadas cepas bacterianas beneficiosas —*Coprococcus* y *Dialister*— que los controles.[49] Otros estudios han ofrecido evidencias de que los diagnosticados de esquizofrenia grave tienden a tener niveles más elevados de las cepas bacterianas *Veillonellaceae* y *Lachnospiraceae*.[50] Esta investigación ha sido tan prometedora que ahora existe un campo emergente de la medicina llamado neuroinmunología que se dedica a investigar la conexión entre el intestino, el sistema inmunológico y el cerebro. Los primeros estudios en este ámbito indican que la inflamación en el cuerpo puede cruzar la barrera hematoencefálica y entrar en el cerebro, y si este se inflama puede provocar toda una serie de afecciones neurológicas, psicológicas y psiquiátricas. Existen prometedoras evidencias de que, cuando la pared intestinal se cura mediante intervenciones dietéticas y suplementos probióticos, pueden aliviarse algunos síntomas de salud mental. Varios estudios recientes han mostrado que la utilización de probióticos ha reducido problemas sociales y de comportamiento en niños con graves trastornos del espectro autista.[51]

La forma más rápida de mejorar la salud intestinal —para apoyar los microbios y mantener la integridad de la pared intestinal— es comer alimentos integrales ricos en nutrientes. La línea directa entre el intestino y el cerebro convierte toda comida en una oportunidad para sanar y nutrirse. Resulta útil no pensar en la privación cuando eliminamos de nuestra dieta los alimentos procesados y no saludables, sino que lo consideramos una estimulante oportunidad para mejorar nuestro bienestar físico y mental mordisco a mordisco. No es frecuente que un psicólogo te pregunte qué comes, aunque la comida desempeña un papel muy importante en el bienestar mental. Además de consumir alimentos ricos en nutrientes que hagan que te sientas mejor, también puede ser útil añadir a tu dieta alimentos fermentados, como chucrut, yogur, kéfir y *kimchi*, ya que son ricos en probióticos naturales.

Otro enfoque nutricional que resulta cada vez más atractivo y que apoyan diversos estudios académicos es el ayuno intermitente.[52] Los ayunos planificados, o intervalos sin comer, dan un descanso al sistema digestivo dentro de límites saludables, lo que beneficia al cuerpo y mejora el tono vagal. Pueden consistir en ayunos de un día, periodos para comer de diez horas o simplemente reducir el número de comidas durante el día. El ayuno da un descanso al sistema digestivo y libera la energía que se dedicaría a la digestión para utilizarla en otros lugares. También puede aumentar la sensibilidad a la insulina y regular el azúcar en la sangre, lo que evita que nos convirtamos en «quemadores de azúcar» que siempre tienen hambre y buscan la siguiente dosis. Hasta que cambié mi alimentación, yo era una importante quemadora de azúcar; mis novias siempre recordaban llevar algo para picar cuando salíamos, porque, en caso contrario, el día podía terminar mal para las dos. Buscaba una dosis tras otra de azúcar y siempre tenía hambre. Además, los estudios han demostrado que el ayuno intermitente aumenta la agudeza mental, el aprendizaje y el estado de alerta[53] (aunque te advierto de que otros estudios también han mostrado que aumenta la irritabilidad,[54] especialmente al principio, antes de que el cuerpo se acostumbre).

Cuando ayunamos y cambiamos la alimentación, el cuerpo aprende a conseguir energía de combustibles alternativos, como las grasas y las proteínas. Esto le permite vivir de otros combustibles y pasar más tiempo sin comer sin que resulte incómodo porque está consiguiendo lo que necesita. Cuando comemos alimentos procesados llenos de azúcar, tenemos hambre a todas horas porque el cuerpo carece de los nutrientes que necesita. Este agotamiento de nutrientes no deja de mandar señales de hambre al cerebro, lo que hace que sintamos que necesitamos comer a menudo y, en algunos casos, que comamos en exceso o nos peguemos atracones. Comemos y comemos, pero nunca nos sentimos satisfechos porque, nutricionalmente, nuestro cuerpo no obtiene lo que necesita.

Por supuesto, el ayuno intermitente puede no ser adecuado para todos, en especial para quienes tienen antecedentes de trastornos alimentarios. Las personas con historial de patrones de alimentación restringidos no deberían optar por esta práctica.

Sanar el sueño

Cuando empezamos a prestar atención a cómo nuestra alimentación influye en cuerpo y mente, surgen otras oportunidades de aprender que nos hacen ver que quizá nuestras elecciones diarias no satisfacen las necesidades básicas del cuerpo. Después de la comida, la forma más frecuente de decepcionarnos se da cada noche: la mayoría no dormimos lo suficiente.

Empieza cuando somos jóvenes. En mi caso, comencé a tener pensamientos angustiosos por la noche durante la infancia. A los cinco años, me quedaba despierta en la cama, asustada, segura de que cada ruido o golpe era un ladrón o un secuestrador que venía a hacer daño a mi familia. Mi cuerpo estaba atrapado en un estado de ansiedad debido a mi elevado sistema simpático (y no ayudaba mi dieta de aquel momento, que consistía en un flujo constante de helados, galletas y refrescos). Mi mente escaneaba constantemente mi cuerpo y observaba los desequilibrios intestinales, las subidas de adrenalina y la hipervigilancia del sistema nervioso. Cuando mi corazón y mi respiración se aceleraban, mi mente se inventaba una historia sobre un robo. Mis dolores de estómago, la hinchazón y él estreñimiento se traducían en nerviosismo y miedo. Daba vueltas en la cama y muchas noches dormía mal.

Ahora sabemos que dormir mal es muy dañino, especialmente para un cuerpo que está creciendo. Cuando dormimos, nuestro cuerpo se repara. Entonces el intestino tiene la oportunidad de descansar de la digestión, el cerebro «se limpia» y elimina desechos, y las células se regeneran. El sueño es un momento de máxima sanación. Todos los órganos y sistemas del cuerpo, incluido el nervioso, se benefician del sueño. Lo sabemos gracias al trabajo realizado sobre la privación del sueño, que está relacionada con depresión, enfermedades cardiovasculares e incluso cáncer, obesidad y afecciones neurológicas como el Alzheimer. Las personas mayores de cuarenta y cinco años que duermen menos de seis horas por noche tienen un 200 por ciento más de posibilidades de sufrir un infarto o un derrame cerebral que las que duermen más.[55]

El sueño es clave para la salud mental y física, aunque pocos de nosotros le damos prioridad. Hay muchas maneras sencillas de preparar los espacios para dormir y nuestro cuerpo para aumentar las posibilidades de tener una noche de sueño reparador y sanador. El primer paso es evaluar cuánto dormimos realmente. Muchos no tenemos claro o estamos equivocados respecto a nuestros hábitos de sueño. Podemos meternos en la cama hacia las once de la noche, pero a menudo pasamos una hora mirando el móvil antes de apagar la luz. Controla tus comportamientos en relación con el sueño. Intenta observar honestamente tus patrones personales.

La forma más importante de mejorarlo es ayudar a que tu sistema parasimpático descanse y se relaje. Las sustancias como el café y el alcohol, que actúan directamente en la fase más importante del ciclo del sueño, el de movimientos oculares rápidos (REM, por sus siglas en inglés), son las mayores barreras fisiológicas para entrar en ese lugar de descanso. Intenta limitar el consumo de alcohol y cafeína a determinadas horas (deja de beber alcohol tres horas antes de acostarte y limita el café a antes del mediodía). También es importante mantener una rutina constante a la hora de dormir, ya que eso prepara el cuerpo para entrar en el estado parasimpático antes de meterte en la cama. Últimamente recibo un aviso de una aplicación para dormir hacia las cinco de la tarde, incluso antes de haber empezado a cenar, para que dé inicio a mi proceso de relajación (me acuesto hacia las nueve de la noche). Horas antes de meterme en la cama, apago las pantallas. Paso un rato leyendo o escuchando música y me aseguro de limitar las horas que paso delante de la tele antes de acostarme. Tomar un baño, recibir un masaje de tu pareja o acurrucarte con una mascota pueden incentivar una sensación de tranquilidad que hará que te resulte más fácil conciliar el sueño y no despertarte.

SANAR CON LA RESPIRACIÓN

Sabemos que el sistema nervioso autónomo es automático (funciona al margen de nuestra consciencia), aunque una parte de los sistemas de nuestro cuerpo está bajo nuestro control consciente. No podemos decirle al corazón que lata más despacio ni al hígado que desintoxique nuestro cuerpo más deprisa, pero podemos ralentizar y profundizar la respiración, lo que reduce nuestro ritmo cardíaco y tranquiliza nuestra mente. Podemos aspirar más, lo que nos ayuda a desplazar aire desde los pulmones al resto del cuerpo y oxigenar todas nuestras células. También somos capaces de hacer lo contrario, despertar la respuesta simpática respirando de forma rápida y superficial. Podemos intensificar y atenuarlo todo con el poder de la respiración.

Los ejercicios de respiración activan el sistema nervioso autónomo; es como hacer abdominales para el nervio vago. Como sabemos, es una autopista de información bidireccional que conecta no solo el cerebro y el intestino, sino también varias partes del cuerpo, incluidos los pulmones, el corazón y el hígado. Cuando utilizamos la respiración para contener nuestro sistema de excitación, comunicamos al cerebro que estamos en un entorno no amenazante, mensaje que comparte con los demás sistemas del cuerpo. Es un método ascendente de tonificación polivagal.

Los estudios han mostrado la relación entre los ejercicios diarios de respiración y una mayor longevidad.[56] La teoría es que si controlamos la respuesta al estrés reducimos la inflamatoria y estimulamos las hormonas que mantienen las partes de los cromosomas (llamadas telómeros) relacionadas con la longevidad. Según James Nestor, autor de *Respira. La nueva ciencia de un arte olvidado*, un estudio de investigación de dos décadas de duración con 5.200 personas mostró que «el mayor indicador de esperanza de vida no fue la genética, la dieta ni la cantidad de ejercicio diario, como muchos sospechaban. Fue la capacidad pulmonar... Pulmones más grandes equivalían a vidas más largas. Porque los pulmones grandes nos permiten obtener más aire con menos respiraciones».[57] La respiración superficial (en concreto respirar por la boca) puede generar o agravar una serie de enfermedades, desde la hipertensión hasta el trastorno por déficit de atención e hiperactividad (TDAH). Despoja al cuerpo de nutrientes esenciales y debilita la estructura del esqueleto.

Una de las personas que más utiliza el poder de la respiración es Wim Hof, conocido como «El hombre de hielo». Wim estableció un récord mundial Guinness por nadar bajo el hielo, tomó un baño de hielo de dos horas y corrió una maratón descalzo y sin camiseta por encima del círculo polar ártico. «La mente te hace fuerte desde dentro. Es tu sabia compañera —escribió en su libro *El hombre de hielo*—. Si sujetas el timón de tu mente, puedes controlar la dirección en la que irá.»[58]

En pocas palabras, la técnica de respiración de Hof implica inhalar por la nariz y exhalar por la boca, y luego contener la respiración, lo que desafía y expande los pulmones. Suele acompañarla con la exposición al frío, otro enfoque ascendente que pone a prueba los límites del cuerpo y tensiona el nervio vago de manera beneficiosa.

Yo no soy tan dura. Me gusta facilitar los desafíos a los que se enfrenta mi cuerpo. Hay muchos ejercicios de respiración, y mi rutina favorita para empezar, si dispones del espacio y del tiempo para hacer ejercicios algo más largos, es esta:

1. Intenta empezar con el estómago vacío (mejor por la mañana o de noche).
2. Siéntate o túmbate en un lugar cómodo con pocas distracciones.
3. Respira profundamente desde la parte de abajo del estómago.
4. Cuando no puedas inhalar más aire, detente y contén la respiración durante dos o tres segundos.
5. Exhala suave y lentamente, sin hacer fuerza. Haz un ciclo de respiración normal (inhalar y exhalar).
6. Repítelo diez veces.

Hago este ejercicio cada mañana, nada más despertarme, para iniciar el día. Casi a diario le dedico cinco minutos, que parecen pocos, pero es más complejo de lo que parece cuando estás empezando. Como principiante, este ejercicio no debería llevarte más de un minuto. Con el paso del tiempo puedes añadir más repeticiones.

Necesité años de ejercicios diarios para llegar a este punto. Al principio me costaba respirar desde el estómago y me resultaba casi insoportable quedarme quieta incluso durante unos minutos. Con el tiempo y la práctica constante cultivé mi capacidad de utilizar la respiración profunda desde el estómago durante el día en lugar de mis habituales respiraciones superficiales de pecho. A medida que mi sistema nervioso se reseteaba, descubrí que en general estaba más tranquila y en paz, lo que a su vez me permitía respirar más profundamente. Hoy, con la práctica constante, puedo utilizar de forma deliberada la respiración profunda como herramienta para calmar mi cuerpo cuando estoy emocionalmente activada y más la necesito.

SANAR CON MOVIMIENTO

Cualquier actividad —correr, nadar, caminar— en la que el cuerpo y la mente se relacionan en un lugar seguro nos ayuda a «ampliar la ventana» de la tolerancia al estrés, como escribió el doctor Porges. Los ejercicios que desafían tu mente y tu cuerpo reducen el riesgo de desarrollar enfermedades cardiovasculares y demencia, e incluso pueden retrasar el envejecimiento.[59, 60] El ejercicio físico consigue que el sueño sea más profundo y mejora el estado de ánimo al liberar en el cerebro sustancias neuroquímicas, como la dopamina, la serotonina y la norepinefrina, que hacen que te sientas más feliz y menos estresado. En general, el ejercicio cardiovascular, que aumenta el oxígeno y la circulación sanguínea en todo el cuerpo, crea cambios mensurables en el cerebro, aumenta el tamaño y la salud de este órgano, estimula nuevas vías neuronales y fortalece las existentes.

Un ejercicio definitivo para «ampliar la ventana», dado que activa directamente el nervio vago, es el yoga. El doctor Porges es también un gran defensor de esta práctica (ha escrito mucho en revistas académicas sobre sus beneficios para el tono vagal). El yoga involucra tanto el cuerpo como la mente y combina el poder regulador de la respiración con el movimiento. A medida que avanzamos, las posturas más complejas empiezan a poner a prueba los límites físicos de nuestro cuerpo, lo que tensiona aún más nuestro sistema y nos ofrece la oportunidad de volver a conectar con el poder calmante de la respiración. Se ha demostrado que practicar yoga con frecuencia tiene otros efectos en el cuerpo (probablemente porque, con el tiempo, fortalece la respuesta vagal), entre ellos reducir los niveles de inflamación y regular la presión arterial. Parece que no importa el tipo que practiquemos: Kundalini, Hatha, Ashtanga e incluso el híbrido yoga caliente.

El doctor Porges empezó a estudiarlo en la década de 1990 en India y descubrió que muchos de sus ejercicios están pensados para activar las respuestas al estrés de lucha, huida o congelación. En una entrevista dijo que la idea que subyace al yoga «es que ejercitándote puedes empezar a entrar en esos estados inmovilizadores normalmente relacionados con desmayos y paralización, pero más consciente y menos asustado». Lo describió como «la capacidad de profundizar en uno mismo y sentirse seguro» en respuesta a la percepción de una amenaza.[61] Esto es clave para curarse: aprender el poder de tu cuerpo y de tu mente poniendo a prueba sus límites externos. A medida que realizamos posturas más profundas y exigentes, el nervio vago aprende a controlar la respuesta al estrés y regresa con más facilidad al estado de calma y seguridad en el que se produce la sanación. Aprendemos a recuperarnos más deprisa o a volvernos más resilientes frente a la adversidad física y mental controlada. En un estudio, las personas que practicaban yoga desde hacía seis años o más podían mantener las manos en agua helada durante el doble de tiempo que los miembros del grupo de control, que nunca lo habían practicado.[62] Los que practicaban yoga no se distraían del dolor, como hacían los que no, sino que se introducían en la sensación y encontraban formas de concentrarse y de canalizar el dolor como forma de superar la sensación, que es lo fundamental en un ejercicio de resiliencia.

SANAR CON EL JUEGO

Para casi todos nosotros, la alegría, la expresión de pura felicidad, es un mero recuerdo. Hemos olvidado la feliz libertad de hacer algo por el puro placer de hacerlo, no para obtener algo, por obligación ni por una motivación externa. Cuando éramos niños hacíamos cosas porque queríamos. Muchos de vosotros recordaréis algún momento de vuestra infancia en el que os sentíais así, quizá en una clase de danza, correteando por la playa o expresándoos artísticamente a través del dibujo y la pintura.

En la edad adulta todavía podemos experimentar esta libertad alegre cuando nos permitimos jugar. Podría incluir bailar sin interferencia del ego, tocar música con instrumentos de juguete o disfrazarse y entrar en un mundo imaginario. Cuando nos perdemos en estas actividades, a veces podemos adentrarnos en lo que se conoce como «flujo» de puro disfrute de lo que estamos haciendo. Este estado funciona de forma muy similar a la sensación que tenemos cuando estamos inmersos en una conversación con alguien a quien queremos, atrapados en un momento y casi fuera de los límites del tiempo. Esta alegría es curativa en sí misma.

Si el juego es social, podemos desafiar nuestra neurocepción (la parte del sistema nervioso que escanea el entorno en busca de indicios de peligro). Cuando montamos a caballo con alguien, jugamos al fútbol o incluso competimos con un amigo en un videojuego, entramos y salimos de los modos de lucha, huida y congelación, y de nuestro modo de movilidad social de calma y seguridad. Esto permite que enseñemos a nuestro cuerpo cómo recuperarse rápidamente, de forma similar a como lo aprendemos al practicar yoga. En última instancia, crear alternancia artificial entre el peligro y la seguridad en un espacio divertido y abierto «mejora la eficacia del circuito neuronal, que puede regular instantáneamente comportamientos de lucha y huida», escribió el doctor Porges en un artículo sobre el juego y el nervio vago.[63] Aprendemos a apagar estas respuestas de lucha y huida y a volver a nuestro punto de partida seguro, en lugar de quedarnos permanentemente activados, lo que ayuda a reducir la enfermedad crónica.

Una actividad de juego habitual que involucra el nervio vago es cantar. Cantar es un placer para muchos de nosotros. Quizá nos han condicionado a guardarnos la voz para nosotros cuando los demás decían que desafinábamos. Intenta recordarte de niño y cómo se utilizaba el canto para desarrollar la autoconsciencia, la autoconfianza y la alegría. Los beneficios de cantar no se anulan al convertirnos en adultos. Cantar tu canción favorita te ayudará a tonificar el nervio vago de forma similar a la práctica de los ejercicios de respiración, el yoga y el juego. Si puedes cantar con otras personas, los beneficios son incluso mayores. La fuerza correguladora de una sala llena de personas cantando es increíblemente estimulante. Incluso hacerlo a solas en la ducha puede ser sanador.

Seguramente recordarás que el nervio vago conecta con muchos músculos de la cara y la garganta, incluidas la laringe y las cuerdas vocales. Cuando estamos en un lugar seguro, nuestra voz suena diferente y oímos una gama de tonos más amplia, especialmente en las voces humanas. Cuando cantamos, podemos ayudar a crear esa sensación de calma a través de los músculos de la boca y el cuello. El periodista científico Seth Porges (hijo del mencionado doctor Porges) sugiere también que escuchemos música de frecuencia media para abrir los músculos del oído medio (los que se activan cuando estamos en el lugar feliz del modo de movilización social).[64] ¿Uno de los lugares más eficaces en los que buscar música de frecuencia media? Las bandas sonoras de las películas de Disney. De modo que sí, ponte la apertura de *El rey león* y canta a voz en cuello todo lo que te apetezca.

CONTROLAR LA ACTIVACIÓN EMOCIONAL EN TIEMPO REAL

Con el tiempo, a través de todas las pequeñas promesas diarias que me hice a mí misma, construí una nueva base para sanarme que ayudó a mi cuerpo y a todos sus sistemas a volver a la homeostasis que tan desesperadamente deseaba. Empecé eligiendo alimentos que permitían que mi cuerpo se sintiera lleno de energía y nutrido. Prioricé el sueño. Al mismo tiempo, practiqué diferentes ejercicios para activar mi consciencia. Inicié una meditación diaria y un ritual de respiración, profundicé en el yoga, incorporé el juego y encontré tiempo para cantar, bailar y caminar por la naturaleza.

Tardé años en incorporar todos estos elementos. Como no disponía de guía, iba introduciendo diferentes técnicas para sanar mi intestino y mi sistema inmunológico, y permitía que la voz intuitiva que había perdido hacía tanto tiempo me guiara en mi viaje hacia la sanación. La primera vez en mucho tiempo que entré en contacto con esa voz interior fue cuando mi gato George se perdió. Lolly y yo llegamos a casa después de pasar un fin de semana fuera y no lo encontramos. Inspeccionamos toda la casa, y mientras lo buscaba habitación por habitación, sentía que me ponía cada vez más nerviosa. Mis nervios se intensificaron. Empecé a gritar: «¡Abre el horno! ¡Abre el horno!», y abrí de golpe la puerta del horno esperando encontrar su cuerpo muerto y quemado. Exploté delante de mi sobrino, que en aquel momento tenía cinco o seis años y había venido a casa con nosotras. Se me puso la cara roja y el corazón me latía en los oídos. Había perdido el control.

A los cinco minutos me calmé lo suficiente como para trazar un plan para hallar a George. Llamé a los vecinos y al veterinario hasta que al final lo encontramos. Cuando todo terminó, le pedí disculpas a Lolly y le dije: «Siento haber perdido los nervios».

Me contestó: «Lo entiendo. La verdad es que no creo que los perdieras tanto».

La idea de que en realidad no me hubiera comportado como lo había hecho me tocó algo por dentro. Una parte de mí, la verdadera, sabía que Lolly tenía razón. Mientras estaba en pleno ataque de pánico, de alguna manera sentí que en realidad no estaba frenética. Era como si hubiera representado un papel, la dinámica familiar de mi condicionamiento, y me hubiera vuelto loca, como me habían enseñado. Pero la parte verdadera de mí sabía que no era real. Mi ritmo cardíaco se había acelerado, por supuesto, y mis glándulas suprarrenales producían cortisol, ya que mi respuesta simpática activó esos sistemas, pero una pequeña parte de mí estaba de acuerdo con Lolly y sabía que en el fondo no había sido para tanto.

Esto me indicó que estaba sucediendo algo más profundo, y empecé a prestar más atención a lo que me sacaba de quicio y a cómo reaccionaba mi cuerpo cuando perdía el control. Pasaron varios años. Y esta vez desapareció nuestro gato Clark. (La verdad es que tengo gatos muy aventureros.)

Clark, un gato que parecía un perro, debió de salir y se perdió. Me preocupé, aunque esa vez, mientras lo buscábamos, no se hiperactivó mi sistema nervioso. Me mantuve tranquila y centrada. A pesar de que tardamos casi tres semanas, al final también lo encontramos, y en esa ocasión no pataleé, ni grité, ni hice daño a las personas a las que quería.

Hoy soy corporal. Sé lo que es estar en mi yo físico y cómo me afectan las sensaciones: las mariposas en el estómago cuando estoy nerviosa o emocionada (aunque parezcan lo mismo, en realidad son dos sensaciones diferentes), las punzadas de hambre cuando realmente necesito comer, la sensación de saciedad si he comido lo suficiente. Antes estaba tan desconectada que nunca me llegaban realmente estos mensajes sensoriales.

También estoy menos encorvada y tensa en general. Tengo más energía. Me despierto a las cinco de la mañana y me siento productiva y lúcida durante todo el día. Antes era una persona que no recordaba palabras. Una persona que se desmayaba. Una persona tan tensa y reprimida que no podía evacuar adecuadamente los intestinos.

Esto no significa que no vuelva a experimentar reacciones ante los traumas. No siempre soy brillante y lúcida, y de vez en cuando sigo perdiendo los nervios. Cuando sucede, soy indulgente conmigo misma. Veo las reacciones como lo que son, el resultado de un sistema autónomo sobrecargado que se siente amenazado.

Nuestro cuerpo es de verdad increíble. Ahora sabemos que no estamos «destinados» a estar enfermos solo porque los miembros de nuestra familia lo estén. Nada está grabado en piedra. Nuestras células responden al ambiente desde el momento de la concepción. Hemos visto que nuestro entorno —desde los traumas infantiles hasta la comida que decidimos meternos en el cuerpo— nos moldea, sobre todo el sistema nervioso, el sistema inmunológico y el microbioma, ya que responden especialmente al estrés y a los traumas. Hemos identificado el poder del sistema autónomo para dar forma a nuestra manera de ver y de vivir en el mundo, y el increíble papel del nervio vago, que viaja desde el cerebro hasta todos los sistemas del cuerpo. He dedicado tanto tiempo a este tema porque entender estos procesos ofrece una ventana a la resiliencia del cuerpo y a la posibilidad de transformación.

El siguiente paso es aplicar este estado de consciencia empoderado y la creencia en la transformación a la mente: entender nuestro yo del pasado, conocer a nuestro niño interior, hacernos amigos de nuestro ego y aprender sobre los vínculos traumáticos que siguen dando forma a nuestro mundo. Este conocimiento nos ayuda a liberar la mente del mismo modo que hemos liberado el cuerpo.

Vamos.

DIARIO DEL YO FUTURO: RESPIRACIÓN

Aquí tienes un ejemplo de las entradas del diario del yo futuro que utilicé a diario para empezar a crear una nueva rutina de respiración en mi vida cotidiana. Cada día copiaba en mi cuaderno versiones similares a las siguientes frases para ofrecerme un recordatorio constante de mi intención de cambiar, para tomar nuevas decisiones y, con el tiempo, crear un nuevo hábito.

Hoy estoy haciendo ejercicios de respiración profunda desde el estómago para ayudar a calmar mi cuerpo y conseguir una sensación de seguridad y paz.

Agradezco la oportunidad de aprender una nueva forma de regular mi cuerpo.

Hoy estoy tranquila y asentada en mi cuerpo.

Cambiar en este ámbito me permite sentirme más capaz de tolerar el estrés.

Hoy realizo este ejercicio acordándome de utilizar la respiración profunda desde el estómago si empiezo a sentirme estresada.

6

El poder de la creencia

Dicen que nos contamos historias para vivir. A menudo estas se basan en nuestras experiencias reales: creemos que somos deseables porque nos perseguían los admiradores desde muy jóvenes. A veces estas historias, que suelen crearse en la infancia, no se actualizan ni reflejan nuestra realidad presente. Aquellos que, como yo, fuisteis tímidos de niños, podríais seguir considerándoos así aunque ya no os sintáis ni actuéis de ese modo.

A menudo nos contamos historias como una forma de autoprotección. En la infancia no somos mental ni emocionalmente capaces de entender que nuestras figuras parentales tuvieron toda una vida al margen de la que conocemos. De niños, estamos limitados por lo que cognitiva y emocionalmente podemos entender según nuestro desarrollo. Dadas estas limitaciones, podemos creer que somos malos cuando una figura parental nos levanta la mano, en lugar de saber que a esta persona, de la que depende nuestra supervivencia, le cuesta controlar su ira. A veces nuestra realidad es demasiado dolorosa para entenderla o procesarla, así que inventamos una historia alternativa que nos guíe en la oscuridad. Un niño que se siente desatendido podría inventarse el relato de que su padre o su madre tiene un «trabajo importante» para excusar su ausencia sin profundizar en la verdad, que es más dura.

Como todos nosotros, estoy hecha de muchos de esos relatos (también llamados creencias fundamentales): «Soy el niño Jesús», «Soy impasible», «Soy nervioso». Las creencias fundamentales son las numerosas historias sobre nosotros mismos, las relaciones, el pasado, el futuro y gran cantidad de otros temas que construimos a partir de las experiencias vividas. Vi claro uno de mis relatos más profundos, que llevó la batuta durante años sin que yo lo supiera, en cuanto empecé a ser más consciente y testigo de mi mundo interno. La historia es: «No me tienen en cuenta».

Ha sido un problema con casi todas mis parejas. Me ha mantenido reservada y patológicamente autosuficiente con mis amistades y en mi vida profesional. Incluso puede asomar la cabeza cuando alguien se cuela en una fila y el relato en mi cabeza me dice: «No importas». ¿Por qué? En ese instante de verdad creo que un completo desconocido no me tiene en cuenta, como mi madre. Soy un fantasma al que pueden atravesar.

Esta percepción se produjo durante una meditación, cuando de repente apareció en mi mente el recuerdo de mi madre en la cocina de nuestra casa, en Filadelfia. Yo debía de tener cuatro años.

Cada noche, mi padre llegaba a casa después del trabajo a la misma hora. Minutos antes de que entrase por la puerta, mi madre empezaba a preparar la cena y a poner la mesa para que la comida estuviera caliente cuando llegase. Hacía la comida junto a la ventana que daba a la calle por la que venía mi padre desde la parada del autobús. Se le veía llegar —exactamente igual cada noche— al menos cinco minutos antes de que entrara en casa. La previsibilidad y la rutina mantenían a mi madre a salvo de sus traumas infantiles de imprevisibilidad y escasez, desde la poca disposición emocional de sus padres hasta la repentina muerte de su progenitor. Estoy segura de que la estabilidad que mi padre proporcionaba con su rígido horario, su insistencia en la «unión» y el poco tiempo que no pasaban juntos calmó considerablemente a mi madre.

Aquella noche mi padre no apareció cuando se le esperaba. Pasaron diez minutos y seguía sin llegar. Quince minutos, veinte, media hora de retraso. Desde mi posición privilegiada debajo de la mesa de la cocina, observaba a mi madre, cada vez más tensa. Pasé horas bajo ese tablero, empujando los pedales de mi moto de juguete, utilizando las piernas para impulsarme y dar una vuelta tras otra. Lo consideraba un lugar seguro, un refugio frente al caos (pese a la apariencia de armonía doméstica) que me rodeaba, y el gasto energético me ayudaba a aliviar mi casi constante agitación interior.

Pasaba el tiempo. En ese momento mi madre ni siquiera fingía que no estaba alterada. Miraba por la ventana retorciéndose las manos. No era necesario que dijera nada. Podía sentir su preocupación. Mis piernecitas empujaban cada vez más deprisa, una representación física de la angustia de mi madre. A medida que su ansiedad silenciosa aumentaba, olvidaba a la criatura que se desmoronaba bajo sus pies. En aquel momento no estaba emocionalmente conectada conmigo, y en absoluto atenta a mis necesidades y miedos. No podía estarlo. Me convertí en una minucia, en alguien a quien no reconocía, mientras la consumía la ansiedad y la respuesta al trauma, que reducía el foco a la amenaza en cuestión. Sin la madurez y el conocimiento para entender esta experiencia humana, me quedé con una realidad dolorosa. En aquellos momentos empecé a producir la creencia fundamental de que no se me tenía en cuenta.

Y de repente apareció mi padre bajando la colina. La energía de la cocina cambió casi de inmediato y mi madre volvió a preparar la cena.

En aquellos momentos también aprendí otra lección. Empecé a ser consciente de que el único alivio de la agitación interna llegaría de fuera. Como mi madre, yo siempre parecía estar esperando alguna representación de mi padre para sentirme segura. Lo vi en la frenética inquietud que se apoderaba de mí si mi pareja no contestaba a un mensaje o en el miedo (muy electrizante) que me recorría si alguien estaba emocionalmente fuera de mi alcance. Cuando me sentía desesperada, absurda o no querida, estaba en casa. Mi madre volvía a aparecer en la ventana. «Esta persona no me tiene en cuenta, pero la necesito para vivir.»

El origen de la creencia

He compartido esta historia contigo para ejemplificar cómo algo aparentemente trivial —mi padre volviendo tarde a casa, que no es gran cosa— puede contener mensajes que se instalan en las creencias que nos conforman.

Demos un paso atrás. ¿Qué es exactamente una creencia?

Una creencia es un pensamiento basado en una experiencia vivida. Las creencias se construyen a lo largo de años de patrones de pensamiento, y para prosperar requieren validación tanto interna como externa. Las creencias sobre nosotros mismos (nuestra personalidad, debilidades, pasado y futuro) son filtros que se colocan sobre las lentes con las que vemos nuestro mundo. Cuanto más pensamos determinadas cosas, más se conecta nuestro cerebro por defecto a estos patrones de pensamiento. Eso es especialmente cierto si los juicios activan nuestra respuesta al estrés y el nervio vago, y crean una confusión interna que, con el tiempo, puede convertirse fácilmente en compulsiva, que es la definición de la reacción al trauma condicionado que conocemos como adicción emocional. El hábito de pensar algo en concreto una y otra vez nos modifica el cerebro, el sistema nervioso y la química celular de todo el cuerpo, lo que facilita seleccionar por defecto esos patrones de pensamiento en el futuro. En otras palabras: cuanto más pensamos algo, más probable es que lo creamos. Nuestras ideas frecuentes se convierten en nuestra verdad. Recuerda que, para casi todos los que tenemos estos patrones condicionados de desregulación psicológica, es necesario reequilibrar el sistema nervioso antes de tener la capacidad de cambiar realmente nuestras creencias profundamente arraigadas.

Cuando una creencia se valida una y otra vez, puede convertirse en lo que llamamos una creencia fundamental. Estas están formadas por nuestras percepciones más profundas sobre nuestra identidad; suelen instalarse en el subconsciente antes de que cumplamos los siete años. Son las historias sobre quién soy —«Soy inteligente», «Soy amable», «Soy extrovertido», «Soy introvertido», «No soy bueno en matemáticas», «Soy noctámbulo», «Soy solitario»— que proporcionan la estructura de nuestra «personalidad». Aunque pueda parecer que nuestras creencias fundamentales lo son porque sin duda las hemos puesto en práctica, nos llegaron básicamente de nuestras figuras parentales, del entorno familiar y social, y de experiencias anteriores. Desgraciadamente, los traumas han conformado muchas de estas creencias.

Una vez formada una creencia fundamental, inicias lo que llamamos el sesgo de confirmación: se descarta o ignora la información que no se ajusta a tu creencia en favor de la información que sí lo hace. Si crees que no mereces nada, verás un ascenso en el trabajo como algo que ha sucedido por error y creerás que solo es cuestión de tiempo que descubran que en realidad eres un impostor. Cuando cometes un error en el trabajo, ya sea por casualidad o porque te has saboteado tú mismo, lo verás a través de la lente de la inevitabilidad: «He metido la pata, claro. No merezco este puesto». Todos nos apoyamos en algo llamado «sesgo de negatividad», en el que tendemos a priorizar (y por lo tanto a valorar) la información negativa sobre la positiva. Por eso si evalúan tu trabajo de forma brillante lo olvidarás enseguida, pero siempre recordarás el aguijón de la crítica negativa de un compañero.

Este sesgo está programado de forma evolutiva. En los primeros tiempos de nuestra especie, teníamos muchas más posibilidades de sobrevivir si nos centrábamos en las cosas que podían matarnos en lugar de en las cosas que nos hacían felices. Como la respuesta de lucha o huida del sistema nervioso autónomo, este sesgo se integra en nuestro sistema operativo a nivel fisiológico y, en buena medida, queda al margen de nuestro control consciente. Si no pudiéramos filtrar y priorizar la información sensorial, los ataques de la información que nos llega nos abrumarían constantemente. En nuestro mundo suceden muchas cosas en todo momento. Solo tienes que intentar reconocer el mundo que te rodea ahora mismo. Si tu cerebro asimilara todos estos estímulos a la vez, no podría funcionar.

Este filtrado subconsciente lo realiza el sistema de activación reticular (SAR), una serie de nervios ubicados en el tronco encefálico que nos ayudan a ordenar el entorno y nos permiten concentrarnos en las cosas que nos parecen esenciales. El SAR actúa como portero del cerebro. Utiliza creencias formadas en nuestra vida temprana para filtrar la información que nos llega y priorizar las evidencias que apoyen estas creencias. De esta forma, el SAR incorpora activamente la información que refuerza lo que ya creemos que es verdad.

Aquí tienes un ejemplo habitual del funcionamiento del SAR. Supongamos que quieres comprarte un coche. Vas al concesionario, encuentras el modelo que quieres y pasas tiempo en la red averiguando todos los detalles de ese coche. De repente te das cuenta de que parece que todo el mundo tiene ese coche, aunque jurarías que apenas lo has visto por las calles. El SAR puede hacerte sentir que el universo está enviándote un mensaje. Quizá sea tu propio universo, concebido por tu cerebro.

El SAR no se limita a crear un sesgo de confirmación cuando queremos comprarnos un coche. Una teoría sobre la depresión, aunque demasiado simple, cree que las personas que la padecen filtran el mundo a través de lentes negativas. Piensa en tu último día realmente malo, en el que las cosas negativas se sucedían y nada parecía salir bien. Seguramente te sentías como si tuvieras mala suerte, aunque el SAR también estaba funcionando y no priorizaba las partes positivas o incluso neutras del día. Por eso a veces puede parecer imposible salir de la niebla de pavor: tu SAR no te lo permitirá.

En ocasiones, el cerebro puede utilizar el filtro del SAR como mecanismo de defensa. He conocido a muchas personas que aseguran que su infancia fue de color rosa y perfecta, y se niegan a reconocer cualquier aspecto negativo o difícil, pese a las evidencias de que los hubo. Una visión idealizada de la infancia se convierte en una creencia fundamental que puede proceder de la autoconservación. En la vida real, no hay infancia perfecta. Para sanarnos, es fundamental permitirnos ser testigos honestos de todas nuestras experiencias pasadas y presentes.

En el capítulo 2 hemos aprendido que no somos lo que pensamos, ni tampoco nuestras creencias fundamentales. A menudo esto último es más difícil de aceptar porque nuestras creencias fundamentales están tan arraigadas y forman parte de nuestra identidad hasta tal punto que cuesta deshacerse de ellas. Cuanto más aprendas sobre el cerebro infantil y sobre cómo se forman estas creencias fundamentales, más capaz serás de observarlas y ser consciente de ellas, y, en última instancia, de elegir activamente cuáles quieres conservar y cuáles dejar atrás.

PROGRAMADO PARA SOBREVIVIR

Puede que te cueste recordarlo cuando estás sentado en un avión al lado de un bebé que llora o le suplicas que pare a un niño que está montando una pataleta, pero la primera infancia es un momento de pura esencia espiritual. El asombro, el juego y la sinceridad de la infancia son expresiones del verdadero yo, o lo que considero que es el alma. Aún no hemos acumulado las experiencias que nos desconectan de este verdadero yo. Aún no hemos formado nuestras creencias fundamentales.

Puedes pensar en el cerebro de un bebé como si fuera el sistema operativo de un *smartphone*. Depende del niño «descargarlo» todo, desde cómo andar hasta qué creer y cuánto tiempo llorar para conseguir comida. No es de extrañar que los bebés miren el mundo con verdadero asombro, casi como si estuvieran en un hipnótico estado de felicidad. Viven en un constante estado de receptividad y aprendizaje.

La infancia es un periodo de invención infinita. Aprendemos el lenguaje, el movimiento, la interacción social y la causa-efecto, todo al servicio de nuestra supervivencia. Las neuronas, los componentes básicos de nuestro cerebro, se comunican entre sí mediante impulsos eléctricos sincronizados llamados ondas cerebrales. Estas dan lugar a todo lo que conforma nuestro yo humano: los comportamientos, las emociones, los pensamientos e incluso la mecánica de nuestro cuerpo. Es una hermosa sinfonía, una canción única que hasta ese momento nunca se ha tocado, y sucede en la mente de un recién nacido.

Ahora sabemos que también es un periodo en el que se

forman nuestras creencias fundamentales sobre nosotros mismos y nuestro lugar en el mundo. Empieza cuando salimos del útero de nuestra madre. Al llegar al mundo, las vías neuronales del cerebro están hiperestimuladas, se construyen y se perfeccionan al intentar dar sentido al extraño nuevo mundo y a nuestro lugar en él. Puede ser un periodo aterrador porque somos totalmente dependientes, y lo desconocido asusta, incluso a los niños. Aunque nuestro cerebro aún no sea lo bastante maduro para entender totalmente lo que implica esta dependencia, podemos sentir el miedo inherente a nuestra vulnerabilidad. El entorno lo acrecienta, tanto en el sentido inmediato (lo que está o no disponible en términos de necesidades básicas, como comida, alojamiento y amor) como en el sentido más amplio (como vivir en un país en vías de desarrollo, bajo un sistema opresivo o durante una pandemia). En este periodo de intensa necesidad, todos estos factores conforman nuestro sentido de la seguridad y el confort —o la ausencia de él— y dejan huellas duraderas en nuestro cuerpo, mente y alma.

Las huellas más significativas proceden de las personas a las que estamos más unidos: nuestras figuras parentales. La neurociencia emergente defiende el abrumador efecto que tienen estas figuras en el cerebro de sus bebés. Un estudio descubrió que, cuando los padres y sus hijos se miran a los ojos, sus ondas cerebrales se sincronizan y crean un «estado de red conjunto»[65] que conecta a las dos personas en un silencioso lenguaje de comunicación.

Sin figuras parentales nos moriríamos de hambre, no solo físicamente, sino también de forma emocional. Nuestro principal objetivo es recibir amor. Si nos aman, es probable que estemos a salvo, alimentados y cuidados en general. Este estado es el modo más beneficioso para que el cerebro se desarrolle en la infancia; es la forma de interacción social que hemos abordado en el capítulo 4. Es un estado de paz en el que nos sentimos a salvo y seguros para jugar, arriesgarnos y aprender. Este estado seguro es fundamental para avanzar en el desarrollo neurológico y conductual. El «cerebro que aprende» nos permite sentirnos lo bastante seguros como para arriesgarnos y tener más posibilidades de levantarnos cuando nos caemos.

En nuestras figuras parentales buscamos pistas sobre cómo conectarnos, cómo navegar por el mundo y cómo enfrentarnos al estrés, llamadas corregulación (la has visto en acción en la historia de la ventana de la cocina de mi casa). La corregulación es una experiencia de aprendizaje no solo para la mente, sino también para el cuerpo. Se produce cuando nuestras figuras parentales nos enseñan a moderar nuestras reacciones emocionales y a volver al punto de partida del modo de movilización social. Si no aprendemos esta regulación o no nos sentimos lo bastante seguros para intentar aprenderla, entramos en un estado de activación de la lucha, la huida o la congelación, en el que nuestra neurocepción escanea el entorno y ve amenazas por todas partes.

Cuando estamos atrapados en el modo de movilización, dedicamos todos nuestros recursos a enfrentarnos al estrés y, en pocas palabras, nuestro cerebro infantil sufre. La infancia es un periodo muy vulnerable. Incapaces de sobrevivir solos, la retención de una figura parental de cualquier cosa que se perciba como un obstáculo para nuestra supervivencia envía señales de estrés que nos invaden el cuerpo. El resultante «cerebro de supervivencia», como yo lo llamo, se centra excesivamente en lo que percibe como amenazas, ve el mundo en blanco y negro, y a menudo es obsesivo, lo impulsa el pánico y tiende al razonamiento circular. Podemos derrumbarnos o cerrarnos cuando nos enfrentamos al estrés.

Esto es especialmente cierto entre la concepción y los dos años, momento en que el cerebro de los niños funciona en el ciclo de ondas cerebrales más lento, con las amplitudes más altas, el llamado estado delta. Cuando somos adultos, por el contrario, solo entramos en el estado delta al dormir profundamente. El estado delta es un modo de aprendizaje y codificación. No hay capacidad de pensamiento crítico, ya que el cerebro del recién nacido se dedica por entero a absorber.

Este órgano se desarrolla aún más entre los dos y los cuatro años, cuando las ondas cerebrales pasan al estado theta, el mismo que se ha documentado cuando los adultos entran en hipnosis. En este estado, los niños se enfocan hacia dentro. Están conectados con su imaginación a los niveles más profundos y a menudo les cuesta diferenciar los sueños de la realidad. Aunque en este periodo los niños desarrollan habilidades de pensamiento crítico, siguen inmersos en un estado egocéntrico, una etapa de desarrollo en la que no pueden ver otra perspectiva distinta a la suya.

Esta no es la definición de «egocéntrico» que relacionamos con las personas centradas en sí mismas en la edad adulta. El egocentrismo en la infancia es una etapa del desarrollo en la que no se es capaz de entender la diferencia entre el yo y los demás. Creemos que todo nos sucede por nuestra causa. Debido al desarrollo de nuestro cerebro, somos literalmente incapaces de ver el mundo desde la perspectiva de otra persona, ni siquiera cuando es nuestra figura parental, un hermano u otro familiar cercano. De niños, cuando con frecuencia no se satisface cualquiera de nuestras necesidades físicas, emocionales o espirituales, asumimos erróneamente la responsabilidad de esta negligencia, a menudo interiorizamos creencias falsas («Nadie me ayuda porque soy malo») y luego las generalizamos («El mundo es un mal lugar»). Podemos ver este pensamiento egocéntrico cuando intentamos dar sentido a experiencias emocionalmente dolorosas con nuestras figuras parentales. Un niño, después de que su padre le gritara tras haber tenido un día muy estresante en el trabajo, es incapaz de entender que no es la causa de su enfado.

La mente analítica no toma el relevo hasta la siguiente etapa del desarrollo cognitivo, hacia los cinco años. Aunque puede seguir costando discernir lo real de lo imaginario, en esta etapa los niños empiezan a emplear el pensamiento racional y a entender las consecuencias de causa y efecto («Cuando no escucho, tengo que tomarme un descanso»). A esta etapa le sigue el estado beta, las ondas de menor amplitud y más rápidas, en las que empezamos a entrar a los siete años. Aquí se va haciendo más presente una persona con pensamiento crítico, lógico y comprometido. Está elaborándose la mente adulta. Pero para entonces ya hemos acumulado las creencias fundamentales y la programación subconsciente que seguirán dirigiendo nuestra vida diaria como adultos.

Infancia interrumpida

A medida que se desarrolla el cerebro, nuestras necesidades se expanden desde las básicas de alojamiento, comida y amor a requisitos más amplios, complicados y matizados de plenitud física, emocional y espiritual. Espiritualmente, nuestra alma individual tiene tres necesidades básicas:

1. Que la vean.
2. Que la escuchen.
3. Expresar de forma única nuestro yo más verdadero.

Pocas personas, y menos los padres estresados, disponen de las herramientas para satisfacer todas estas necesidades constantemente. Incluso las mejores familias tienen limitaciones. Cuando no se colman adecuada o frecuentemente, los niños suelen desarrollar la creencia fundamental subconsciente de que no merecen que esas necesidades se satisfagan. Cuando se las niegan emocionalmente, lo compensan exagerando algunas partes de sí mismos y negando otras según lo que perciben que sus figuras parentales valoran o consideran que merece la pena.

Una figura parental que se sienta agobiada e incómoda con sus emociones, al ver a su hijo angustiado podría decirle: «Eres demasiado sensible». El niño, cuyo principal objetivo es recibir amor, suprimirá u ocultará lo que las figuras parentales perciben como sensibilidad en un intento de seguir recibiéndolo. Si este patrón se prolonga, el hijo podría «endurecerse» o desapegarse, ignorar su verdadero yo y presentar uno falso, que surge de la creencia fundamental de que partes de su identidad son inaceptables. Lo veo con frecuencia en mis pacientes y amigos masculinos. Para algunos, que crecieron con el modelo de hipermasculinidad tóxica, en el que no se anima a los hombres a expresar emociones o se les avergüenza si lo hacen, incluso reconocer que tienen un mundo emocional puede ser un desafío. En estos casos, luchamos contra el condicionamiento no solo de nuestras figuras parentales y de nuestra familia, sino también de la sociedad en general.

A menudo, estos pequeños mensajes constantes se interiorizan como creencias fundamentales. Es posible que a alguna de vosotras, cuando ayudabais a vuestra madre a cuidar de vuestros hermanos, os dijeran: «Lo haces muy bien. Algún día serás una buena madre». Si lo oyes con frecuencia, tu creencia fundamental puede convertirse en «Tengo que cuidar de los demás para que me quieran». Con el tiempo puede que te sientas egoísta por cuidar de ti misma o incluso por reconocer tus necesidades. O es posible que te dijeran: «Ojalá te parecieras a tu hermano». Esta creencia fundamental —que no eres tan bueno como tu hermano— podría traducirse en un pobre concepto de ti mismo. Podrías compararte más con los demás y no creer que eres lo bastante bueno. O, como yo, puedes recibir premios y reconocimiento sin tener que esforzarte mucho, lo que hace que interiorices la creencia de que «Disfruto solo de las cosas en las que soy bueno por naturaleza, y dejaré de inmediato cualquier cosa que me suponga un desafío o que no me resulte sencilla de entrada». Esta era una parte central de mi creencia fundamental: solo quería jugar si iba a ganar.

Es importante señalar que, aunque las figuras parentales

creen la mayor parte de nuestro sistema de creencias fundamentales, el entorno también influye. Nuestro sistema educativo, que carece de la capacidad de adaptar su enfoque a cada niño individualmente, genera un «modelo unidireccional» de enseñanza que obliga a los pequeños a adaptarse a la institución para tener éxito y que los valoren. La presión se ve agravada por los compañeros, que validan determinados comportamientos, estilos o aspectos de nuestra apariencia. A menudo se nos coloca en categorías como «empollón», «puta» o «musculitos», que crean relatos sobre la identidad que interiorizamos de forma inconsciente. Una niña que tiene dificultades con las matemáticas en una cultura que cree que las mujeres son peores que los hombres en ciencias puede interiorizar una verdad inexacta sobre sí misma. Cuando hemos interiorizado la creencia de que no somos lo bastante guapos o delgados, nuestro SAR seguirá buscando en nuestra sociedad una fuente de información que lo confirme.

Incluso en la edad adulta tendemos a ver el mundo a través de los filtros que aplican las creencias fundamentales —a menudo negativas— que desarrollamos durante estos años «esponja» de la infancia. Seguir fortaleciendo estas creencias en detrimento de un relato más preciso, completo y actualizado resulta en la creciente desconexión de nuestro verdadero yo. Es una de las razones por las que casi todos los adultos están desesperados por que los vean, los escuchen y los valoren externamente. Esta necesidad puede manifestarse como codependencia, obligación de complacer a los demás permanentemente y sufrimiento; o, al otro lado del espectro, puede expresarse como ansiedad, rabia y hostilidad. Cuanto más desconectados estamos, más deprimidos, perdidos, confundidos, estancados y desesperados nos sentimos. Cuanto más estancados y desesperados nos sentimos, más proyectamos nuestras emociones sobre las personas que nos rodean.

Nuestras creencias son increíblemente poderosas y siguen dando forma a nuestras experiencias diarias a través de nuestra mente subconsciente. Estas creencias, especialmente las fundamentales, no se formaron de la noche a la mañana. No cambiarán tan rápido. Pueden modificarse con dedicación y perseverancia. Para cambiar de verdad tienes que aprender quién eres en realidad, y parte de ello incluye conocer a tu niño interior.

SÁNATE: HAZ UN INVENTARIO DE CREENCIAS FUNDAMENTALES

Dedica un tiempo a reflexionar y escribir en tu diario sobre tus creencias fundamentales. Si te intimida la palabra «creencia» o no estás seguro de cuáles son las tuyas, no pasa nada. Recuerda que es simplemente un pensamiento que se repite. Tienes creencias fundamentales sobre ti mismo, respecto a los demás, sobre el mundo que te rodea, por lo que se refiere al futuro y sobre muchos otros temas. Empieza a prestar atención y a fijarte en los temas y relatos que recorren tus pensamientos a lo largo del día. Observa y anota todos y cada uno de los temas que surjan. Para ayudarte a reflexionar, puedes utilizar las siguientes entradas de diario y añadir cualquier otro tema que identifiques.

Al prestar atención a mis pensamientos a lo largo del día, observo temas:

Sobre mí mismo: _____.

Sobre otras personas o sobre mis relaciones: _____.

Sobre mi pasado: _____.

Sobre mi presente: _____.

Sobre mi futuro: _____.

DIARIO DEL YO FUTURO: CREAR UNA NUEVA CREENCIA

Ahora que ya has comprendido que las creencias solo son pensamientos que se repiten, no debería sorprenderte saber que para crear una nueva creencia tendrás que empezar a poner en práctica un pensamiento nuevo. De los temas y relatos que has anotado en el inventario de creencias, elige uno para empezar a cambiar. ¿No sabes cuál elegir? Sigue tu instinto. Si aún no estás seguro, piensa en el que tendría más impacto en tu vida si tu creencia fuera diferente.

En cuanto hayas identificado la creencia que quieres cambiar, piensa en lo que preferirías pensar. Puede ser tan sencillo como elegir lo contrario de lo que crees ahora. Por ejemplo, si entre tus pensamientos encuentras un «No soy lo bastante bueno», como muchos de nosotros, lo que querrás creer es «Soy lo bastante bueno».

Antigua creencia: _____.

Nueva creencia: _____.

Esta será tu afirmación o mantra diario. Ahora tienes que poner en práctica este nuevo pensamiento. Muchas veces. Si quieres, puedes escribir esta afirmación o mantra en un sitio, en cualquier lugar o en todas partes. Cada vez que lo veas, recita este nuevo pensamiento para ti mismo. O quizá prefieras elegir un momento determinado del día para ejercitar este pensamiento como rutina matinal o nocturna.

No te preocupes si te cuesta aceptar este nuevo pensamiento como verdad. De hecho, ni por un segundo creas que vas a pensarlo como si fuera la verdad. No será así, al menos durante mucho tiempo. Hazlo de todas formas. Poco a poco entrenarás a tu cerebro para que empiece a considerar la pequeñísima posibilidad de que este nuevo pensamiento pueda algún día contener algo de verdad, por poca que sea. Intenta no obsesionarte por cuándo llegará ese día, y en algún momento puede que lo atisbes. A mí me pasó.

7

Conoce a tu niño interior

Lo primero que cualquiera notaba en Anthony era su fuerte acento neoyorquino, que me recordaba a la época que recorría Brooklyn en metro.

Anthony era la «oveja negra» de su gran familia italiana y católica, aunque él hacía todo lo posible por seguir al rebaño. Le transmitieron una idea general del bien y del mal en la que varias malas acciones te llevaban directo al infierno.

Incluso de niño, Anthony sentía que era diferente o «malo» en un sentido en que sus hermanos no lo eran. Su «maldad» empezó antes de que tuviera edad para ir a la escuela, cuando un vecino, también niño, abusó sexualmente de él. Aquel muchacho había sufrido la misma injusticia en su propia casa. Anthony pensó que el abuso sexual seguramente era un mensaje de Dios que le decía que era una persona mala, sobre todo porque su agresor fue un chico. Se convenció de su maldad inherente cuando su padre empezó a ponerse física, verbal y emocionalmente violento cada vez que bebía. Estos episodios de agresividad solían aparecer como una reacción al carácter más amable y emocional de Anthony, cualidades que lo diferenciaban de sus hermanos. Para escapar del creciente malestar de su vida doméstica, en la adolescencia empezó a pasar más tiempo con chicos de su barrio mayores que él. Al final uno de ellos empezó a abusar sexualmente de él; Anthony creyó que era él quien lo «pedía» y disfrutaba de los encuentros con este depredador.

Anthony sabía intuitivamente que el abuso estaba mal, que no era algo que él quisiera y que estaba sufriendo. Cuando reunió el valor necesario para contárselo a un familiar cercano, lo despacharon diciéndole que siempre estaba buscándose problemas. Entretanto, la agresividad física de su padre y su afición a la bebida llegaron a un punto en que mandaron a Anthony a vivir con un familiar. Tras salir de su casa, Anthony cayó en una oscura depresión y comenzó también él a beber a escondidas.

Poco después empezó a portarse mal sexualmente. Se obsesionó por coleccionar cintas de vídeo y montones de revistas pornográficas. Al final empezó a aislarse de los demás y a encerrarse en sus fantasías sexuales. Siguió yendo con sus familiares a la misa semanal, en la que desde el púlpito atronaban los continuos mensajes de que el sexo y la sexualidad eran pecaminosos y contrarios a la voluntad de Dios. Esto hizo que se sintiera aún más avergonzado de sus frecuentes y siempre insaciables pensamientos, impulsos y comportamientos sexuales. Como no se sentía lo bastante seguro para comentar sus crecientes compulsiones y fetiches con nadie, siguió pensando que su secreto era otra indicación de su maldad. Había aprendido que solo podría sanarse rezando, arrepintiéndose y autocastigándose, aunque en aquel momento ya se consideraba «incorregible». Decidió que ir a una universidad de otra ciudad, lejos de la mirada inquisidora de su iglesia y de su familia, proporcionaría el único alivio posible a su infinito dolor. Utilizó el traslado como una oportunidad para huir de su existencia y de sus experiencias sin ser en absoluto consciente de que solo estaba colocando en otro lugar al niño avergonzado y que había sufrido abusos que tenía dentro.

Atendiendo solo a las apariencias, Anthony parecía perfecto. Era un hombre atractivo, estaba en buena forma física y trabajaba como corredor de bolsa de gran éxito en Wall Street. Esto le permitía llevar una vida de lujos, rodeado de las mejores cosas. Además, tenía una oscura existencia que lo mantenía distanciado de sus mejores amigos. Para aliviar el estrés de su exigente trabajo, empezó a beber más en privado, porque no quería que los demás vieran otro de sus «malos» hábitos. En aquellos momentos en que bebía en secreto y aislado, empezó a buscar más allá de su colección de pornografía con la esperanza de encontrar experiencias sexuales que colmaran por fin su profunda insaciabilidad. Navegaba por plataformas online que complacían sus peculiares fantasías sexuales y ligaba con mujeres con las que mantenía relaciones sexuales consentidas carentes de significado y a veces físicamente agresivas. En cuanto se había aliviado, sentía un enorme asco de sí mismo. Creía que la vergüenza por estos encuentros lo engulliría. Miraba al techo y rogaba por alcanzar el perdón y la paz. Una de las creencias fundamentales de Anthony era «Soy una mala persona muy sexual», y seguía reforzando este relato.

Tras años de vivir una vida oculta, sufrió una crisis nerviosa que culminó con la ruptura de todos los vínculos con sus amigos y familiares. Se confinó en su casa durante meses, bajó las persianas y se aisló de un mundo para el que nunca estuvo preparado. Entró en la profunda niebla de la depresión continua y perdió la esperanza de llegar a ser «normal» algún día. Al final salió de su casa, dispuesto a empezar a abordar sus profundos conflictos internos.

Anthony nunca le había contado a nadie la verdad sobre su compulsión sexual y su preocupación por su adicción al sexo. Antes de la crisis y el aislamiento, la idea de hablar de ello solo había servido para debilitarlo. Con la ayuda de un tcrapcuta cspccialista en traumas empezó a hablar por primera vez de su compulsión sexual oculta y de sus preocupaciones por ser adicto al sexo. Fue como si las compuertas de una presa se abrieran dentro de él. Entonces comprendió que quienes habían abusado de él lo habían condicionado y convertido en una víctima, y que el abuso no lo había provocado él. Había desvelado su secreto, pero seguía sintiendo mucho dolor.

En ese momento decidió que había llegado la hora de encontrar a su niño interior.

Teoría del apego

Antes de introducir el concepto de niño interior es fundamental contextualizar la importancia de los vínculos en la primera infancia. En pocas palabras, la relación con nuestras figuras parentales es la base de la dinámica de todas las conexiones que tenemos en la edad adulta. Llamamos a estas relaciones apegos. En 1952, el psicoanalista John Bowlby presentó una teoría del apego[66] tras estudiar a niños y sus relaciones con su madre en una clínica de Londres.[67] Los niños mostraban una variedad de «liberadores sociales», como llorar o sonreír, para llamar la atención de sus figuras parentales. Llegó a la conclusión de que sus intensas reacciones surgían del instinto de supervivencia. El apego entre madre e hijo, que definió como «conexión psicológica duradera entre seres humanos», era «evolutivamente beneficiosa» para ambas partes, pero en especial para el niño, que depende totalmente de los demás para vivir. Concluyó que el apego es esencial para el desarrollo social, emocional y cognitivo de los bebés. La psicóloga del desarrollo Mary Ainsworth continuó el trabajo de Bowlby y creó las «clasificaciones de las situaciones extrañas». Esta técnica evaluaba diferentes estilos de apego después de observar la respuesta de los niños cuando la madre los dejaba un momento en una habitación (a veces con una persona extraña) y luego volvía. En teoría, cuando una figura parental está presente actúa como una base segura para el niño, quien, una vez asentada, se sentirá libre para ir de un lado a otro, jugar y explorar. Pero no siempre es el caso. Ainsworth y sus colegas observaron y describieron cuatro estilos de apego diferentes que surgen en los primeros dieciocho meses de vida:

1. **Seguro.** Un bebé con apego seguro puede enfadarse durante un breve periodo de tiempo después de que su madre salga de la habitación, pero se recuperará enseguida. Cuando ella vuelve, el niño está abierto y receptivo al reencuentro. Parece que la madre le ha proporcionado un entorno positivo y estable que funciona como base segura en la que el niño puede explorar e interactuar. (En los términos físicos que hemos aprendido antes, los apegos seguros permiten que los

niños entren libremente en el modo de interacción social del sistema nervioso.)

2. **Angustiado-resistente.** El niño puede estresarse y angustiarse tanto por la ausencia de su madre que sigue enfadado mientras ella no está. Cuando su madre vuelve, el bebé no se consuela fácilmente, sigue sintiéndose inseguro y puede incluso castigarla por haberse marchado. Esto suele ser el resultado de una falta de sintonía entre las necesidades del niño y la atención de la figura parental, que ilustra la incapacidad del bebé para tranquilizarse o volver a sentirse seguro cuando regresa su madre.

3. **Evasivo.** Los niños de esta categoría apenas muestran respuesta al estrés cuando su madre se marcha, y casi no reaccionan cuando vuelve. Estos bebés no buscan a su madre para consolarse. Algunos la evitan activamente. Esto suele ser producto de una figura parental desconectada (una desconexión que puede ser mayor o menor) que deja que el niño lidie solo con sus sentimientos. Estos bebés no buscan a su figura parental para que les ayude a manejar su estado emocional, porque la figura parental no les ofrece ese apoyo.

4. **Desorganizado-desorientado.** Estos niños no muestran ningún patrón de respuesta. A veces están muy angustiados y estresados, y en otras ocasiones no reaccionan. Este es el estilo de apego menos frecuente de los cuatro, y suele relacionarse con los traumas infantiles de las experiencias adversas en la infancia (EAI), como abuso y negligencia graves. El mundo del niño es tan impredecible que su cuerpo no sabe cómo reaccionar o buscar seguridad.

Cuanto más seguro es el vínculo entre un niño y sus figuras parentales, mejor se siente en el mundo en general. Las investigaciones han mostrado una y otra vez que las personas que establecen vínculos seguros en la infancia suelen mantenerlos en la edad adulta, lo que muestra los importantes efectos de por vida de nuestros vínculos parentales. Los escáneres cerebrales han apoyado esta conclusión y han mostrado que los niños con apegos seguros a los quince meses tenían un mayor volumen de materia gris (la parte del cerebro que contiene células y fibras nerviosas) que los que no los tenían,[68] lo que significa que su función cerebral era más saludable. Además, se ha relacionado la incapacidad de formar apegos seguros en la infancia con ansiedad social, trastornos de conducta y otros diagnósticos psicológicos.

En los últimos años, algunos investigadores y médicos han ampliado la idea de la teoría del apego más allá de la figura parental inmediata y han incluido la unidad familiar. Un ejemplo es la teoría de los sistemas familiares, desarrollada por el doctor Murray Bowen, que amplía esta teoría a toda la unidad familiar, incluidos los hermanos y los parientes cercanos. En mi opinión, es una incorporación importante, porque amplía nuestras redes de existencia como individuos más allá de nuestro entorno inmediato, a comunidades más grandes y al mundo en general.

Aunque no confío en las etiquetas, creo que es útil que comprendas qué estilo de apego se ajusta más al tuyo. Lo que los consejeros matrimoniales y de pareja de todo el mundo dicen es que nuestros apegos viven dentro de nosotros, especialmente en los vínculos sentimentales. Esta es también la base empírica de lo que haremos a continuación, ya que las heridas de nuestro niño interior que arrastramos hasta la edad adulta suelen basarse en el apego.

CONOCER AL NIÑO INTERIOR

Cuando yo era niña, nunca parecía agobiada. Daba la impresión de que nada me molestaba. Recibía una mirada distante y era como si Nicole hubiera salido de la habitación, aunque estaba físicamente presente. En realidad, mis emociones eran tan fuertes que casi se me escapaban por los poros de la piel. No sabía cómo lidiar con esos sentimientos, así que aprendí a distanciarme de ellos como mecanismo de supervivencia.

Cuanto más me desconectaba, más negaba mi mundo interior. Me distancié de mí misma, de mi cuerpo, de mis sensaciones y de mis sentimientos. Me metí en mi «nave espacial» para protegerme de las experiencias que me abrumaban constantemente. Los demás me describían como distante. Interioricé sus percepciones. Creía de verdad que era una persona poco emocional, que el hecho de que las cosas no me afectaran formaba parte de mi ser. En lo más profundo de mí había un fuego oculto al que no podía acceder, ni siquiera identificarlo. Me sentía desapegada, alejada e incapaz de encontrar placer o alegría en nada. Durante la adolescencia, tras dar la primera calada a una pipa de agua llena de marihuana y beberme mi primer chupito de whisky, seguí consumiendo sustancias para construir externamente mi desconexión de la realidad.

Por más que me considerara emocionalmente receptiva, no me sentía conectada con las personas. Aunque podía explotar con mis parejas (me aterrorizaba que me dejaran, como, aquel día tras la ventana, a mi madre le aterrorizó que mi padre no volviera a casa), casi siempre estaba desapegada, evasiva e insensible. Era como si hubiera aprendido a no querer nada demasiado, porque si de verdad quería algo, me lo podrían quitar. No era solo un sentimiento de pérdida y abandono; era el miedo a que, sin determinada persona, no podría sobrevivir. Así que me construí un caparazón en el que nadie podía entrar. Me convertí en una persona que no solo no conocía sus propias necesidades, sino que no tenía ninguna.

Fui consciente de esta desconexión cuando empecé a observar mis pensamientos y a ser testigo de mí misma. Entretanto, seguí tropezando una y otra vez con relatos recurrentes, el tema habitual de que nadie me tiene en cuenta, lo mismo que sentí cuando de niña me escondí debajo de la mesa de la cocina. La creencia era constante: la veía en mi manera de experimentarlo casi todo, en mis reacciones emocionales, en lo que me llenaba de rabia y en lo que hacía que me desvinculara. Me contaba una historia, pero yo no estaba preparada para recibir el mensaje.

Entonces di con el trabajo del terapeuta John Bradshaw,[69] que ha dedicado su carrera a hablar sobre el niño interior de las personas con problemas de abuso de drogas y otras sustancias. Bradshaw sacó ideas de su propia infancia, ya que había crecido con un padre que luchaba contra la adicción al alcohol. Como muchos niños cuyas figuras parentales luchan contra el consumo de sustancias, también Bradshaw empezó a abusar del alcohol. Cuanto más estudiaba las historias de su familia y de las personas a las que atendía, más cuenta se daba de que todos ellas se enfrentaban a un niño interior profundamente herido. En su libro *Volver a casa. Recuperación y reivindicación del niño interior* presentó la convincente idea de que muchos acabamos inmersos en relaciones «tóxicas» (la palabra es suya) porque nunca abordamos los traumas que vivimos en la infancia. «Creo que este niño interior herido y olvidado del pasado es la fuente principal de las desgracias humanas»,[70] escribió.

En mi extensa formación y en mi práctica profesional he observado patrones similares a los de Bradshaw, y llegué a entender que todos tenemos una parte infantil. Es libre, está llena de asombro y conecta con la sabiduría interior de nuestro verdadero yo. Solo podemos acceder a ella cuando estamos seguros en la zona de conexión social de nuestro sistema nervioso, pues entonces podemos sentirnos espontáneos y abiertos. Es juguetona y desinhibida o está tan plenamente presente en el ahora que parece que el tiempo no exista. Cuando no se reconoce, esta parte infantil interior de todos nosotros puede quedar sin control en nuestra vida adulta, y a menudo reacciona de forma impulsiva y egoísta.

Estas reacciones surgen de una herida fundamental con la que el niño interior debe vivir como respuesta al trauma infantil. Sus heridas internas son las constantes necesidades emocionales, físicas y espirituales insatisfechas expresadas a través de nuestro subconsciente que siguen impactando en nuestro yo presente. Desgraciadamente, es casi imposible satisfacer todas las necesidades de otro ser humano, en especial cuando ambas personas lidian con sus traumas no resueltos. Casi todos nosotros sentimos que no nos ven, que no nos escuchan y que no nos quieren, y arrastramos este dolor durante toda la vida. Incluso aquellos a los que llamamos narcisistas en realidad no viven en un estado de amor extremo a sí mismos. De hecho, son niños grandes que reaccionan a una herida infantil interna que es profundamente dolorosa.

Nuestras parejas tienden a activar intensamente nuestras heridas, aunque cualquiera que nos las toque puede activarnos emocionalmente. Podemos discutir en voz alta con nuestra pareja o nuestros amigos, dar portazos o patalear (básicamente, montar una pataleta). Tenemos la posibilidad de coger nuestros «juguetes» y dejar el «cajón de arena» (negarnos a compartir el éxito en el trabajo o enfadarnos porque han dividido la cuenta de un restaurante cuando nosotros hemos comido menos). El niño interior es una parte petrificada de nuestra psique que se formó cuando nuestras capacidades de afrontamiento emocional estaban limitadas. Por eso muchos actuamos como niños cuando nos vemos amenazados o estamos enfadados. La realidad es que muchos quedamos atrapados en ese estado infantil. Somos analfabetos emocionales porque somos niños en cuerpos de adulto.

Hay arquetipos de personalidad comunes que describen los estados de nuestro niño interior; muchos encajaremos en más de uno, pero pueden ser útiles para identificar las variaciones en las reacciones de este niño interior. Los siete tipos con los que me he encontrado con más frecuencia van desde el cuidador, cuya autoestima depende de cuidar a los demás, hasta el alma de la fiesta, que parece seguro de sí mismo y feliz, pero necesita constante validación externa para sentirse completo. Lo que estos arquetipos tienen en común es que todos surgen de la necesidad del niño interior de que lo vean, lo escuchen y lo quieran. Estas necesidades insatisfechas crearon los relatos arquetípicos.

LOS 7 ARQUETIPOS DEL NIÑO INTERIOR

El cuidador. Suele provenir de dinámicas codependientes. Consigue cierto sentido de identidad y autoestima descuidando sus propias necesidades. Cree que la única manera de recibir amor es atender a los demás y pasar por alto sus carencias.

El que sobresale. Se siente visto, escuchado y valorado a través del éxito y los logros. Utiliza la validación externa como forma de afrontar la baja autoestima. Cree que la única manera de recibir amor es a través de los logros.

El que rinde menos de lo esperado. Se mantiene pequeño, invisible y por debajo de sus posibilidades por miedo a las críticas o porque le da vergüenza fracasar. Sale del juego emocional antes incluso de empezar a jugar. Cree que la única manera de recibir amor es ser invisible.

El rescatador/protector. Intenta ferozmente rescatar a los que le rodean para sanar su propia vulnerabilidad, especialmente en la infancia. Ve a los demás como indefensos, incapaces y dependientes, y obtiene su amor y su autoestima estando en una posición de poder. Cree que la única manera de recibir amor es ponerse al servicio de los demás, centrarse en sus deseos y necesidades, y ayudarles a solucionar sus problemas.

El alma de la fiesta. Es la persona siempre alegre y de buen humor que nunca muestra dolor, debilidades ni vulnerabilidad. Es como el teflón: nada se pega. Es probable que a este niño interior le avergonzara su estado emocional. Cree que la única manera de sentirse bien y recibir amor es asegurarse de que todos los que lo rodean sean felices.

El que siempre dice sí. Lo deja todo y descuida sus necesidades por atender a los demás. Probablemente, en su infancia su modelo fue el autosacrificio y estaba inmerso en patrones de profunda codependencia, como el cuidador. Cree que la única manera de recibir amor es ser bueno y desinteresado.

El que adora al héroe. Necesita a una persona o gurú al que seguir. Probablemente surge de una herida infantil interior que le provocó un cuidador al que consideraba sobrehumano y sin defectos. Cree que la única manera de recibir amor es rechazar sus necesidades y deseos, y ver a otros como modelos para aprender a vivir.

FANTASÍAS INFANTILES

Una defensa frecuente contra el dolor de las necesidades infantiles insatisfechas es la idealización. A veces se manifiesta como un filtro rosa del sistema de activación reticular (SAR) con el que miramos a nuestro alrededor, bloqueamos todo lo negativo y llegamos a conclusiones increíblemente optimistas: «¡Tengo la familia perfecta!», «¡Mi infancia solo fue feliz!». Cuando no podemos concluir que nuestra familia es perfecta, empezamos a buscar formas alternativas e imaginativas de afrontarlo. Una de estas formas es crear fantasías heroicas o soñar que la vida podría cambiar si alguien o algo apareciera y nos salvara.

Una miembro de mi comunidad de SelfHealers, Nancy, contó que, cuando era niña, solía soñar despierta con el grupo musical Duran Duran, que llegaba en una limusina para sacarla de su infeliz hogar. Pasaba largas horas pensando en cómo sucedería, lo bien que se sentiría y que escapar de su casa le cambiaría la vida y la convertiría en la persona que deseaba ser: un ser humano querido.

Más tarde Nancy sacó a Duran Duran de esa fantasía, aunque no dejó de desear a un héroe que la ayudara a escapar. Cuando se hizo mayor, trasladó esta responsabilidad a los chicos que le gustaban y después a sus novios, que nunca conseguían estar a la altura del inalcanzable pedestal en el que los había colocado. Cuando inevitablemente le fallaban, buscaba a otra persona con la que fantasear. Esto a menudo la llevó a buscar aventuras sentimentales y físicas que duraban hasta que volvía a encontrarse exactamente en el mismo punto: infeliz, insatisfecha y deseando otra escotilla desde la que escapar.

No hay nada intrínsecamente malo en soñar despierto. Creo que imaginar una vida diferente es un ejercicio de pensamiento productivo. Las fantasías de Nancy no eran necesariamente útiles; le permitían desplazar todas sus esperanzas de cambio en una figura externa. Sus relaciones sentimentales le proporcionaban un escape, y el mismo principio se aplica a otras fijaciones: las personas creen que se «salvarán» o se sentirán satisfechas cuando consigan un buen trabajo, se compren una casa o tengan hijos. Marcan todas las casillas, pero cuando han logrado sus objetivos se descubren igual de infelices, si no más, de ahí la omnipresente crisis de la mediana edad.

El niño interior herido arrastra todas estas compulsiones a la edad adulta. Llevamos a cuestas esta impotencia con la esperanza de que otros cambien nuestras circunstancias y nos hagan felices, exteriorizamos remedios rápidos y soñamos despiertos con realidades alternativas. Buscamos la aprobación de los demás para sentirnos bien con nosotros mismos. Elegimos el remedio rápido —drogas, alcohol o sexo— para sentir un placer momentáneo que atenúe nuestro dolor. Nuestro verdadero objetivo a largo plazo es encontrar seguridad dentro de nosotros mismos. Nuestro trabajo consiste en interiorizar la sensación de ser lo bastante buenos, un estado de aceptación que no dependa de los demás. ¿Cómo podemos empezar a dirigirnos a este punto? Esta es la pregunta fundamental de nuestro trabajo con el niño interior.

CONOCE A TU NIÑO INTERIOR

Al empezar a trabajar con tu niño interior, el primer paso es aceptar que este sigue presente en tu vida adulta. Es importante tener en cuenta que aunque (como yo) no recuerdes la mayor parte de tu infancia, eso no significa que no puedas acceder a tu niño interior. Es muy posible que lo que haces, sientes y piensas cada día sea de alguna manera una réplica de aquellas experiencias pasadas. A través de esas experiencias diarias, todos podemos acceder a nuestro niño interior.

El siguiente paso es reconocer que el nuestro está herido. Parece sencillo, pero puede ser bastante desafiante. Como hemos aprendido en el capítulo 3, el hecho de que no puedas concretar un momento que señale un antes y un después no significa que no sufrieras traumas y que no te crearan heridas que viven dentro de ti. Incluso podrías decir: «Mi infancia no fue tan mala. No debería quejarme». Lo oigo muchas veces.

Tengo que recordarte que estás mirando hacia atrás desde la perspectiva de tu cerebro adulto, con la consciencia y la madurez que pueden colocar las cosas en la perspectiva y la posición correctas. Nuestro cerebro infantil no tenía esta capacidad. Todo era más grande, intenso y extremo de lo que podemos imaginar ahora. Regala a tu niño interior el reconocimiento de sus heridas.

Aceptar que tu niño interior está herido te ayudará a eliminar la vergüenza y la decepción por tu incapacidad de cambiar, el estancamiento del que hemos hablado. Tu incapacidad para avanzar o hacer cambios no tiene que ver contigo, es una extensión de los patrones condicionados y las creencias fundamentales que desarrollaste en la infancia. Tu niño interior herido todavía sufre. Es un hecho, como los latidos del corazón. No es algo de lo que avergonzarse.

Es importante reconocer que aunque este sigue ahí, solo es una parte de ti. No es tu yo esencial e intuitivo. Cuando reacciones desde ese lugar herido, empieza a observarte desde la curiosidad. Tu objetivo es reunir información. Cuando te cierras en banda porque tu madre critica tu nuevo corte de pelo, ¿qué relato está ofreciéndote tu niño interior? Cuando estallas en una tormenta de improperios de camino al trabajo porque alguien se te ha cruzado con el coche, ¿qué está intentando comunicarte tu niño interior? Honra su experiencia.

No es necesario conocer las respuestas. Empieza por escuchar las preguntas. Cuanto más escuches, más presente y consciente estarás. Cuanto más presente y consciente estés, más capacidad tendrás para diferenciar las reacciones de tu niño interior de las de tu verdadero yo. Y cuanta más capacidad tengas para diferenciarlas, más capaz serás de decidir cómo comportarte. Esta distancia te ofrecerá la oportunidad de decidir cómo quieres reaccionar.

El niño interior de Anthony

Trabajar sobre tu niño interior no te librará de él. Tampoco sanará del todo las heridas del pasado. Cuando Anthony llegó a la comunidad, él había investigado un poco sobre la sanación del niño interior de John Bradshaw y consideró que algunos de mis comentarios sobre el tema eran útiles. Había empezado a descifrar cómo su niño interior había filtrado las creencias fundamentales que tenía sobre sí mismo. Como resultado, empezó a desentrañar los relatos sobre la vergüenza que rodeaba sus comportamientos sexuales y, recientemente, su consumo de alcohol. Desenmarañamos sus creencias sobre su supuesta participación en el abuso sexual de su infancia, que durante tanto tiempo había aceptado como un hecho, porque solo lo veía desde su cerebro de niño. En cuanto aplicó la lógica de la figura parental interior sensata, vio desde una perspectiva adulta la realidad de aquella experiencia: un depredador había establecido un vínculo emocional para abusar de él.

Cuando Anthony empezó a aceptar que su niño interior (incluidas todas las experiencias dolorosas que vivió) estaba dentro de él increíblemente herido, pudo entender que el dolor estaba empujándolo a actuar a partir de relatos que ya no le servían.

Al mismo tiempo, identificó su arquetipo de niño interior

que sobresale y se dio cuenta de lo mucho que relacionaba sus logros con el amor. Al final, dejó su trabajo de alto nivel en el mundo de los negocios. Reconoció que su obsesión por el éxito le había ayudado a alejarse de su mundo emocional. Le había permitido desconectar, como hacía de niño.

La historia no termina aquí. Las cosas nunca son tan sencillas, ¿verdad? Anthony no se limitó a envolver y poner un lazo a su niño interior, y después apartarlo. Es posible que sientas la tentación de cerrar este libro y decirte: «Ya he conocido a mi niño interior. Ahora estoy mejor. Es hora de seguir adelante». En realidad, el trabajo no termina nunca.

El verdadero cambio para Anthony se produjo cuando decidió aceptar que su niño interior siempre estará ahí entablando un diálogo con su yo actual. Al hablar de forma más abierta sobre su compulsión sexual y el consumo de sustancias llegó a identificar el círculo vicioso de vergüenza y conductas de afrontamiento (insensibilizándose con sustancias o actuando sexualmente) que su niño interior llevaba años repitiendo.

Anthony recordaba que, cuando era muy joven, llegó un día a su casa y su padre le preguntó por qué estaba tan alterado; él le contestó que lo habían acosado en el patio de la escuela. Su padre no solo le reprochó que «estaba haciendo una montaña de un grano de arena», sino que hizo una mueca de vergüenza cuando Anthony le contó que se había puesto a llorar delante de sus compañeros. A través de esta interacción, Anthony se dio cuenta de que su padre se avergonzaba de él y de sus emociones. Fue un puñetazo en el estómago, su primera experiencia dolorosa con la vergüenza.

Este recuerdo aparecía a menudo en su terapia y no sabía

cómo superarlo. Hasta que no empezó a reconocer a su niño interior no entendió que aquella interacción había creado una herida interior que el abuso que sufrió después no hizo sino ahondar más en ella. En aquel momento padre-hijo, tras un día especialmente difícil en la escuela, aprendió que no debía ser nunca abierto y sincero ni mostrar debilidad; de lo contrario, las personas a las que más quería se avergonzarían de él. Después de que sus allegados negaran y minimizaran incluso el abuso sexual, empezó a ocultarles cada vez más partes de sí mismo. Para enfrentarse a su vergüenza profundamente arraigada, empezó a adormecer todo el dolor acumulado en secreto buscando cualquier cosa que pudiera aliviar momentáneamente aquel malestar.

En el fondo, Anthony se sentía indigno —una mala persona—, y empezó a enfrentarse a ello del único modo que sabía, que solo añadía más motivos por los que sentirse avergonzado. Con el tiempo decidió que la única manera de superarlo era acceder y enfrentarse a las heridas fundamentales de su niño interior. Ha aprendido que, cuando se activa su vergüenza, la mejor estrategia es dar voz y un lugar seguro para que cualquier parte de él que lo necesite pueda expresarse, y de este modo ayuda a romper la persistente expresión de vergüenza y afrontamiento problemático.

Como Anthony y yo misma, me encantaría que empezaras a reconstruir la conexión con tu niño interior. He incluido varias indicaciones que puedes utilizar para comenzar a dialogar con el arquetipo que más se ajuste a ti.

SÁNATE: ESCRIBE UNA CARTA
A TU NIÑO INTERIOR

Paso 1. Dedica un tiempo a reflexionar sobre tu niño interior a lo largo del día y observa qué arquetipos se activan con más frecuencia. Recuerda que es posible que varios se ajusten a ti, pero intenta elegir uno para empezar. Sigue tu instinto sobre cuál responde mejor a tu realidad o elige el que se active con más frecuencia actualmente. Te prometo que no hay respuesta errónea. Con el tiempo, puedes recorrer los demás arquetipos y reconocer todas las partes heridas de tu niño interior.

- **El cuidador.** Suele provenir de dinámicas codependientes. Consigue cierto sentido de identidad y autoestima descuidando sus propias necesidades. Cree que la única manera de recibir amor es atender a los demás y pasar por alto sus carencias.

  Mi pequeña Nicole cuidadora:

  Sé que has sentido que necesitabas cuidar de todos los que te rodean para que se sintieran mejor y para asegurarte de que estuvieran contentos contigo. Sé que esto hace que estés muy cansada y que no siempre seas capaz de conseguir que las personas se sientan mejor. No tienes que seguir haciéndolo. Ahora puedes cuidar de ti misma. Te prometo que los demás seguirán queriéndote.

  Te veo, te escucho y te quiero siempre,
  la adulta sensata Nicole

- **El que sobresale.** Se siente visto, escuchado y valorado a través del éxito y los logros. Utiliza la validación externa como forma de afrontar la baja autoestima. Cree que la única manera de recibir amor es a través de los logros.

Mi pequeña Nicole, que sobresales:

Sé que has sentido que necesitabas hacer algunas cosas perfectamente para que otras personas o tú misma os sintierais felices, orgullosas o queridas. Sé que esto hace que no te aceptes. No tienes que seguir haciéndolo. Puedes dejar de esforzarte tanto por hacer las cosas perfectamente. Te prometo que eres más que suficiente tal y como eres.

Te veo, te escucho y te quiero siempre,
la adulta sensata Nicole

- **El que rinde menos de lo esperado.** Se mantiene pequeño, invisible y por debajo de sus posibilidades por miedo a las críticas o porque le da vergüenza fracasar. Sale del juego emocional antes incluso de empezar a jugar. Cree que la única manera de recibir amor es ser invisible.

Mi pequeña Nicole, que rindes menos de lo esperado:

Sé que has sentido que tenías que ocultar algunas de las cosas en las que eres buena, tus logros y otras partes destacadas de ti misma para no herir los sentimientos de otras personas. Sé que esto no te permite celebrar tus aptitudes e incluso puede hacer que te sientas mal. No tienes que seguir haciéndolo. Puedes dejar que los demás vean lo buena que eres. Te prometo que puedes mostrar lo que eres y que seguirán queriéndote.

Te veo, te escucho y te quiero siempre,
la adulta sensata Nicole

- **El rescatador/protector.** Intenta ferozmente rescatar a los que le rodean para sanar su propia vulnerabilidad, especialmente en la infancia. Ve a los demás como indefensos, incapaces y dependientes, y obtiene su amor y su autoestima estando en una posición de poder. Cree que la única manera de recibir amor es ponerse al servicio de los demás, centrarse en sus deseos y necesidades, y ayudarles a solucionar sus problemas.

Mi pequeña Nicole rescatadora/protectora:

Sé que has sentido que tienes que correr a salvar a todos los que te rodean cada vez que tienen un problema, necesitan ayuda o están tristes. Sé que esto hace que te sientas cansada y decepcionada con los demás y que no siempre seas capaz de conseguir que se sientan mejor. No tienes que seguir haciéndolo. Puedes tomarte un descanso y dejar de resolver los problemas de los demás. Te prometo que puedes empezar a centrarte en ti misma y que seguirán queriéndote.

Te veo, te escucho y te quiero siempre,
la adulta sensata Nicole

- **El alma de la fiesta.** Es la persona siempre alegre y de buen humor que nunca muestra dolor, debilidades ni vulnerabilidad. Es como el teflón: nada se pega. Es probable que a este niño interior le avergonzara su estado emocional. Cree que la única manera de sentirse bien y recibir amor es asegurarse de que todos los que lo rodean sean felices.

Mi pequeña Nicole, alma de la fiesta:

Sé que has sentido que siempre tienes que estar feliz y animar a los demás o ser «fuerte». Sé que esto hace que temas que los otros vean que estás enfadada, triste o que tienes miedo, y que a veces te sientas mal. No tienes que seguir haciéndolo. Puedes sentir lo que quieras. Te prometo que puedes en todas tus emociones y que seguirán queriéndote.

Te veo, te escucho y te quiero siempre,
la adulta sensata Nicole

- **El que siempre dice sí.** Lo deja todo y descuida sus necesidades por atender a los demás. Probablemente, en su infancia su modelo fue el autosacrificio y estaba inmerso en patrones de profunda codependencia, como el cuidador. Cree que la única manera de recibir amor es ser bueno y desinteresado.

Mi pequeña Nicole, que siempre dices sí:

Sé que has sentido que tienes que decir «sí» cada vez que alguien te pide que hagas algo por él, como pasar un rato, prestarle tu camisa favorita o hacerle un favor. Sé que si en realidad quieres decir «no» te sientes mala persona. No tienes que seguir haciéndolo. Puedes decir «sí» o «no» dependiendo de cómo te sientas y de lo que quieras hacer. Te prometo que puedes decir «no» y que seguirán queriéndote.

Te veo, te escucho y te quiero siempre,
la adulta sensata Nicole

- **El que adora al héroe.** Necesita a una persona o gurú al que seguir. Probablemente surge de una herida infantil interior que le provocó un cuidador al que consideraba sobrehumano y sin defectos. Cree que la única manera de recibir amor es rechazar sus necesidades y deseos, y ver a otros como modelos para aprender a vivir.

Mi pequeña Nicole, que adoras al héroe:

Sé que has sentido que otras personas saben más que tú y que siempre has buscado a otros para que te ayudaran a tomar decisiones. Sé que esto hace que sientas que no eres lo bastante inteligente y que no confíes en ti misma para tomar tus propias decisiones. No tienes que seguir haciéndolo. Eres capaz de pensar en las cosas y tomar decisiones sin buscar respuestas en los demás. Te prometo que puedes confiar en ti misma y que seguirán queriéndote.

Te veo, te escucho y te quiero siempre,
la adulta sensata Nicole

MEDITACIÓN GUIADA POR EL NIÑO INTERIOR

A aquellos de vosotros a los que os interese la meditación guiada por el niño interior podéis visitar mi sitio web: <https://yourholisticpsychologist.com>.

8

Historias del ego

Siempre he querido sentirme relajada y sin estrés, ser una persona a la que los demás describieran como «una hippy de corazón». De alguna manera, lo soy.

Luego siempre estaban los malditos platos.

Solo con ver la pila de cubiertos, ollas y sartenes sucios en el fregadero, me volvía loca. Hablo de rabia. En el pasado, a veces me volvía tan reactiva que me daba un berrinche, daba golpes a la encimera, gritaba y pataleaba. Seguía una reacción al estrés de todo el cuerpo: mi nervio vago activaba la respuesta al estrés de mi sistema nervioso y enviaba mensajes de lucha, huida o congelación a mi cuerpo. Fisiológicamente, reaccionaba como si un oso acabara de saltar sobre mí en el bosque y daba manotazos para «salvarme» del ataque de los platos sucios.

A veces era diferente. No tiraba cosas ni me enfadaba. Me quedaba muda y me sumía en un estado de agitación interna que duraba horas. Me volvía evasiva y distante, lo que provocaba que mi pareja me acribillara a preguntas.

—¿Estás bien?

—Sí —le contestaba, impávida.

—¿Estás segura?

—Sí, estoy bien.

En cualquiera de los dos casos (luchar o congelarme), el resultado final era el mismo: me peleaba con mi pareja.

Estoy segura de que muchos de vosotros estáis pensando: «Madre mía, qué exageración, por unos platos sucios». (Aunque a algunos os pasará lo mismo, estoy segura.) La realidad es que no podía regular mi estado emocional porque los platos tocaban algo profundo dentro de mí de lo que aún no era consciente. Era mi mente subconsciente comunicándose conmigo, tanto si quería escucharla como si no.

CONOCE AL EGO

Ahora, mirando atrás, sé que aquellos platos en el fregadero me transmitían un relato: «Mi pareja no me tiene en cuenta». Recuerda que es una de mis creencias fundamentales sobre mí misma («No me tienen en cuenta») procedentes de mi infancia. Esta, amigos míos, es una historia del ego.

A pesar de su fuerte impacto en nuestra vida, la mayoría no somos conscientes del ego y de cómo impulsa nuestro comportamiento. El ego, el gran protector del niño interior, es la identidad del yo. Cualquier cosa que siga al verbo «soy» es una extensión del ego: «Soy inteligente», «Soy aburrido», «Soy sexy», «Soy desaliñado», «Soy bueno» o «Soy malo». El ego es nuestro sentido de nosotros mismos, nuestra identidad personal y nuestra autoestima. El ego es un maestro narrador («Cuando mi pareja deja los platos sucios en el fregadero significa que no me tiene en cuenta») que crea y mantiene relatos sobre quiénes creemos que somos. El ego no es bueno ni malo en sí mismo; simplemente es.

El ego, que se desarrolla en la infancia, se forma a través de las creencias e ideas que nos transmiten nuestras figuras parentales, amigos, nuestra comunidad inmediata y el entorno más amplio —lo que llamamos nuestra personalidad o identidad—, que viven en nuestro subconsciente. Las creencias del ego no vienen de la nada; se basan en experiencias vividas.

A lo largo de nuestra existencia creamos una historia sobre quiénes somos basándonos en nuestras experiencias pasadas. Este relato incluye aspectos de nuestra identidad, opiniones y creencias. El ego trabaja para mantenernos dentro de relatos que conocemos porque, aunque a menudo son dolorosos, son previsibles, y esto, como ahora sabemos, nos parece más seguro que la incertidumbre de lo desconocido.

El ego, apegado a sus ideas, opiniones y creencias, funciona como un flujo incesante de pensamientos que nos mantienen encerrados en nuestra identidad. El objetivo principal del ego es protegerla en todo momento y a cualquier precio. Esta rigidez forma parte de la actitud defensiva del ego, pues tiene que ser un protector inflexible para asegurarse de que nuestra parte más blanda e indefensa (es decir, nuestro niño interior) está a salvo. Por eso el ego está tan a la defensiva y centrado en el miedo. Lo ve todo en el contexto de una rígida dicotomía: lo bueno frente a lo malo, o lo correcto frente a lo erróneo. Está firmemente apegado a sus opiniones y cree que somos nuestras creencias. El ego interpreta todo desacuerdo o crítica como una amenaza directa a nuestra existencia. Eso sucede porque, cuando estamos en un estado egoico, nuestras creencias y pensamientos configuran quiénes somos; todo lo que cuestione estos relatos es conflictivo. Cuando sucede, el ego cree que nuestro yo fundamental está siendo amenazado.

Si no practicamos la observación del ego, este luchará para afirmarse y dominar, lo que lleva a sentimientos de inseguridad y baja autoestima, ya que el ego trabaja horas extra para «defendernos». ¿Sientes esa punzada? ¿Ese comentario despreciativo de un compañero de trabajo que hace que te hierva la sangre? ¿El deseo de defenderte, condenar y ganar? ¿La necesidad de tener razón o decir la última palabra a cualquier precio? ¿El rápido giro al juicio y el menosprecio? ¿La necesidad de comparar y contrastar? ¿La sensación de que no eres lo bastante [*rellena el espacio en blanco*]? Es el ego en su estado reactivo. Cuando se activa, todo es personal (como en el estado egocéntrico en la infancia, cuando todo tenía que ver con nosotros). Asume que todo lo que te pasa es por tu causa. Por eso tanta gente se obsesiona por complacer o impresionar a los demás, y es una parte importante de la razón por la que nos sentimos «estancados».

Puede ser algo así:

1. Siento rabia cuando me activan emocionalmente.
2. Me siento emocionalmente activado cuando mi pareja no responde enseguida a mis mensajes.
3. El hecho de que mi pareja no responda enseguida a mis mensajes significa que no merezco consideración, y eso me hace enfadar.
4. Cuando me enfado, grito o me alejo de las personas a las que quiero. Mi ego siente la herida de no ser dig-

no de consideración y la proyecta hacia fuera. Prefiere descargar la emoción en los demás en vez de experimentar la dolorosa emoción de no ser digno de consideración.

5. Conclusión: no soy digno de consideración y estoy enfadado.

Aunque no sea verdad, por supuesto, cuando más escuchamos a nuestro ego, más se convierten estos relatos en nuestra realidad. Pongamos que quieres empezar a llevar un diario, y tu ego dice «Es una pérdida de tiempo. Tienes cosas más importantes que hacer» para evitarte el miedo al fracaso o a lo que puedas descubrir. O te retiras de la carrera por un ascenso en tu trabajo, aunque estás de sobra preparado, para protegerte del posible dolor si te rechazan. Cuanta más vergüenza arrastramos, más quiere el ego evitar situaciones futuras en las que podríamos experimentar vergüenza o un dolor profundo. El ego, en un intento de asegurarse de que no volverán a hacerte daño, levanta barreras, porque en toda oportunidad de cambio positivo existe también la posibilidad del dolor del fracaso.

ACTIVACIÓN DEL EGO

El ego es supervigilante y siempre actúa como guardaespaldas. Es rígido, a menudo hostil con los puntos de vista contrarios y se niega a llegar a un acuerdo o incluso a ser compasivo. Está en una posición defensiva casi constante, listo para entrar en acción si experimenta alguna oposición. Las amenazas contra el ego pueden manifestarse de las siguientes formas:

- «Manos a la obra», o fuerte reactividad emocional (dramatización de una herida protectora).
- Falsa confianza en uno mismo (algunos pueden llamarlo narcisismo), que a menudo no es más que una bravuconería que surge de sentimientos de inseguridad debidos a la falta de conexión con el auténtico yo.
- Pensamiento sin matices. Todo es bueno o malo, no hay zonas grises.
- Competitividad extrema (creer que el éxito de otras personas socava o entra en conflicto con el tuyo).

Estas reacciones se producen cuando tus opiniones, pensamientos, creencias y egoísmo se fusionan. Por eso las historias del ego parecen de vida o muerte. Cuando alguien no está de acuerdo contigo o te critica, sientes que sus opiniones no se limitan al tema concreto, sino que tienen que ver con quién eres. Si una creencia se ve amenazada, como cuando alguien odia una película que te gusta (es un ejemplo tonto, pero puede sacarnos de quicio si actuamos desde el ego), todo tu ser se ve amenazado.

Si se produce un desacuerdo, a menudo el objetivo no es intentar acercarse a una verdad común, sino invalidar las realidades del otro, destruir a la otra persona para establecer tu valor y tu poder. Por eso los desacuerdos se complican rápidamente. Por eso nadie escucha a los demás. Porque si lo que crees es lo que eres, no hay lugar para la conversación ni la toma en consideración. No hay lugar para la expansión y la adaptabilidad. Cuando veo debates, a veces lo único que tengo delante son posturas protectoras egoicas; todas las heridas y la activación de la infancia aparecen en escena.

PROYECCIONES DEL EGO

Nuestro ego trabaja horas extra para defender su percepción de quiénes somos. Para hacerlo, niega o reprime emociones que sentimos que son malas o incorrectas con la intención de ser buenos o deseables y recibir tanto amor como sea posible. A estas partes malas o incorrectas de nosotros a veces se las llama «el yo en la sombra».

Los adultos posibilitan esta represión diciendo a los niños que algunas cosas deben ocultarse y otras tienen que elogiarse. De nuestra enorme dependencia como niños aprendemos que, para mantener nuestras conexiones y nuestro sustento, debemos parecer aceptables. Es un mecanismo de supervivencia, una parte evolutivamente ventajosa para madurar y entender cómo interactuar con el mundo. Cuando reprimimos constantemente cualquier parte de nuestro verdadero yo para recibir amor, y el acto de represión se convierte en un relato del ego, nos convertimos en quienes creemos que deberíamos ser.

Como sabemos, este proceso es inconsciente. Cuanto más negamos partes de nuestro yo en la sombra, más nos avergonzamos y nos desconectamos de nuestra intuición. Esta vergüenza y desconexión se proyectan en los demás. De repente lanzamos sobre otras personas los defectos y las críticas que sentimos en nosotros mismos. Cuanto más desconectados y avergonzados de nosotros mismos nos sentimos, más vemos eso en los demás.

Para seguir sintiéndonos valorados, seguros y como si fuéramos una buena persona, nos decimos: «No soy como ellos». En realidad, en el fondo tenemos exactamente los mismos «defectos». Supongamos que estás en una cola para pedir un café. Una mujer se cuela. Te enfadas. «¡Esta mujer es una idiota arrogante! ¡Es egoísta y maleducada! ¡Qué mala persona! ¡No se parece en nada a mí!»

Este es un relato del ego. Ninguno de nosotros tiene el don de leer la mente de los demás. No podemos saber lo que piensa la mujer que se ha colado. Pero fácilmente nos sacamos de la manga un cuento, dibujado casi en su totalidad por nuestras experiencias pasadas. La proyección del ego recrea inconscientemente patrones sin haber interactuado siquiera con la otra persona. Quizá una figura parental nos dijo que éramos arrogantes cuando nos reafirmábamos, así que empezamos a reprimir nuestras necesidades y a controlar las de los que nos rodeaban.

Los relatos del ego surgen con naturalidad porque la incertidumbre nos asusta. Cuando no sabemos por qué una persona se comporta de una manera que nos molesta, nos enfada o nos incomoda, nuestro ego se acelera para descubrir la razón, y nos mantiene a salvo insistiendo en que nosotros nunca haríamos algo tan terrible. Si esa mala persona ha hecho eso malo, entonces yo, como soy buena persona, nunca lo haría. Por eso juzgar a los demás es tan adictivo; nos alivia de la lucha interna del ego con la vergüenza. Cuando identificamos los defectos de los demás, podemos pasar por alto los nuestros e incluso convencernos de que somos superiores.

Nada de esto es malo o erróneo (así hablaría el ego); es simplemente parte del ser humano.

CÓMO TRABAJAR TU EGO

Ahora que conocemos el papel del ego, ha llegado el momento de empezar a trabajarlo. El objetivo es ser consciente y no ceder a la reacción del ego ante nuestro mundo. Al principio, nos limitamos a observar. Cuando vivimos con piloto automático, nuestro ego lleva las riendas, así que implicar de forma activa la mente consciente ayuda a reducir el control del ego sobre nuestra existencia diaria. En cuanto somos conscientes, podemos ver los patrones de pensamiento y los miedos de nuestro ego, e intentar identificar sus rabietas y sus mecanismos de defensa sin juzgarlos. La autoprotección y la vulnerabilidad de nuestro ego son similares a las de nuestro niño interior. Ambos necesitan que los vean y los escuchen sin juzgarlos. Nuestro ego necesita espacio para instalarse, relajarse y suavizarse.

Paso uno: permite que tu ego se presente

El objetivo aquí es ver tu ego como algo separado de ti e intentar ser un testigo neutral. Puedes empezar a separarte de él con estas breves indicaciones. Tardarás uno o dos minutos.

1. Busca un lugar tranquilo y sin distracciones, quizá donde hiciste antes los ejercicios de consciencia.
2. Cierra los ojos y respira muy profundamente.

3. Repite la siguiente afirmación: «Estoy a salvo y elijo una nueva forma de experimentarme a mí mismo separado de mi ego».

Te advierto que este primer paso, aunque rápido y aparentemente sencillo, a menudo es el más difícil. Al ego no le gusta que lo observen, así que emprender el nivel de observación inicial puede resultar muy incómodo. Quizá sientas irritabilidad o incluso náuseas. Tu ego puede decirte que no deberías hacer este ejercicio porque es demasiado duro. Es una parte normal del proceso. Sigue adelante. Superar esta incomodidad exige trabajo, así que sé paciente contigo mismo.

Paso dos: ten un encuentro amistoso con tu ego

Ahora quiero que empieces a prestar atención a lo que dices antes de recurrir al verbo «soy». Cuando digas este verbo o lo pienses, utilízalo como una señal para comenzar a observar los siguientes patrones. Por ejemplo, «Soy un desastre para recordar cosas», «Soy un imán de perdedores». Sin juzgarte, sin crisparte y sin decepcionarte. Solo toma nota mentalmente o, mejor aún, anota tus pensamientos en una libreta o escríbelos en el móvil. Observa la frecuencia con la que hablas de ti. ¿Cuántas conversaciones desvías para hablar sobre ti? ¿Evitas contar tus emociones? ¿Son negativas las palabras que siguen al verbo «soy»?

El que habla es tu ego. Llevas tanto tiempo repitiendo estos relatos que es posible que ni siquiera repares en ellos, que no te des cuenta de que se repiten o no cuestiones su verdad. Este paso te sacará de la comodidad de estos patrones habituales. Antes de ser consciente de las reacciones de tu ego, vivías inconscientemente en tus patrones, condicionamientos y heridas infantiles. Trabajar con el ego te ofrece la oportunidad de elegir un nuevo relato. Cuanto más repitas estos ejercicios, mejor (yo sigo practicándolos cada vez que me siento activada). La repetición abrirá nuevos caminos en el cerebro y permitirá que observar sea cada vez más sencillo.

Paso tres: pon nombre a tu ego

Puede parecer una tontería, pero poner nombre a tu ego es una forma muy eficaz de separarte de él. En cuanto podamos verlo y nombrarlo, seremos capaces de separar nuestro yo intuitivo de la reacción del ego, o al menos estar más cerca de conseguirlo.

Yo llamo a mi ego «Jessica». Veo a Jessica ir y venir. De vez en cuando desaparece unas horas y luego vuelve rugiendo con temerario desenfreno. Observo que determinadas cosas hacen que Jessica sea más quisquillosa, y no pasa nada.

A veces, cuando me siento activada, sé que mi ego empieza a coger las riendas de mi mente y quiero montar una rabieta o decir algo mordaz, lo reconozco. «A Jessica ha vuelto a darle una rabieta», afirmo. Es muy útil decir estas palabras en voz alta, y eso me ayuda a hacer una pausa y decidir si quiero complacer a Jessica o mantenerla a raya.

He recibido mensajes de personas con los nombres más graciosos para su ego. ¿Cuál es el tuyo?

Paso cuatro: conoce al ego activado

A medida que ampliamos nuestro nivel de consciencia, podemos ver que no somos los relatos de nuestro ego. Los pensamientos aparecen. No dicen nada sobre quiénes somos. Es solo el ego intentando defender nuestra identidad y protegernos del dolor.

En este estado de observación del ego podemos aceptar e incluso tolerar ataques al sentido de seguridad de nuestro ego. La próxima vez que salgas al mundo y te sientas emocionalmente activado, toma nota de ello. Es una extensión del primer paso. A continuación, lleva un registro de todas las veces que te sientes incómodo o enfadado. ¿Qué se dijo de entrada? ¿Qué parte activó un relato del ego?

Aquí tienes un ejemplo.

> Tu hermana te dice: «Pareces cansada». Le contestas sarcásticamente: «Claro que parezco cansada. Trabajo sesenta horas a la semana y tengo que criar a un niño. Debe de ser genial tener un montón de tiempo libre. No te preocupes, la próxima vez que te vea estaré perfecta».
>
> *Lo que tu hermana te ha dicho objetivamente*: «Pareces cansada».
>
> *Lo que ha oído tu ego*: «Siempre tan grosera y condescendiente. Nunca reconoce mis dificultades ni lo mucho que trabajo para mantenerme a flote».

El ego ha sentido una emoción fundamental (no ser tenida en cuenta). Ha sido doloroso, y como no has aprendido a procesar tus sentimientos, el ego la ha proyectado sobre tu hermana. Como sabemos, el ego prefiere descargar las emociones dolorosas sobre los demás en lugar de quedarse con ellas.

Una forma de manejar el comentario de tu hermana del ejemplo anterior es reconocer tu dolor, no enterrarlo. Podrías responder: «Ay, me ha dolido. Creo que me lo he tomado de forma más personal de lo que tú pretendías».

A medida que navegamos por el ego de forma más empoderada, podemos mantener conversaciones difíciles sin sentirnos amenazados cuando nos cuestionan o nos desafían. Cuanto más ejercitamos esta consciencia, más se suaviza nuestro ego, más crece nuestra confianza y más puede el ego instalarse e integrarse. Aunque en este capítulo hemos diferenciado claramente las etapas, están lejos de ser lineales. Entrarás y saldrás de ellas, primero avanzando y después retrocediendo. Tu ego siempre estará ahí.

El concepto de autoverdad

A medida que desarrolles controles de atención y te observes, tendrás que empezar a mirar tus comportamientos de una forma más objetiva. Ser testigo de uno mismo no basta. También debes ser honesto respecto de lo que observas. Te favorecerá ser abierto y sincero sobre el yo en la sombra que existe dentro de ti —de todos nosotros— y enfrentarte cara a cara con la autoverdad.

Nuestro yo en la sombra está formado por todas las partes desagradables de nosotros mismos, de nuestras relaciones, de nuestro pasado y de nuestras figuras parentales, de las que nos avergonzamos y que intentamos negar. Nuestro ego dedica mucho tiempo a pelear para oscurecer nuestra capacidad de ver esa sombra. A medida que aprendes a cuestionar tu ego, algunas de estas partes de ti serán evidentes, a menudo a través de tus juicios y proyecciones sobre los demás. Cuanto más te separes de tu ego, mayor será tu capacidad para ver cosas desde la distancia.

Nuestras proyecciones o las emociones internas que exteriorizamos sobre otros son mensajes de nuestro yo en la sombra. Presta atención a la voz que critica o juzga la próxima vez que surja, ya que inevitablemente lo hará. ¿Qué te dice sobre ti? Una de las primeras veces que vi mis relatos del ego fue cuando empecé a preguntarme por qué me molestaba tanto que las personas colgaran en Instagram vídeos de ellos mismos bailando. Me enfadaba. Mi mente creaba muchos relatos sobre su obsesiónególatra y su necesidad de ser el centro de atención. La realidad era que me costaba soltarme delante de los demás y me había negado a bailar en público desde niña. Estaba celosa de la libertad y la alegría que veía en aquellos *posts*.

Cuando nuestro ego va al volante, nuestra mente hace gimnasia para reprimir, evitar, descartar o menospreciar. En cuanto permites lo que existe, puedes verte con más objetividad, con más honestidad y, en última instancia, con más compasión.

El concepto de consciencia del ego

Al vivir siendo inconscientes y desconocedores de nuestros pensamientos, patrones y comportamientos, nos identificamos con el concepto egoico de quiénes somos. Nuestra respuesta automática se basa en exteriorizar sentimientos incómodos, echar la culpa a los demás y descargar la energía fuera de nosotros. Este estado de consciencia, también llamado consciencia del ego, nos impide tomar decisiones. Sin responsabilidad ni conocimiento interno estamos a merced de nuestro entorno.

Utilizaré mi experiencia de los platos por fregar como ejemplo.

Cuando veo un fregadero lleno de platos sucios y empiezo a sentir una espiral de rabia, inicio el proceso de ser testigo de mí misma. Observo mis reacciones corporales: se me acelera el corazón, se me sube la sangre a la cabeza, noto calor, me pongo nerviosa y me siento a punto de explotar. Al observar mis reacciones y darles espacio para respirar, sin descartarlas como «reacciones exageradas», aprendo de ellas. Empiezo a escuchar los relatos que me cuentan. Me permito pensar con algo más de objetividad. Se me acelera el corazón. Se me sube la sangre a la cabeza. Me pongo nerviosa. Lo veo desde cierta distancia, como una especie de conocimiento de mi mundo interior sin entrar inmediatamente en la espiral de rabia o desconexión.

Me tomo un segundo y sigo mirando. Tengo una sensación de temor en la boca del estómago. Reconozco que viene de mi infancia y que tiendo a mi habitual respuesta al trauma. Mi subconsciente desea el ciclo de estrés de cuando era niña. Me doy cuenta de que la rabia y el enfado tenían que ver no solo con los platos sucios y con mi pareja, sino también con mi madre. Estaban relacionados con su distancia emocional. Tenían que ver con su manera de ser distraída. Se asociaban con el hecho de que no me viera. Los platos sucios eran una especie de máquina del tiempo que volvía a colocarme debajo de la mesa, en Filadelfia, con mi moto de juguete, mientras mi madre miraba por la ventana esperando que mi padre volviera a casa. Me trasladaban a todas las veces y lugares en que no me veían ni me escuchaban, cuando me sentía olvidada o ignorada, cuando mi madre tenía tanto miedo que era incapaz de ofrecerme consuelo o seguridad. Mi ego creó un relato para evitar que volviera a sentir aquel dolor, así que actuar egoicamente significaba alejar cada vez más a la otra persona de la forma más dramática e incluso agresiva posible.

Hasta ese momento, nunca me había visto con la suficiente claridad y honestidad como para llegar a esta conclusión. Ahora podría hacer un esfuerzo activo para cambiar mi relación con los platos sucios.

Me llevó años, pero ahora disfruto fregando los platos. Ya no los veo como una prueba de que no merezco que me tengan en cuenta. El cambio no se produjo de la noche a la mañana, y empezó así: ejercité nuevos pensamientos sobre los platos. Aunque mi subconsciente ponía los ojos en blanco, me decía «Te tienen en consideración. Importas» mientras abría el grifo del agua caliente y sentía que el agua con jabón cubría los platos que tenía en las manos. Aunque no me lo creyera, lo pronunciaba igualmente.

Luego introduje un ritual para fregar los platos que me hacía feliz. Cuando terminara, haría algo solo para mí. Quizá me tomaría media hora libre para leer en mi habitación o saldría a dar un paseo con mi perro. Con el tiempo y la ejercitación de estos pensamientos, mi subconsciente se tranquilizó y las ideas se convirtieron en creencias. Sigo lidiando con la activación emocional, como probablemente tendremos que hacer siempre, pero con el tiempo (muchísimo tiempo) canalicé mi activación emocional al considerar lo que hacía.

Ya no soy víctima de las circunstancias. No puedo controlar si otros fregarán sus platos o no, pero sí intervenir y cambiar el relato. No tengo que depender de nada externo para ajustar mis sentimientos. Me siento empoderada por esos platos sucios porque me dan la oportunidad de tomarme tiempo y homenajearme cuando los friego.

Tras años trabajando con mi ego, todavía me activo, especialmente cuando paso largos periodos en los que mi ego parece estar hibernando o cuando mis recursos físicos y emocionales son escasos debido al estrés y la falta de sueño que tan a menudo sufrimos en estos tiempos. Como todos los aspectos de este trabajo, el proceso es continuo. Nunca terminas. La mera práctica es transformadora. Cuanta más consciencia del ego tengamos, más gracia, humor y empatía encontramos en nosotros mismos, y, en último término, en las personas que nos rodean.

El objetivo final, el último paso en tu trabajo con el ego, es cultivar la consciencia de empoderamiento o entender y aceptar tu ego. Con la práctica, este estado de consciencia creará un espacio que te permitirá tomar decisiones más allá de la reactividad instintiva del ego. Estas nuevas y continuas decisiones te allanarán el camino hacia futuras transformaciones. A diferencia de lo que suele creerse, tu objetivo no es «matar al ego». Siempre estará contigo, incluso cuando sientas que lo dominas (lo cual es una afirmación del ego). De hecho, a menudo aparecerá y te sorprenderá cuando menos te lo esperes.

Para ser claros, incluso cultivando la consciencia de empoderamiento, muchos no tienen el privilegio de realizar cambios estructurales u objetivos en su entorno opresivo. Muchos siguen viviendo en la pobreza o bajo la constante amenaza del racismo, de la que escapar no es una opción. Trabajar con el ego no nos permitirá salir de entornos sistémicos opresores, pero podemos empoderarnos con las herramientas para sobrevivir a pesar de nuestro entorno y sin salir de él. Quiero pensar que, si seguimos trabajando hacia un tan esperado cambio sistémico estructural, podremos empoderarnos y tener la capacidad de decidir, por pequeña que sea, cada vez que sea posible.

SÁNATE: CONOCE A TU YO EN LA SOMBRA

Para conocer a tu yo en la sombra, dedica un tiempo a reflexionar y escribir utilizando las siguientes indicaciones:

Cuando sientas celos, pregúntate: ¿qué siento que la otra persona «tiene» y yo no? _____.

¿Con qué frecuencia das consejos a los demás? ¿Por qué? (Habrá patrones claros.) _____.

¿Cómo hablas a los demás de ti mismo? (Esto te ayudará a entender los relatos y creencias que te limitan.) _____.

¿Cómo hablas de los demás cuando no están presentes? (Esto te ayudará a entender los relatos sobre tus relaciones y tus traumas afectivos o espirituales.) _____.

Cada vez que nuestro ego o una historia sobre el yo se ve amenazada, podemos volvernos emocionalmente reactivos: argumentar nuestros puntos de vista, criticar a los demás y montar una pataleta o distanciarnos (en general, lo que sueles hacer cuando te enfadas). Cuando empieces a buscar e identificar las creencias más profundas que impulsan estas reacciones, debes entender que no desaparecerán de la noche a la mañana. Como has ido aprendiendo a lo largo de este libro, nuestras historias del ego, así como nuestro yo en la sombra, se almacenan en el subconsciente, dirigen nuestras reacciones a diario y no se pueden cambiar de inmediato. A medida que avances en este trabajo, seguirás siendo consciente de tu ego, de sus reacciones e incluso de tu compulsión a reaccionar como antes. Y muchas veces seguirás haciéndolo. No pasa nada.

DIARIO DEL YO FUTURO: CAMBIAR LA CONSCIENCIA DEL EGO POR CONSCIENCIA DE EMPODERAMIENTO

Para empoderarte y romper así con los hábitos y patrones condicionados de tu ego, puedes empezar a crear un espacio antes de que instintivamente vuelvas a las antiguas reacciones del ego. Para ayudarte en este proceso, puedes utilizar el siguiente ejemplo (o crear otro similar):

Hoy estoy rompiendo antiguos hábitos de reactividad emocional.

Agradezco la oportunidad de elegir nuevas respuestas en mi vida diaria.

Hoy estoy tranquilo y asentado.

Cambiar en este ámbito me permite sentir que controlo más mis decisiones.

Hoy realizo este ejercicio utilizando la respiración para asentar mis reacciones y dejar espacio para nuevas decisiones conscientes.

9

Vínculos traumáticos

De niña, mi frase más frecuente era «Me aburro». Buscaba siempre la descarga de la montaña rusa de cortisol. Podía recrear este ciclo de estrés incluso fuera de casa o estando sola. A veces, cuando no podía dormir, me calmaba (volviendo a lanzarme al ciclo de estrés al que estaba acostumbrada) enumerando todas las formas en que mi familia podía morir: en un incendio, en una inundación o durante un robo en casa.

Después, con mis parejas, busqué los mismos ciclos de estrés. Me mantenía emocionalmente distante y en buena medida no disponible, un patrón que había aprendido de niña con mi madre. Solo conseguía acabar cada vez más resentida, porque las responsabilizaba exclusivamente a ellas de la desconexión y la distancia de las que yo era responsable. Cada vez que intentaban acercarse, las apartaba, porque no estaba acostumbrada a la intimidad. Cuando se marchaban, entraba en pánico y volvía al ciclo de estrés («Siempre pasa algo») que conocía desde la infancia. Se me aceleraba la mente pensando en todas las cosas en las que mi novia me había fallado (no responder a un mensaje, un regalo inadecuado o un comentario desaprobador). Fuera lo que fuese, siempre había algo por lo que estresarme. Incluso en los momentos más tranquilos, mi mente insistía: «Algo va mal. Quizá en realidad esta persona no me atrae. Puede que para mí esta relación se haya acabado». Necesitaba sentir esa respuesta al estrés. Sin ella, me sentía entumecida —aburrida— y al final acababa alejando a la otra persona o marchándome, lo que confirmaba mi creencia de que «Siempre estaré sola».

Mirándolo desde la distancia, veo que al principio me atrajo mi novia Sara porque me proporcionaba esa sensación de incertidumbre. Nunca sabía en qué punto estaba con ella, y esa incomodidad me resultaba emocionante (y habitual para mi sistema nervioso desregulado). Tras varios años de relación, cuando empecé a sospechar que Sara estaba engañándome con una amiga común (mi intuición sentía que algo iba mal), hablé con ella. Después de que negara mis acusaciones, permití que no me hiciera caso y que me llamara paranoica porque no tenía la suficiente fe en mi voz intuitiva para seguirla. Cuando más tarde descubrí que realmente estaba engañándome con aquella amiga, fue como si una roca cayera sobre mi niña interior. Lo que más me dolió no fue la infidelidad, sino que negara mi realidad, una de las heridas de mi infancia, cuando todo se barrió debajo de la alfombra, incluida mi sexualidad. Como nunca había desarrollado la confianza en mi realidad y en mi yo, me descubría creyendo en la suya.

Retrospectivamente, yo participaba en la desconexión que llevó a que nuestra relación concluyera. Ahora sé lo disociada que estaba entonces. Hice el papel de la parte agraviada, y la verdad es que no estaba presente en absoluto. Todo el tiempo que estuve señalándola con el dedo, me mantenía a una distancia emocional que dejaba un agujero del tamaño de un cráter en nuestra relación. Uno solo puede conectar con los demás si está conectado consigo mismo.

Cuando la relación explotó, me trasladé a un piso de tres dormitorios, que compartí con una mujer varios años mayor que yo. Rápidamente entablamos una gran amistad que se convirtió en atracción. Era como proporcionarte un baño caliente, relajante y acogedor. Ahora, echando la vista atrás, veo que aquella sensación de seguridad surgía de los patrones de mi infancia.

Conectamos de inmediato y pasábamos cada vez más tiempo juntas, uniéndonos emocionalmente en torno a una experiencia compartida de ansiedad. Fuera de este vínculo que tanto conocía, me mantenía emocionalmente a distancia. Como siempre había hecho, corría de un lado a otro intentando complacer a los que me rodeaban, aunque no era capaz de ofrecerles lo que más deseaban: conectar de verdad conmigo.

Cuando Sara empezó a hablar de matrimonio, me sentí halagada, muy especial. Con ella viví una inmediata sensación de comodidad. Casarnos parecía el siguiente paso lógico. Volamos a otro estado para casarnos porque en Nueva York aún no era legal hacerlo.

Poco después de casarnos nos trasladamos de Nueva York a Filadelfia, y dejamos atrás nuestra rutina y nuestra vida social, especialmente activa. En nuestro nuevo hogar, con menos distracciones, era como si brillara una luz en lo más profundo de nuestra desconexión. Yo estaba en un estado casi constante de disociación, era incapaz de darle lo que ella creía que necesitaba, y también yo me sentía descontenta. Proyectaba sobre ella años de necesidades insatisfechas y mi

creciente resentimiento se calmaba a través de mi patrón condicionado de disociación. Mi retirada activaba aún más su
ansiedad, aumentaba su búsqueda de seguridad a través de la
conexión y me empujaba todavía más a la desregulación y
la distancia. Es un ciclo que he observado a menudo en parejas con las que he trabajado y que lleva a muchas de ellas a
episodios de desesperación y, al final, al divorcio.

Tras un día de trabajo especialmente emotivo, volví a casa
y empecé a sentirme muy mal. Se me aceleró el corazón y noté
que sudaba y al segundo me congelaba. Me puse las zapatillas
y una chaqueta gruesa porque pensé que tendría que ir al
hospital. Creí que estaba sufriendo un infarto. En realidad
era un ataque de ansiedad, que en aquel momento ni siquiera
yo, que soy terapeuta, pude identificar. Envuelta en la chaqueta, me encogí y me moví de un lado a otro diciéndome que
tenía que respirar aunque me doliera. Por suerte, no fue un
infarto. Era un serio mensaje del alma. Mi mente había evita-
do la verdad durante tanto tiempo que mi cuerpo tomó las
riendas. Me di cuenta de que no elegía al azar a las personas a
las que amaba. Todo formaba parte de un patrón, un relato
más profundo que había empezado con los vínculos afectivos
de mi infancia. Mi relación formaba parte de ese patrón, y
nuestro matrimonio no se apoyaba en una sólida base de verdadera conexión.

Después de varios meses agotadores escuchando la verdad que surgía, llegué a una de las decisiones más difíciles de
mi vida hasta entonces. Por una vez escuché a mi verdadero
yo y actué en consecuencia: pedí el divorcio a mi mujer.

TEORÍA DEL APEGO EN LA EDAD ADULTA

Nuestra dependencia de otras personas para sobrevivir y desarrollarnos no termina con la infancia. De adultos seguimos buscando apegos, básicamente a través de relaciones sentimentales. En la década de 1980, los investigadores Cindy Hazan y Phillip Shaver aplicaron la teoría del apego a parejas sentimentales y utilizaron un «cuestionario del amor» para evaluar lo seguras que eran las relaciones de los participantes en el estudio en la edad adulta, en comparación con las que vivieron en la infancia.[71] Los resultados de su investigación confirmaron lo que muchos psicólogos llevaban tiempo sospechando: el apego en la infancia proporciona la base para las relaciones sentimentales que establecemos en la edad adulta. No es una regla estricta, pero si en la infancia tuviste vínculos afectivos que te apoyaban y te querían, es más probable que muestres vínculos afectivos que te apoyen y te quieran en la edad adulta. Si en la infancia tuviste relaciones distantes, erráticas o abusivas, existen muchas posibilidades de que busques el mismo tipo de vínculos en la edad adulta.

El doctor Patrick Carnes, autor de *The Betrayal Bond: Breaking Free of Exploitive Relationships*,[72] continuó esta investigación acuñando la expresión «vínculo traumático» para describir la relación entre dos personas con apego inseguro. Es un vínculo problemático reforzado por expresiones neuroquímicas de recompensa (amor) y castigo (eliminación del amor). Carnes se centró en los casos más extremos de vinculación traumática, cuando ha habido violencia doméstica, incesto, abuso infantil e incluso casos de síndrome de Estocolmo en secuestros, sectas y toma de rehenes. Según su definición, entramos en un vínculo traumático cuando buscamos consuelo en lo que nos ha causado el trauma, en este caso en la persona que está abusando de nosotros o haciéndonos daño. Cuando la causa de nuestro trauma es la persona de la que dependemos, aprendemos a sobrellevarlo (en este caso recibir amor) enredándonos en este vínculo. El doctor Carnes describió este fenómeno como el «mal uso del miedo, la excitación, los sentimientos y la fisiología sexual para involucrar a otra persona».[73]

Según mi definición, más amplia, el vínculo traumático es un patrón de relación que te mantiene estancado en dinámicas que no apoyan la expresión de tu verdadero yo. Los vínculos traumáticos a menudo son condicionados y se aprenden durante la infancia, y luego se repiten en las relaciones adultas (amigo, familiar, pareja o compañero de trabajo). Son patrones de relaciones que se basan en nuestras más tempranas necesidades, a menudo insatisfechas.

Los vínculos traumáticos no se dan exclusivamente en las relaciones sentimentales, aunque es donde suelen ser más obvios. Casi todos participamos en vínculos traumáticos, y es muy probable que tus necesidades personales —físicas, emocionales y espirituales— no siempre fueran satisfechas.

Aunque no son exhaustivos, los signos que habitualmente observarás en un vínculo traumático incluyen:

1. *Sientes una atracción obsesiva y compulsiva hacia determinadas relaciones, aunque sepas que esas relaciones probablemente tendrán consecuencias problemáticas a largo plazo.* A menudo confundimos las intensas emociones relacionadas con los vínculos traumáticos con

el amor. Esto se desarrolla en una dinámica de tira y afloja en la que las emociones de miedo y abandono parecen ser una «química» emocionante. La otra cara de esta dinámica puede ser el aburrimiento, cuando una relación «segura» pierde la emoción de la amenaza de perderla. La emoción es un potente motivador que hace que muchas personas regresen a ella.

2. *Tus necesidades rara vez son satisfechas en relaciones concretas o no eres consciente de tus necesidades en una relación.* Todos los niños tienen necesidades físicas y emocionales. Aprendemos cómo satisfacerlas a través de nuestras principales figuras parentales. Ellas pueden haber sido incapaces de satisfacer tus necesidades porque no podían satisfacer las suyas. Esto hará que también tú seas incapaz de satisfacer tus necesidades en la edad adulta. Tal vez no puedas pedir cosas o decir que no por miedo o vergüenza. Como resultado de toda una vida con necesidades insatisfechas, puedes sentirte constantemente resentido, insatisfecho o necesitado.

3. *Te traicionas en determinadas relaciones para satisfacer tus necesidades, lo que te provoca falta de confianza en ti mismo.* Si no confías en ti, trasladas tu valía a otros. Cuando lo haces, te vuelves crónicamente dependiente de lo que otras personas perciben sobre quién eres. En lugar de tomar decisiones o elegir basándote en lo que conoces, lo haces desde la perspectiva de otra persona, lo que le permite validar o invalidar tu realidad. Esto se convierte en un círculo vicioso que hace que te sientas constantemente desestabilizado —algunas per-

sonas dicen creer que están «locas» y prolongan su desconexión del guía interior de su verdadero yo.

Los vínculos traumáticos son el resultado de dinámicas de relación arraigadas en historias sobre nosotros, creadas en la infancia y que se manifiestan en nuestras relaciones adultas. Son extensiones de cómo nos adaptamos (o nos enfrentamos) al hecho de no tener satisfecha una necesidad intrínseca. Las historias protectoras del ego (como la mía de que no me tenían en cuenta) fueron medidas adaptativas en los primeros años de nuestra vida para mitigar las emociones difíciles y enfrentarnos a los traumas. Estas estrategias de afrontamiento nos ayudaron a sobrevivir a los problemas con nuestras principales figuras de apego, así que nos aferramos a ellas con fuerza cuando llegamos a la edad adulta y nos enfrentamos a lo que percibimos como «amenazas» en otros vínculos. Las utilizamos para mantener una armadura de autoprotección con el fin de que nuestras heridas internas de la infancia no volvieran a abrirse.

La tendencia inconsciente hacia estos patrones es tan fuerte que hacemos casi cualquier cosa por preservar una relación basada en un vínculo traumático, y a menudo nos traicionamos para recibir amor. Es la misma traición que aprendimos en la infancia, cuando nos decían que determinadas partes de nosotros eran «malas» o que no merecían ser queridas, así que reprimimos o ignoramos esos aspectos de nuestro verdadero yo. El objetivo siempre es recibir amor, porque los vínculos implican supervivencia. El amor implica vida.

VERGÜENZA, ADICCIÓN Y VÍNCULOS TRAUMÁTICOS

Las personas que han sufrido un trauma confunden fácilmente el sentimiento de activación física y mental con una auténtica conexión. Cuando el subconsciente identifica las respuestas al estrés como nuestro «hogar» homeostático, podemos confundir las señales de amenaza y estrés con atracción sexual y química. Al final desarrollamos adicción emocional a este intenso estado que nos mantiene atrapados en ciclos en los que terminamos en las mismas dinámicas de relación de siempre, con la misma pareja o con otra. Este vínculo traumático es una adicción tan real e incontenible como cualquier otra que nos lleva a una montaña rusa bioquímica similar.

Para muchos, nuestro particular ciclo de cercanía y rechazo empezó en la infancia, como parte de nuestras relaciones más tempranas, por lo que nos vemos empujados a buscar relaciones adultas que reflejen ese ciclo condicionado. En la infancia puede ser una figura parental incongruente a la hora de expresar su amor, que nos prestaba atención en un momento dado y no mostraba el menor interés en otro. Como deseamos que nos amen, nuestro cerebro infantil aprende a adaptarse. Si nuestras figuras parentales nos prestaban atención cuando nos portábamos mal (aunque la atención fuera negativa), podemos haber actuado mal a propósito para que se fijaran en nosotros. No es que nuestras necesidades queden satisfechas, pero recibimos atención y nos ven, dos de las necesidades básicas en la infancia. Nuestros intentos infantiles por que nuestras figuras parentales satisfagan nuestras necesidades físicas, emocionales y espirituales (por incompletas e impersonales que puedan ser, y por mucho que nos traicionemos) están en la base de cómo satisfacemos esas necesidades en nuestras relaciones adultas. Nos sentimos atraídos por dinámicas conocidas, independientemente del resultado.

Por lo tanto, no es de extrañar que los niños nacidos en entornos estresantes y caóticos busquen ambientes similares cuando son adultos. Cuando vivimos en un estado de miedo (de daño físico, abuso sexual o abandono), nuestro cuerpo se altera a nivel molecular, neuroquímico y fisiológico. La sensación que nos produce la liberación de hormonas del estrés y la respuesta de nuestro sistema nervioso puede convertirse en adictiva si estuvimos condicionados a relacionarla con la experiencia del «amor». Esto se convierte en homeostasis, que provoca la puesta en marcha de nuevas vías neuronales en nuestro cerebro. Siempre buscamos subconscientemente revivir nuestro pasado porque somos criaturas cómodas a las que les encanta predecir el futuro, aunque seguramente sea doloroso, triste o incluso aterrador. Es más seguro que lo desconocido.

La química sexual también tiene fuertes efectos fisiológicos. Cuando una relación sentimental se basa en sobresaltos extremos, a menudo produce los correspondientes altibajos sexuales, que pueden hacernos sentir extremadamente «vivos». Las hormonas que se liberan durante las relaciones sexuales son potentes: la oxitocina aumenta la sensación de unión y actúa como un analgésico que mitiga momentáneamente todo dolor emocional y físico, la dopamina mejora nuestro estado de ánimo y los estrógenos estimulan a las mujeres en general. No es de extrañar que deseemos esa descarga de hormonas, especialmente cuando está interconectada con las dinámicas condicionadas de nuestra infancia. Puede ser increíblemente difícil sacar la cabeza del agua cuando las olas son tan fuertes.

Por eso los problemas suelen surgir después del periodo de la luna de miel, muy activo sexualmente, en las primeras fases de nuestras relaciones. En cuanto superamos esta etapa, a menudo nos quejamos de aburrimiento o empezamos a crearnos estrés centrándonos exageradamente en lo que percibimos como defectos de nuestra pareja. Cuando estamos condicionados a relacionar el amor con una respuesta al trauma, nos sentimos aburridos y adormecidos sin ella. Yo he pasado por ese ciclo. Si mis relaciones eran tranquilas, si no había crisis, me sentía irritada e inquieta y procuraba introducir algo de estrés. Como era adicta a mi pasado, lo convertía en mi futuro. Luego me avergonzaba cometer los mismos errores una y otra vez.

La vergüenza surge del sentimiento de que deberíamos saberlo, pero nuestro ilógico y siempre poderoso subconsciente nos impide tomar el mejor camino, el más racional. He trabajado con muchos pacientes que estaban atrapados en el ciclo atracción/vergüenza inherente a los vínculos traumáticos. A menudo sabemos que tenemos esta historia y que estamos metidos en estos patrones. Normalmente no se nos escapa. Las banderas rojas casi siempre se ven. Incluso cuando no es así, muchos tenemos amigos y familiares que las ven y que amablemente (a veces no tanto) intentan advertirnos sobre ellas.

Cuando estamos implicados en vínculos traumáticos, no

reaccionamos desde nuestra mente racional. Las heridas sub-conscientes del pasado nos empujan, y vivimos con patrones en piloto automático que tienen sus raíces en lo que conocemos. Mientras no seas consciente de estos patrones condicionados, aunque encuentres la pareja «perfecta» (signifique eso lo que signifique para ti) sin banderas rojas, seguirás sintiendo que a la relación le falta algo fundamental. No habrá conexión porque sigues atrapado en el estado de vínculo traumático, y por buen juicio que tengas no puedes salir de él.

Te cuento todo esto para ayudarte a entender que no debes avergonzarte de los vínculos traumáticos. Por tu cuerpo corre un torrente de respuestas fisiológicas que trabajan para mantenerte donde estás. El consejo «Déjalo» o «Deberías saberlo» no es útil ni procede de la comprensión de las dinámicas del trauma. Los vínculos traumáticos son un proceso que debe desaprenderse. Exige tiempo y dedicación. Exige trabajo.

ARQUETIPOS DEL VÍNCULO TRAUMÁTICO

Como en cualquier otra posibilidad de crecimiento que aparece en este libro, el primer paso para romper patrones del vínculo traumático es observarlos. Repasemos ahora los traumas infantiles que abordé en el capítulo 3 desde la perspectiva de sus efectos en nuestras relaciones adultas. Ten en cuenta que no es una lista fija. Muchas personas se identifican con varios de estos arquetipos, y algunas no se ven en ninguno de ellos. Nuestras reacciones al trauma pueden no coincidir exactamente con esta lista; nada en la vida coincide siempre.

El objetivo es permitirte que vuelvas atrás y te preguntes: «¿Qué pasó en ese momento, cómo me hizo daño y cómo me enfrento ahora a mis relaciones?».

Tener una figura parental que niega tu realidad. Cada vez que a un niño le dijeron que lo que pensaba, sentía o experimentaba no era válido, se creó un vacío en él. Los que tienen esta herida a menudo siguen negando su realidad para mantener la armonía. Una persona así no reconoce sus necesidades o puede ser patológicamente tolerante. Pueden ser mártires que actúan desinteresadamente en detrimento propio. Suelen evitar los conflictos y seguir el mantra: «Si tú estás bien, yo estoy bien». Aquellos con heridas por negar la realidad pueden incluso confundir su realidad porque llevan mucho tiempo desconectados de su intuición, de la que desconfían. Siguen trasladando sus decisiones y necesidades a los que los rodean. Como continúan ahí y el resentimiento aumenta, los que tienen estas heridas acaban responsabilizando de sus decisiones a los demás.

Tener una figura parental que no te ve ni te escucha. Aquellos que sintieron que sus figuras parentales los ignoraban o descuidaban sus necesidades fundamentales de que los vieran y los escucharan aprenden enseguida que deben acallar su verdadera naturaleza para recibir amor. Vemos una reacción similar en los que vivieron en una familia cuyos miembros eran emocionalmente inmaduros (es decir, que suelen emplear la frialdad o el silencio como castigo). El amor puede ser escaso o incondicional en este entorno, de modo que las personas eliminan casi totalmente sus deseos y necesidades para asegurarse de que reciben todo lo que puedan. A menudo reproducen estos comportamientos también en el juego. Las personas que fueron tratadas con frialdad suelen tratar con frialdad a otras personas cuando se sienten amenazadas. Esta herida también puede ponerse de manifiesto eligiendo a parejas con una fuerte personalidad. Una paciente con la que trabajaba se sentía a menudo atraída por parejas poderosas y con éxito que literalmente «succionaban todo el aire» de cualquier habitación en la que entraran. Estas personas tienen una herida fundamental —«No me ven ni me escuchan»—, por lo que eligen una pareja que las mantiene en ese estado de expresar la herida fundamental, que las empuja hacia el estado de pequeñez o invisibilidad que conocen. Sin embargo, interpretar este papel activa todas las emociones incómodas relacionadas con el hecho de que no las vean ni las escuchen. Cada vez que esta mujer elegía una personalidad fuerte, la relación fallaba porque empezaba a molestarse con su pareja por las mismas razones por las que al principio había sentido que conectaba con ella.

Tener una figura parental que vive indirectamente a través de ti o que te moldea y te da forma. Cuando nuestras figuras parentales expresan directa o indirectamente preferencias sobre nuestras creencias, deseos y necesidades, se reduce el espacio para que se exprese nuestro verdadero yo. Esto puede manifestarse de varias formas, y a menudo el resultado es la dependencia de la guía externa —parejas, amigos o incluso mentores— para tomar todas las grandes y pequeñas decisiones de la vida. Estas personas siempre necesitan hablar sobre las cosas —a menudo muchas veces y con muchas personas—

para descubrir cómo se «sienten». Como siempre les han dicho lo que sienten, piensan o deberían ser, no tienen conexión con el guía intuitivo. A menudo esto los lleva a buscar constantemente a un gurú o guía, o nuevas ideas y grupos.

Tener una figura parental que no pone límites. De niños entendíamos intuitivamente los límites, aunque muchos crecimos en hogares en los que nuestras figuras parentales no los tenían claros. Algunas de estas figuras traspasaron inconscientemente nuestros límites al decirnos que hiciéramos cosas con las que no nos sentíamos cómodos para ser «educados» o «buenos». Estas experiencias anularon nuestra intuición y nuestros límites innatos e hicieron que nos cuestionásemos nuestros mensajes internos. En la edad adulta podemos descubrirnos anulando nuestras necesidades en relaciones y permitiendo continuamente que traspasen nuestros límites. Con el tiempo, esta negación de la necesidad puede transformarse en rabia o resentimiento, un concepto conocido como desprecio que el famoso terapeuta de parejas John Gottman[74] ha mostrado en gran cantidad de estudios que es un asesino de relaciones. Estamos resentidos y nos preguntamos: «¿Por qué se aprovechan de mí?» o «¿Por qué no me valoran?», que es una respuesta normal cuando traspasan nuestros límites. Lo que no entendemos es que este comportamiento está relacionado con el hecho de no haber puesto límites al tiempo, la energía y los recursos emocionales que dedicamos a los demás.

Tener una figura parental demasiado centrada en la apariencia. Muchos recibimos mensajes tanto directos como indirectos sobre nuestra apariencia por parte de figuras parentales que se centraban en nuestro aspecto físico (el peso, el peinado o la ropa) o incluso en cómo otras personas del entorno percibían nuestra unidad familiar. En la edad adulta podemos desarrollar la costumbre de compararnos con los demás para ver si estamos a su altura, sin entender que el bienestar emocional va más allá de la apariencia externa. Esta dependencia de la apariencia nos lleva a centrarnos demasiado en la imagen que ofrecemos de nosotros mismos. Incluso podemos negar u ocultar a propósito problemas dolorosos o difíciles por los que estamos pasando para mantener la apariencia de ser «perfectos». Las redes sociales, que nos permiten publicar bonitas fotos y leyendas, pueden exacerbarlo, aunque muchos estemos sufriendo profundamente detrás de la fachada.

Tener una figura parental que no puede regular sus emociones. Cuando vemos que nuestras figuras parentales lidian con sus emociones explotando o retirándose, nos sentimos emocionalmente abrumados. En la edad adulta carecemos de habilidades de adaptación y de resiliencia emocionales en general. Muchos copiamos la reactividad emocional o la inhibición que expresaban nuestras figuras parentales. En algunos las emociones explotan cuando gritamos a los demás o corremos por la casa dando portazos. Otros lidian con sus grandes emociones distanciándose. Puede parecer que son evasivos o reacios a los conflictos. Llevado al extremo, son las personas que se disocian. Algunas utilizan una ayuda externa para crear este estado, se anestesian con drogas y alcohol, se distraen con las redes sociales y se sedan con comida. El propio vínculo puede ser el agente adormecedor, y cuando nos preocupa una relación, no tenemos que preguntarnos si lo que nos hace infelices es algo más profundo.

Teniendo en cuenta estos arquetipos generales, presta atención a cómo se siente tu cuerpo con las personas que te rodean. Nuestras relaciones constituyen un sistema de guía que nos permite determinar el estado de nuestro bienestar mental. Tómate un momento para anotar los nombres de las personas con las que mantienes una relación más cercana. Debajo de los nombres escribe cómo sueles sentirte cuando interactúas con ellas. ¿Te sientes tenso y angustiado? ¿Libre y seguro? Esto empezará a darte consciencia de algunos de los patrones de relación que aprendiste en tus experiencias infantiles.

LA TRAMPA DEL VÍNCULO TRAUMÁTICO

Con frecuencia, los miembros de una pareja lidian con las consecuencias de sus traumas infantiles, y al mismo tiempo ambos intentan vivir, amar y avanzar juntos. Nadie ha dicho que las relaciones sean fáciles.

Una de mis pacientes, terapeuta, vino a pedirme ayuda en la relación con su marido, llena de altibajos. Como en cualquier vínculo traumático, hay aspectos de su relación que son únicos y otros más generalizables. La de Joshua y Shira muestra que lo personal a menudo puede ser universal.

Joshua y Shira son miembros activos de la comunidad judía ortodoxa. La familia, las costumbres y la tradición son básicas para ambos. Aparte de estos valores compartidos, no podrían ser más diferentes. Las figuras parentales de Shira tenían necesidades especiales, eran en buena medida incapaces de cuidar de ella y delegaron esta responsabilidad en miembros de su numerosa familia, es decir, en las abuelas y las tías. Shira siempre supo que sus figuras parentales tenían necesidades especiales, y en el fondo ella deseaba un vínculo que no podían ofrecerle. Ese abandono emocional hizo que nunca se sintiera querida. Para sobrellevarlo, se convirtió en una persona complaciente que siempre buscaba la validación externa de que merecía que la quisieran.

Joshua procedía de una familia de ocho hermanos. Su madre luchaba por regular sus emociones y era muy egocéntrica. Sus necesidades estaban antes que las de sus hijos, y como Joshua era el hermano mayor, creía que tenía que mantener estable a su madre para sobrevivir. Con el tiempo aprendió que la mejor manera de hacerlo era quedarse callado y reprimir su mundo emocional. Como seguramente ya has adivinado, el resultado fue la disociación.

Su entorno familiar, combinado con los mensajes culturales de que los hombres no debían ser emocionales, empujaron a Joshua a buscar su «amor» en el mundo exterior mediante los logros y el éxito. Estudió Medicina, lo aceptaron en una de las mejores facultades del país y llegó a ser cirujano.

Cuando Shira vino a verme, Joshua sufría dolores físicos que hacían que se sintiera frágil y frustrado, y a veces dificultaban muchísimo su trabajo como médico. El dolor físico exacerbó todos los problemas por los que pasaba su relación desde el principio. Él era impasible, se mantenía a distancia en los periodos de estrés y conflictos, lo que abría las heridas del abandono de Shira y hacía que se sintiera desesperada, temerosa y necesitada. Cuando Joshua volvía a casa después de un día duro, agotado, se alejaba y se cerraba en banda. Al sentir la falta de conexión, Shira reaccionaba.

«¿Qué pasa? ¿Estás enfadado conmigo?» Empezaba la búsqueda de afecto.

Luego se convertía en acusaciones: «¡No me quieres! ¡Tienes una aventura!».

Presa del pánico y profundamente sola, Shira perseguía físicamente a Joshua, lo llamaba quince veces seguidas, se presentaba en su trabajo y hablaba con familiares sobre su comportamiento. La única manera en la que sentía que podía estar a salvo era reduciendo el espacio entre ellos.

En un intento por recuperar su propia seguridad, Joshua reprimió aún más sus emociones. Sentía los intentos de Shira de acercarse como algo amenazante, igual que cuando las emociones de su madre lo superaban. La relación de Shira y Joshua es un clásico ejemplo de patrón de acercamiento/retirada. Cuando él contiene su amor, ella se siente abandonada y profundamente herida, como es comprensible, y empieza a acercarse a él para recuperar su sensación de seguridad emocional. Cuanto más se acerca, más se aleja su marido y más crece su ansiedad. No se satisfacen las necesidades de ninguno de los dos, y cada uno se enfada con el otro. Esta es básicamente la dinámica de los vínculos traumáticos. Cuando las necesidades quedan a menudo insatisfechas, no tarda en aparecer el resentimiento. El resentimiento es un asesino de relaciones.

AMOR VERDADERO

El hecho de que hayas establecido vínculos traumáticos no significa que tu relación esté condenada al fracaso, ni mucho menos. Los vínculos traumáticos son maestros que nos describen los patrones de relación a los que siempre hemos recurrido y los ámbitos en los que podemos empezar a trabajar para cambiarlos. Afortunadamente, no hay nada determinado en esos patrones. Como todo lo que hemos aprendido hasta aquí, en cuanto eres consciente de ellos puede empezar el proceso de cambio.

No diría que Joshua y Shira han sanado del todo sus vínculos traumáticos, pero sí que ambos decidieron trabajar tanto en ellos mismos como en su relación y aceptaron el papel que había tenido su infancia. Shira ha aprendido formas de enfrentarse a su comprensible reactividad emocional cuando surge la trampa del vínculo traumático de acercarse y distanciarse, y, mediante la respiración y la meditación, intenta alejarse de su impulso instintivo de reaccionar. Joshua ha aprendido a expresarse cuando empieza a distanciarse emocionalmente y a decirle a su mujer: «Siento que me distancio» o «Esta situación me agobia». Puede que no le parezca mucho a un extraño, pero a Shira, el mero hecho de escuchar a su pareja verbalizando la experiencia de su mundo interior, la ayudaba a sentirse más conectada emocionalmente y desactivaba su sistema nervioso de la comprensible amenaza de abandono. Cuando lo oye expresarse, consigue la conexión que desea, lo que le permite sentirse lo bastante segura como para darle el espacio emocional que él necesita.

Lolly y yo también empezamos con un vínculo traumático.

Nos juntamos después del desastre de mi divorcio, cuando por fin decidí que estaba preparada para volver a salir con alguien. Su confianza en sí misma me atrajo instantáneamente. Parecía muy segura, y esa energía era muy atractiva.

Incluso las personas que parecen más seguras tienen heridas. Lolly tiene su historia de traumas, ya que en su infancia lidió con un entorno muy emocional, como Joshua. Para sobrellevarlo, asumió un apego evitativo, que teme los vínculos sentimentales. Básicamente, «Temo que me dejes», «Temo que te quedes». Un día parecía comprometida y apasionada, y al día siguiente, cuando surgía un conflicto, huía. Eso me activaba emocionalmente, por supuesto, y también me mantenía atada a ella, ya que la montaña rusa de nuestra relación imitaba el estrés y el caos de mi infancia. Cuando las cosas iban mal, sentía que todas esas emociones me asaltaban y levantaban una oleada de ansiedad hasta que las cosas se solucionaban, y en ese punto esperaba a que todo volviera a complicarse. Sin que ninguna de las dos nos diéramos cuenta, colaborábamos para que todo se fuera a pique. Era un tren de estrés al que éramos adictas. Ninguna de las dos éramos conscientes de nuestra dinámica.

Lolly siempre deseaba cambiar las cosas. No quería estancarse. Creía que las relaciones debían evolucionar constantemente para desarrollarse. Anhelaba crecer y expandirse, no acomodarse. Yo también intentaba crecer, aprender de mi recién adquirida consciencia sobre los patrones de mis anteriores relaciones.

Conocí a Lolly en un periodo en que, como había vuelto a Filadelfia, mi ciudad natal, pasaba más tiempo con mi familia. Dada la frecuencia con la que la veía, muchos de los patrones del pasado salían a la superficie, lo admitiera o no. En cuanto Lolly empezó a pasar más tiempo con todos nosotros, comenzó a contarme amablemente sus observaciones. Se dio cuenta de que antes de ver a mi familia me angustiaba y me alejaba, y luego me quedaba en un estado emocional intenso, lista para pelearme, y seguía nerviosa durante días. Esto la llevaba al límite a ella también, ya que yo descargaba mi energía emocional sobre ella.

De entrada no lo vi. De hecho, al principio respondí con hostilidad a sus observaciones. Con el tiempo, con más consciencia y mayor acceso a la verdad de mi yo, empecé a ver todas aquellas respuestas condicionadas, que entonces me parecían obvias. Ella me ayudó a ver la luz. En lugar de alejarme o castigarme, se convirtió en una instigadora del cambio positivo.

Nuestro deseo de crecer se amplió a medida que nos sumergíamos en estos ejercicios. Ambas nos comprometimos a trabajar juntas cada mañana. Nos íbamos a dormir temprano. Seguíamos nuestras rutinas matutinas. Llevábamos un diario. Cambiamos la alimentación y desintoxicamos nuestro cuerpo, lleno de sustancias químicas. Al principio toda esa consciencia y cambio fueron emocionales. Era tan abrumador que a veces nos tumbábamos en el suelo y llorábamos. Fue angustioso para las dos, juntas. Nuestra unión hizo que el viaje hacia la sanación fuera transformador. Incluso en los días en que en realidad no quería ponerlo en práctica, decidía seguir porque ella estaba ahí. Con el tiempo, empecé a hacerlo por mí.

Si queremos que una relación avance, no puede utilizarse como un medio para llenar el vacío o las heridas que causó una figura parental. Una relación sana ofrece espacio para la evolución mutua. Es la esencia del amor verdadero, cuando dos personas se conceden la libertad y el apoyo necesario para que se dejen ver, se hagan escuchar y puedan expresarse plenamente. El amor verdadero no es sentirse en una montaña rusa emocional; es paz y el sentimiento interior de que ambas personas deciden acercarse desde un lugar de respeto y admiración mutuos. El amor verdadero se siente como seguro. Está arraigado en la consciencia de que la otra persona no es una propiedad, no es algo que pueda poseerse, y que nuestra pareja no es una figura parental ni alguien que pueda solucionar nuestros problemas ni sanarnos.

No es la representación del amor de una comedia romántica. El amor verdadero no siempre parece «bueno», ni siquiera romántico. Los ciclos de adicción emocional que solemos asociar con las relaciones sentimentales no se activan, de modo que el amor no tiene la carga de emoción que produce el miedo al abandono o la retirada del amor y el apoyo. Es un estado bien asentado. No tienes que actuar de determinada forma ni esconder partes de ti para recibir amor. Aun así te sentirás aburrido o inquieto, incluso atraído por otras personas y puedes lamentar haber perdido tu vida de soltero. Las relaciones conscientes no son cuentos de hadas. No existe el «Tú me completas». No existe la sonrisa y zas, vivieron felices para siempre. Como todo lo que has visto hasta ahora, el amor verdadero exige trabajo. El camino a seguir es ser consciente del papel de la autotraición en tus vínculos traumáticos y del que puedes desempeñar atendiendo tus necesidades.

SÁNATE: IDENTIFICA TUS VÍNCULOS TRAUMÁTICOS

Para adquirir consciencia de que tus heridas infantiles o tus sentimientos reprimidos siguen afectándote tanto a ti como a tus relaciones en la edad adulta, tómate un tiempo para reflexionar y escribir utilizando las siguientes indicaciones en el caso que corresponda. Recuerda echar un vistazo al ejercicio del capítulo 3, en el que tomaste nota de las heridas infantiles que sufriste.

TENER UNA FIGURA PARENTAL QUE NIEGA
TU REALIDAD

Reflexiona y escribe sobre cómo reaccionas cuando percibes que alguien niega tus pensamientos, sentimientos o experiencias. Dedica un tiempo a observarte y a descubrir qué tipos de experiencias activan estos sentimientos, y anota tus reacciones. Utiliza esta entrada de diario:

Hoy, cuando [inserta una experiencia en la que sientes que niegan tu realidad], me siento _____ y reacciono _____.

TENER UNA FIGURA PARENTAL QUE NO TE VE
NI TE ESCUCHA

Observa las experiencias que siguen provocando que no te sientas reconocido, y cómo intentas que te vean y te escuchen en la edad adulta. Por ejemplo, ¿te descubres intentando desesperadamente que los demás te vean o te escuchen, o te da la sensación de que no te reconocen? ¿Te descubres representando papeles en tus relaciones para recibir aprobación? ¿Ocultas algunos pensamientos, sentimientos o partes de ti que sientes que otros no aprobarán? ¿Cómo reaccionas en la edad adulta al sentir que no te reconocen? Utiliza esta entrada de diario:

Hoy, cuando [*inserta una experiencia en la que sientes que no te ven ni te escuchan*], me siento _____ y reacciono _____.

TENER UNA FIGURA PARENTAL QUE VIVE INDIRECTAMENTE A TRAVÉS DE TI O QUE TE MOLDEA Y TE DA FORMA

Observa los momentos, las relaciones y las experiencias en las que te descubres haciendo determinados movimientos sin pasión o sin un propósito personal. ¿Sientes vergüenza, confusión o insatisfacción? Estos sentimientos suelen reflejar que vivimos al margen de nuestra verdadera naturaleza y de nuestros propósitos. Dedica un tiempo a observar las diferentes formas en que sigues tomando decisiones basadas en factores externos, como lo que otros han expresado que desean, los elogios o los miedos imaginarios (por ejemplo, «Si cambio, dejarán de quererme»).

Observa cómo sigues recibiendo los mensajes de otras personas sobre quién eres (o no eres), si sigues confiando en ellos y cambiando según sus comentarios. Toma nota de las muchas formas en que sigues expresando las partes de ti que consideras aceptables y que reprimes las que consideras inaceptables basándote en esos mensajes. No te preocupes si aún no estás seguro de quién eres en realidad, ya que muchos no lo sabemos porque, desde que éramos pequeños, nos han dicho quiénes somos.

Utiliza estas entradas de diario:

Hoy sigo tomando decisiones diarias basándome sobre todo en factores externos y en los demás de las siguientes maneras:

_____.

Hoy sigo recibiendo los siguientes mensajes que dan forma a mis comportamientos actuales: _____.

TENER UNA FIGURA PARENTAL QUE NO PONE LÍMITES

Dedica un tiempo a observarte —no a juzgarte ni a criticarte— en las relaciones con otras personas (amigos, familia y pareja). Las siguientes entradas de diario te permitirán ser consciente de tus límites en estas relaciones. Puede que no los tengas. Sé que en un momento dado yo no los tenía. A medida que nos volvemos más conscientes, podemos tomar nuevas decisiones sobre nuestros límites y sobre cómo respondemos a los de otras personas. Recuerda que es un ejercicio; tardarás en sentirte cómodo y confiado cuando hables de tus límites.

¿Te sientes libre para decir «no», te sientes culpable o te da miedo hacerlo? _____.

¿Te sientes libre para expresar tus límites y tus verdaderos sentimientos sobre determinadas situaciones? _____.

¿Intentas inconscientemente obligar a las personas a adoptar tus puntos de vista u opiniones? _____.

TENER UNA FIGURA PARENTAL DEMASIADO CENTRADA EN LA APARIENCIA

Dedica un tiempo a observar —no a juzgar ni a criticar— tu relación con tu aspecto físico. Cómo te sientes físicamente se refleja en tu relación contigo y con los demás. La mayoría de tus relatos sobre tu aspecto físico son inconscientes, así que ser consciente de ellos te permitirá entender tus relatos actuales y crear otros nuevos. A medida que avances en estas entradas, recuerda ser amable y comprensivo contigo. No estás juzgando. Tu objetivo es ser objetivo y curioso.

¿Cómo hablo conmigo sobre mi cuerpo? _____.

¿Cómo hablo con mis amigos sobre mi cuerpo? _____.

¿Con qué frecuencia me comparo físicamente con otras personas? _____.

¿Cómo hablo sobre el aspecto físico de otras personas? _____ _____.

TENER UNA FIGURA PARENTAL QUE NO PUEDE REGULAR SUS EMOCIONES

Dedica un tiempo a observar cómo regulas tus emociones en la edad adulta. Observa cómo te ves al experimentar y enfrentarte a tus emociones. En concreto, dedica unos minutos a observar cómo sigues negando determinadas emociones en tu día a día o en muchos ámbitos de tu vida en general. ¿Siempre intentas ser positivo o el alma de la fiesta? ¿Te sientes incapaz de comunicar lo que sientes a amigos y parejas? ¿Ocultas algunas emociones y no te expresas del todo con los demás? Reflexiona utilizando las siguientes entradas de diario:

¿Cómo respondes cuando sientes una experiencia emocional fuerte? _____.

¿Tienes una estrategia de afrontamiento cuando tus emociones te estresan? ¿Cuál?_____.

¿Cómo te comunicas con los que te rodean cuando tienes una experiencia emocional fuerte? _____.

Después de una experiencia emocional fuerte, ¿te cuidas o te dan vergüenza tus respuestas? _____.

Hoy sigo negando mis emociones de las siguientes maneras: ____
_____.

10

Límites

Mi paciente Susan se crio en un «típico» hogar de clase media en el que el mantra era «La familia lo es todo», como en el mío. Al principio de su viaje hacia la sanación, Susan idealizaba a su familia y exageraba hablando solo del gran apoyo y amor que le brindaron sus figuras parentales. En cuanto a sus problemas por sentirse perdida e insatisfecha, decía: «No sé por qué soy así. Siempre he tenido todo lo que he querido». El matrimonio de sus figuras parentales era estable. Asistían a todos los eventos escolares. Ambos la colmaban de cariño.

Susan idealizaba especialmente a su madre y adoptaba patrones casi de adoración a un héroe. La primera vez que oyó hablar del niño interior lo descartó y dijo que eran «tonterías sin sentido». El miedo de Susan a sus propios traumas generó una admiración exagerada en la que no había espacio para nada remotamente incómodo cuando hablaba de su pasado. Al seguir observándose a sí misma más sinceramente, surgió un retrato más crítico. Su madre a menudo era autoritaria y controladora. Quería que Susan viviera la vida que ella nunca había tenido y la moldeó inconscientemente durante toda su infancia. La dinámica pareció intensificarse cuando

Susan dejó el nido codependiente. Su madre la llamaba varias veces al día y utilizaba el sentimiento de culpa como arma si Susan no cogía el teléfono o no le devolvía las llamadas lo bastante deprisa como para satisfacerla.

Lo que realmente molestaba a Susan era que con frecuencia su madre llegaba a su casa sin previo aviso. Se presentaba y esperaba que su hija lo dejara todo por ella. Esto hacía que Susan se enfadara muchísimo y despertaba recuerdos de su infancia, cuando su madre irrumpía en su habitación y leía sus diarios. Pero ella nunca se quejó, ni siquiera ante esta grave intromisión. Susan, que encaja en el arquetipo del niño interior cuidador, siempre intentó calmar a su madre. Asumió el papel maternal en la vida y ofrecía a los demás la paciencia y el amor ilimitado que no había estado presente en su dinámica madre-hija.

Curiosamente, Susan empezó su viaje hacia la sanación tras años sintiéndose desesperadamente incapaz de conectar con los demás. Pensaba en sí misma y se describía como un «felpudo» para sus amigos. Era una mera caja de resonancia del estrés y los problemas de los que la rodeaban (a lo que yo llamo descarga emocional, de la que hablaremos más adelante en este capítulo). Una amiga en concreto se aprovechaba de su docilidad y su paciencia, y la llamaba cada vez que consideraba que su relación sentimental, que era especialmente caótica, iba mal. Esta amiga no tenía reparos en llamarla en plena noche para desahogarse. Aunque Susan creía que no era adecuado, siempre contestaba. La mera idea de no coger el teléfono la ponía físicamente enferma y hacía que se sintiera culpable y avergonzada. Su amiga la necesitaba.

Susan siempre era la «buena amiga», «la buena», «la que

siempre estaba ahí». Este era su relato, y se aferraba a él. Siguió contestando al teléfono. Continuó ofreciendo su tiempo
y sus recursos emocionales a personas que no la correspon-
dían. Siguió manteniendo relaciones agotadoras y sintiendo
que las interacciones eran unilaterales, injustas e incluso superficiales. ¿Alguno de sus amigos sabía realmente algo de
ella? Se sentía invisible. En nuestras sesiones lloraba a menudo. «¿Encontraré alguna vez a alguien a quien de verdad le
importe?», preguntaba.

Con el tiempo, mientras la relación con su madre seguía
causándole estrés, se dio cuenta de que ella la hacía sentir inse-
gura. No era libre para expresar sus verdaderos sentimientos,
ya que constantemente pasaba por alto sus deseos para atender
a los de su progenitora. No quería ir a ver a su madre tan a
menudo como hasta entonces, pero lo hacía porque se sentía
culpable, avergonzada y temerosa; del mismo modo, siempre
contestaba al teléfono cuando la llamaban sus amigos. Encontró su identidad complaciendo a los demás, y como no tenía
límites que la protegieran, se puso tan al servicio de los otros
que perdió toda conexión con su verdadero yo.

EMBROLLO EMOCIONAL

Cuando nos hablan por primera vez de la idea de límites suele ser una revelación sorprendente. Los límites que te separan
claramente (tus pensamientos, creencias, necesidades, emociones y espacios físicos y emocionales) de los demás son necesarios para que puedas desarrollar y mantener verdaderas
relaciones. La capacidad de establecer límites claros y mante-

nerlos en el tiempo es fundamental para nuestro bienestar general.

La falta de límites en la infancia suele generar una dificultad similar para establecerlos en la edad adulta. Si no tuvimos el espacio para expresar nuestra separación —emociones, opiniones y realidades separadas— en la infancia, o si formábamos parte de familias con «pensamiento de grupo» («Hacemos esto, no aquello», «No nos gustan esas personas», «Somos una familia de este tipo»), a menudo no nos dieron la oportunidad de expresar nuestro verdadero yo. Algunas figuras parentales, debido a sus experiencias y a las heridas emocionales correspondientes, ven inconscientemente a su hijo como un medio para satisfacer sus necesidades (esto puede incluir confiar en el niño o tratarlo como a un «mejor amigo»).

En esta dinámica, las líneas emocionales se difuminan porque nadie en la familia tiene el espacio para desarrollar autonomía o expresar plenamente su verdadero yo. A esto se le llama embrollo emocional. En esta situación, la ausencia de separación es total. Las figuras parentales se involucran demasiado en la vida de sus hijos; la activación emocional se extiende a toda la familia; se desalienta o incluso se castiga el pasar tiempo alejado de otros miembros de la familia. Aunque la relación puede ser casi constante (sobre todo porque no estar en contacto implica miedo y reactividad emocional). Las figuras parentales temen no poder controlar al niño, y el niño tiene miedo de que lo excluyan de la unidad familiar. No hay verdadera conexión, ni unión de almas, porque nadie es del todo él mismo. A menudo los que entran en patrones de embrollo emocional sentirán una falsa sensación de cercanía e intimidad con su unidad familiar. Compartir emociones intensas une al grupo, y la ausencia de límites refuerza una realidad compartida. No hay una auténtica conexión porque la verdadera cercanía, como descubrirás, implica compartir unos con otros, manteniendo los límites claros y la libertad para que existan realidades separadas al mismo tiempo.

Como hemos visto con Susan, las heridas infantiles por embrollo emocional dan forma a nuestro modo de relacionarlos con los demás en la edad adulta (es decir, son vínculos traumáticos), ya que seguimos sistemas de guía externos, no internos. Como no mantenemos una relación segura con nosotros y hemos negado activamente nuestras necesidades, no sabemos cuáles son estas, y mucho menos cómo comunicarlas con claridad. Buscamos a otros para que tracen nuestros límites. Susan es un clásico ejemplo de un niño con embrollo emocional que se ha hecho mayor: es complaciente y, en muchos sentidos, una mártir que sacrifica su bienestar emocional, psicológico y espiritual sin pedir nada a cambio, porque eso era lo que le pedían en su infancia para recibir amor. Con el tiempo, suelen surgir sentimientos de inutilidad, tristeza y depresión. Al pasar los años, a medida que nuestras necesidades fundamentales siguen constantemente insatisfechas, nuestro enfado y resentimiento pueden crecer. Todo esto se entrelaza con el sentimiento de culpabilidad y el miedo al abandono, lo que nos convierte en emocionalmente adictos y nos mantiene atrapados en un círculo vicioso.

La verdadera cercanía, como veremos, implica compartir unos con otros marcando unos límites claros. En cuanto aprendemos a establecer límites, queda espacio para que seamos como realmente somos con personas como realmente son.

Introducción a los límites

Los límites ejemplifican todos los aspectos que hemos aprendido hasta ahora. No me gusta identificar un concepto como el «más importante», aunque espero que si algo se te queda grabado de este libro sea este capítulo. Los límites te protegen. Te mantienen físicamente equilibrado. Te conectan con tu yo intuitivo y son fundamentales para experimentar el amor verdadero.

Los límites proporcionan una base necesaria para todas tus relaciones y, más importante aún, con la que mantienes contigo. Son los muros de contención que te protegen de lo que te parece inadecuado, inaceptable, no auténtico o sencillamente lo que no eliges. Cuando hay límites, nos sentimos más seguros para expresar nuestros verdaderos deseos y necesidades, somos más capaces de regular la respuesta del sistema nervioso autónomo (vivimos más plenamente en esa zona de interacción social porque hemos establecido límites que nos mantienen a salvo) y nos libramos del resentimiento que surge al negar nuestras necesidades fundamentales. Los límites son esenciales, y también asustan muchísimo, especialmente si procedemos de dinámicas familiares de embrollo emocional o en las que se traspasaban constantemente.

La mayoría no hemos aprendido a decir que no. El resultado es que asentimos demasiado y satisfacemos muchas demandas hasta que llegamos a un punto en que nos ponemos firmes. Luego solemos sentirnos culpables y avergonzados por haber cambiado de actitud de repente. Así que nos disculpamos, descartamos nuestras necesidades o damos excesivas explicaciones. Si te reconoces en alguna de estas prácticas, es muy probable que te beneficie establecer algunos límites en tu vida.

Cuando trabajamos con los límites, la primera barrera es la idea de «amabilidad», un rasgo de carácter que deberíamos revisar. En su libro *Not Nice: Stop People Pleasing, Staying Silent & Feeling Guilty... And Start Speaking Up, Saying No, Asking Boldly, and Unapologetically Being Yourself*, el doctor Aziz Gazipura, experto en autoconfianza, argumentó que la amabilidad se basa en la siguiente fórmula errónea: «Si complazco a los demás [...] les gustaré, me querrán y me darán su apoyo y todo lo que quiera».[75] Llamó a este fenómeno «la jaula de la amabilidad», en la que la compulsión por que nos valoren nos encierra en una trampa que creamos nosotros mismos. La realidad es que no ser amable (es decir, ser fiel a tu verdadero yo) nos permite afirmar nuestro valor. No se trata de ser malo, arrogante o desconsiderado; se basa en saber lo que quieres y cuáles son tus límites, y comunicarlo. Aprender a decir que no y a no ser tan complaciente en todo momento es una parte importante para recuperarte. Aprender a decir que no suele ser lo más amable que puedes hacer por ti y por tus seres queridos.

Aunque muchos tenemos que lidiar con límites permeables o inexistentes, algunos nos situamos en el extremo contrario: creamos límites demasiado rígidos. No permitimos la interconexión y nos aislamos en fosos de retraimiento emocional para separarnos de los demás. Mantenemos estrictas reglas de conducta y comportamiento para los que consiguen traspasar el muro. Si en nuestra infancia una figura importante traspasó un límite repetidamente, podemos seguir sintiéndonos inseguros en la mayoría de nuestras relaciones. Para algunos, el muro que construimos es una forma de protección tras vivir una experiencia infantil de embrollo emocional. Cuando nos retraemos para mantener nuestra supervivencia, imposibilitamos las conexiones libres y espontáneas con otras personas, nos controlamos más tanto a nosotros mismos como a los demás, y por lo tanto nos sentimos más seguros, o eso creemos. Al hacerlo, reprimimos nuestra voz intuitiva y acabamos en el mismo lugar solitario y poco auténtico que los que viven sin límites.

Dedica un tiempo a observar diferentes aspectos de tu vida y utiliza esta herramienta de autodiagnóstico para ayudarte a identificar si tus límites son «rígidos», «imprecisos» o «flexibles».

RÍGIDOS

- Tiene pocas relaciones íntimas o cercanas.
- Tiene miedo crónico al rechazo.
- En general, le cuesta pedir ayuda.
- Es tremendamente individualista.

IMPRECISOS

- Se dedica a complacer compulsivamente a los demás.
- Define su autoestima según lo que opinan los otros.
- Es incapaz de decir que no.
- Comparte información privada constantemente.
- Arregla, ayuda, salva y rescata siempre.

FLEXIBLES

- Es consciente de sus pensamientos, opiniones y creencias, y los valora.
- Sabe comunicar sus necesidades a los demás.
- Comparte adecuadamente la información personal.
- Es capaz de decir que no cuando es necesario y acepta que los otros hagan lo mismo.
- Es capaz de regular sus emociones y permite que los demás expresen las suyas.

Es clave entender lo siguiente en todo tipo de límites: el límite no es para los demás, es para ti. No es un ultimátum para que otra persona se comporte de determinada manera. Un ultimátum es una afirmación que asigna una consecuencia al comportamiento de otra persona para intentar que lo cambie. Por su parte, un límite es algo personal que expresas para que tu necesidad se satisfaga directamente. Es una acción que emprendemos por nosotros mismos sin que nos importe cómo reacciona la otra persona. Si además cambia en algún sentido, es un beneficio secundario. Un aspecto importante al establecer límites es permitir que los demás tengan sus propios límites, y respetarlos a la vez que mantienes los tuyos.

Cuando no se satisfacen o se vulneran activamente nuestras necesidades, no podemos señalar con el dedo a otra persona y decir: «Tienes que cambiar». Es mejor preguntarse: «¿Qué tengo que hacer para asegurarme de que se satisfagan mejor mis necesidades?».

TIPOS DE LÍMITES

Como los límites se aplican a una amplia gama de experiencias humanas —del cuerpo, de la mente y del alma—, es necesario que todos reflejen esta gama.

El primero es el *límite físico*. Los límites físicos imprecisos pueden provocar que te centres excesivamente en la imagen, que tu valía dependa de tu aspecto, de lo que tu cuerpo puede hacer o de cómo otros ven tu sexualidad. En el otro extremo puedes volverte casi incorpóreo, una mente que flota sin conexión con el cuerpo y totalmente desconectada de tus necesidades físicas. Si nuestros límites físicos son demasiado rígidos, podemos sentirnos abrumados por nuestro cuerpo, querer restringir o confinar nuestras sensaciones y reprimirnos negando nuestras necesidades y deseos sexuales.

Respetar los deseos y los requerimientos de tu cuerpo supone subrayar tu espacio personal y describir el nivel de contacto físico que prefieres. Puede incluir establecer límites sobre de lo que quieres o no hablar (si te sientes cómodo con los comentarios sobre tu cuerpo o tu sexualidad, por ejemplo). También puede incluir la consciencia y la realización de tus necesidades de cuidado personal, como la cantidad de horas que necesitas dormir, lo que comes y cómo mueves el cuerpo.

El segundo tipo es el *límite de los recursos*. Cuando somos demasiado libres con nuestros recursos, estamos siempre disponibles, como Susan con sus amigos. Los que establecen muy pocos límites en sus recursos son infinitamente generosos, lo que genera relaciones desiguales y agotadoras con amigos, pareja y familiares. Cuando siempre damos, suele ser porque creemos que cuanto más desinteresados seamos, más amor recibiremos, y que debemos regalar nuestro tiempo. Esto no refleja exactamente la realidad. El tiempo es uno de nuestros recursos más valiosos. Sin embargo, casi todas las personas a las que he conocido que tienen problemas con los límites de sus recursos no pueden decir que no cuando les piden que dediquen tiempo o energía a cosas que en realidad no les importan.

También está la otra cara de la moneda, los que establecen límites demasiado rígidos en sus recursos. Tener un límite estricto en cuanto al tiempo puede llevar a establecer un horario predeterminado a diario (ir al gimnasio a una hora concreta es un ejemplo frecuente), sea cual sea la situación externa o su estado interno. Incluso ante una emergencia familiar, los que establecen límites rígidos en sus recursos realizarán la actividad que tenían programada por terribles que sean las circunstancias a su alrededor. Yo solía proyectar con esta rigidez. Incluso planificaba minuciosamente cuándo veía la televisión. En última instancia, la falta de flexibilidad en el empleo de nuestros recursos puede ser limitante y no satisface las diversas necesidades de nuestro auténtico yo.

Luego está el *límite mental/emocional*, que suele traspasarse en familias con problemas de embrollo emocional. Cuando tenemos límites mentales y emocionales imprecisos, solemos sentirnos responsables del estado mental y emocional de los que nos rodean, y tenemos la necesidad de «salvar» a los demás o de procurar que sean felices. Es imposible hacer siempre feliz a otra persona, así que esta ausencia de límites suele ser perjudicial para nuestros recursos y resulta agotadora. Satisfacer siempre las necesidades de los demás es un objetivo inalcanzable y, en última instancia, provoca que descuidemos las nuestras.

En una familia con embrollo emocional también desarrollamos límites mentales y emocionales imprecisos, que resultan en una tendencia a asumir lo que piensa el grupo. Esto sucede cuando se produce una conceptualización grupal de nuestros pensamientos y creencias, que es especialmente destacada en hogares religiosos, donde se da por supuesto que todo el mundo seguirá las mismas prácticas y creencias. El mensaje, tanto directo como indirecto, que reciben los miembros de la familia es de conformidad y de miedo al ostracismo si desobedecen.

En aquellos de nosotros que tenemos límites mentales y emocionales demasiado rígidos suele producirse una absoluta falta de interés por el punto de vista de cualquier otra persona. Si somos obstinados e inflexibles con nuestras creencias o emociones, nos separamos de quienes nos rodean e imposibilitamos la verdadera conexión. Si mantenemos la guardia siempre en alto, no dejamos espacio para que las mentes y las almas se encuentren. Nos convertimos en una isla. Debo añadir que esta rigidez extrema es poco frecuente, pero en menor medida se ve en pequeñas acciones, como cuando insistimos en obtener la mitad de algo aun cuando en realidad ese algo no nos interesa en absoluto.

Los límites mentales y emocionales nos permiten separarnos de nuestro mundo emocional, al tiempo que permitimos que los demás tengan su mundo emocional aparte. Si establecemos límites, podemos acceder más fácilmente a nuestra voz intuitiva y regular nuestros estados emocionales. En este lugar de seguridad emocional nos sentimos más cómodos com partiendo nuestros pensamientos, opiniones y creencias con los demás. No nos sentimos obligados a complacerlos ni a estar siempre de acuerdo con ellos.

DESCARGA EMOCIONAL Y COMPARTIR EN EXCESO

Compartir demasiado emocionalmente es un problema que surge muchas veces en mi comunidad de SelfHealers. A muchos no se nos permitió guardarnos cosas, especialmente si teníamos figuras parentales entrometidas que compartían en exceso, exigían todo tipo de explicaciones o nos daban una abrumadora cantidad de información inadecuada en nuestra etapa de desarrollo. Escucho muchas historias de «gran amistad» en dinámicas madre-hija que empezaron compartiendo información inapropiada a una edad demasiado temprana. Olivia, una SelfHealer que lucha contra la compulsión de compartir demasiado, dice que esta dinámica con su madre empezó cuando solo tenía seis años y su madre le contó que había mandado a un amigo a sacar a su padre de un club de estriptis. Era demasiada información muy pronto. La falta de límites de su madre dio forma al modo en que ella utilizaba los límites con los demás, y observó que solía descubrirse compartiendo demasiado en momentos de estrés o incomodidad. Se describió a sí misma como una persona que hablaba y hablaba si sentía la menor incomodidad con la otra persona. Era una reacción automática, y a veces decía cosas que después lamentaba.

Poner límites alrededor de nuestro mundo interno nos beneficia. Permitimos momentos de tranquilidad en las conversaciones sin correr a llenar el silencio con nuestro flujo de consciencia. Hay cosas que podemos mantener en privado. Cuando establecemos los límites adecuados, podemos elegir cuándo y a quién dirigimos nuestra energía emocional. Elegir es fundamental; es entender que tus pensamientos, sentimientos y creencias son tuyos y que puedes decidir si quieres compartirlos con todos o con nadie.

Otro resultado frecuente de la falta de límites mentales, emocionales y de los recursos es la descarga emocional: volcar tus problemas emocionales en otra persona sin ser empático con su estado emocional. Estoy segura de que puedes pensar en al menos una persona en tu vida que lo hace (quizá tú). Algunas personas lo llaman «desahogarse», pero esa no es la palabra exacta. Desahogarse tiene connotaciones positivas; gira en torno a un tema concreto, ayuda a liberar el estrés y a menudo se orienta hacia un resultado productivo. La descarga emocional, por el contrario, implica airear pensamientos negativos, circulares y obsesivos. Las personas propensas a la descarga emocional suelen quedar atrapadas en el bucle de la adicción emocional; su intenso estado refuerza este comportamiento, aunque no lo refuercen quienes los rodean. Es un instinto humano, a menudo emocionalmente útil, compartir con otras personas y dirigirse a ellas en busca de ayuda y orientación. La descarga emocional no tiene que ver con pedir ayuda; es una estrategia de afrontamiento repetitiva y obsesiva que no deja espacio para las necesidades de nadie más, y mucho menos para que nos orienten. La descarga emocional es una habilidad de afrontamiento que surge de la ausencia de límites por ambas partes; el que se descarga emocionalmente tiene límites mentales y emocionales imprecisos, y los receptores (si se encuentran en esta situación con frecuencia) tampoco tienen los suficientes para ponerle fin.

A veces las personas se descargan emocionalmente en un intento de escapar de una emoción que no creen que puedan soportar solas. Sin embargo, descargar la energía emocional negativa en otra persona puede ser perjudicial. En ocasiones, esta descarga emocional puede parecer un castigo, como cuando alguien explica constantemente fatalidades, incluso cuando le llegan buenas noticias de otra persona o le cuentas a un amigo que te han ascendido en el trabajo o que te has ido de vacaciones, e inmediatamente vuelve a dirigir la conversación hacia sus problemas en casa o incluso a tus problemas con tu pareja. Aunque puede parecer agresivo y hasta convertirse en un arma, no es necesariamente intencionado. A menudo los que se descargan emocionalmente solo se sienten cómodos, o en homeostasis conocidas, cuando comentan temas que les permiten deprimirse. Cuando se enfrentan a cosas positivas que no conocen, vuelven a dirigir la conversación al punto de partida angustioso con el que todo su sistema está familiarizado.

La necesidad de descarga emocional no tiene por qué ser unilateral. Una relación puede basarse en la descarga emocional como principal forma de conexión. Un ejemplo de descarga emocional mutua es cuando una relación gira alrededor de un conflicto central compartido. Dos personas podrían unirse porque han tenido divorcios amargos y compartir con todo detalle cosas horribles sobre sus parejas, aunque sus matrimonios acabaran hace años. Ambas están atrapadas en un ciclo emocionalmente adictivo de activación autónoma.

Cómo establecer límites

El primer paso para utilizar los límites es definirlos, observar tu vida y descubrir dónde te faltan. Si no los tienes, puede ser difícil decidir dónde colocarlos. Es normal. Mira a las personas y los acontecimientos de tu vida. ¿Cómo te sientes cuando piensas en ir a comer con una amiga de la universidad? ¿Se te oprime el pecho? ¿Sientes animadversión? ¿Qué tal durante el encuentro? ¿Te sientes expansivo, desahogado y nutrido, o agotado, constreñido y limitado? ¿Qué tal después? ¿Quieres volver a verla pronto o te preguntas cómo evitarla la próxima vez que te llame?

Los límites nos mantienen conectados con nuestra voz intuitiva. (La opresión en el pecho es una gran pista.) Es importante sintonizar con cómo te sientes cuando estableces límites. Recuerda que no estamos en mente pensante cuando somos testigos de cómo nos sentimos; observamos cómo nuestro cuerpo registra algo o a alguien.

En cuanto empieces a fijarte en tus sensaciones corporales, evalúa dónde te faltan límites. ¿Que debes cambiar para sentirte seguro en tus relaciones? Esta evaluación es para ti. Si vienes de patrones de embrollo emocional, tenderás a imaginar el efecto en la otra persona («¿Cómo se sentirá Janet si cancelo nuestros planes?»). El objetivo es recuperar tu valor y preguntarte qué hará que te sientas más feliz, seguro y cómodo. Dedica unos días a observar tus relaciones, e identifica y anota los límites que los demás traspasan con más frecuencia. Esto te dará una hoja de ruta de por dónde empezar a establecer límites.

Aquí tienes varios ejemplos de tipos de límites que se pueden traspasar:

Físicos: Tu madre bromea sobre el peso de otras mujeres.

Cambio necesario: Quieres que deje de hacerlo.

Mentales y emocionales: Una amiga suele descargarse emocionalmente respecto de su exnovio.

Cambio necesario: Quieres una relación más recíproca.

De recursos: Un compañero de trabajo insiste en comer contigo cada día.

Cambio necesario: Quieres pasar un rato a solas.

Ahora que has localizado los ámbitos en los que sería útil establecer límites y lo que te gustaría conseguir con ellos, ha llegado el momento de determinar cómo empezar a utilizarlos. Obviamente, el modo de proceder dependerá de lo que esperes conseguir, y el primer paso es comunicar tu límite. Cuando lo expresas con claridad, te preparas (y preparas tu relación) para que el cambio tenga éxito.

Establecer una intención te proporciona el espacio y la oportunidad de identificar tu «por qué»: «Hago esto por X o por Y, por ejemplo, porque quiero que la relación sobreviva, porque me importa nuestra amistad». Aunque no es necesario decírselo a la otra persona, es útil que lo tengas totalmente claro. Si quieres contar tu «por qué» a la otra persona, podría ser algo así: «Me importas de verdad y voy a tener que hacer algunos cambios en nuestra forma de comunicarnos».

Cuando establezcas el límite, es útil emplear un lenguaje lo más objetivo posible. Céntrate en los hechos. «Si me llaman por teléfono en plena noche, cuando estoy durmiendo, no contestaré.» Es mejor evitar aludir a la otra persona, ya que eso puede provocar que su ego se ponga a la defensiva. Intenta mostrarte seguro y respetuoso, por difícil que te resulte. Recuerda que no estás haciendo nada malo. Estás respetándote a ti y tu relación. Para ayudarte a empezar, he incluido un ejemplo de plantilla para establecer límites, que puedes adaptar a tus necesidades:

> «Estoy haciendo algunos cambios para [*inserta tu intención para el nuevo límite*] y espero que entiendas que es importante para mí. Imagino [*inserta lo que entiendes de su comportamiento*]. Cuando tú [*inserta el comportamiento problemático*], suelo sentirme [*inserta tu sentimiento*], y entiendo que es algo de lo que seguramente no eres consciente. En adelante, [*inserta lo que te gustaría o no que volviera a suceder*]. Si [*inserta el comportamiento problemático original*] vuelve a producirse, yo [*inserta cómo responderás para satisfacer tus necesidades*]».

Ten en cuenta que elegir el momento adecuado es clave. Es útil comunicar un límite cuando ambas partes estén lo más asentadas posible emocionalmente. Al activarnos, no estamos en condiciones de recibir nada desafiante. (Recuerda que incluso los músculos del oído medio se cierran cuando se activa el nervio vago.) En la medida en que puedas, intenta encontrar un momento lo más neutro posible emocionalmente para hablar de tu nuevo límite.

Cuando empieces a pensar en crear nuevos límites es útil que te centres en cómo vas a responder en adelante en lugar de obsesionarte por cómo se sentirá la otra persona. Muchos límites se eliminan incluso antes de expresarlos. Empezamos a imaginar cómo harán daño a otras personas o a nosotros mismos. Nos mortificamos. Nos decimos que somos ingratos o egoístas, y nos sentimos mal. Si no hacemos el trabajo holístico de antemano —reequilibrar nuestro sistema nervioso desregulado, reconocer las heridas de nuestro niño interior y comprender nuestros patrones de vinculación traumática—, ese sentirse mal puede evitar fácilmente que tomemos medidas que a la larga ayudarían a mantener y fortalecer nuestros vínculos.

A veces no es realista mantener una conversación activa sobre el límite, y puedes comunicarlo sin mantener una conversación para advertir de ello (esto es especialmente pertinente en relaciones que no son tan íntimas, como comer con un compañero de trabajo). Aquí tienes algunas indicaciones para establecer un límite con una simple frase:

«Ojalá pudiera, pero no es un buen momento.»

«No me siento cómodo.»

«No me es posible.»

«Oh, gracias por la oferta/invitación, pero ahora mismo no puedo.»

«Ya te diré algo.»

En mi caso, establecer límites empezó en el ámbito profesional. Me sentía más segura diciendo que no por email a un desconocido que a mi pareja o mis familiares. Empecé a establecer límites de tiempo respecto de la cantidad de energía emocional que dedicaría a determinadas actividades (como echar un vistazo a las redes sociales) o a personas concretas.

Si estás empezando a establecer límites, te sugiero que elijas un tema menor. Practica con cuestiones periféricas o con problemas emocionales que producen menos tensión, como comer con un compañero de trabajo. Son lugares idóneos para empezar a practicar el establecimiento de límites. Como las relaciones más triviales no tienen tanta historia ni bagaje, son perfectas para ejercitarte y acostumbrarte a decir que no. Cuanto más practiques, mejor lo harás. Con el tiempo aprenderás que establecer límites produce uno de estos dos resultados: la otra persona se ofende o no. Imagina el peor escenario. ¿Es realmente tan malo? A menudo no, créeme.

La incomodidad a la que nos enfrentamos al establecer límites nos ahorrará años de enfados y resentimiento. La relación que surge después de haber establecido un límite puede no parecerse en nada a la anterior, y será más fuerte, más sincera y, a la larga, más sostenible. Los límites son básicos para toda relación sana. Piensa en ellos como un acto de servicio.

El tercer paso puede parecer sencillo, aunque a menudo es el más difícil: mantén tu nuevo límite. Una vez establecido, es importante que sigas presente y tranquilo, que resistas el impulso de defenderte o de dar excesivas explicaciones, sea cual sea la reacción que recibas por parte de la otra persona. Puedes estresarte como resultado de la reacción de alguien o de una unidad mayor (tu familia, trabajo, etc.). Es muy importante que, una vez que establezcas un límite, lo mantengas.

Al empezar a cambiar el modo en que nos mostramos en la relaciones, es útil recordar que, cuanto más larga haya sido la relación, más expectativas se habrán establecido y solidificado. Puede ser útil aceptar el hecho de que las esperanzas que la otra persona pone en ti se verán interrumpidas, a veces de forma abrupta (desde su perspectiva). Además, el receptor de un nuevo límite, especialmente si tiene heridas de abandono, probablemente reaccionará poniéndose a la defensiva o incluso de un modo ofensivo.

Gran parte de este mantener el límite implica acallar una voz interior (ese sentirse mal) que se nos acerca sigilosamente y nos dice que «No tengo derecho a establecer límites. Estoy comportándome de un modo egoísta, grosero o malo». Cuando estableces tu límite y lo mantienes, pueden responderte con confusión, resistencia, comentarios sarcásticos («Has cambiado» es muy frecuente) o incluso rabia. Al mismo tiempo, es probable que sientas miedo, que dudes y que tu impulso sea volver a lo habitual (ese molesto impulso homeostático en acción). En cuanto decidas empezar a respetarte y a sentirte un poco más seguro, no mires atrás. No hay vuelta a los viejos patrones si de verdad necesitas y quieres cambiar. Si pones un límite y lo retiras cuando alguien se asusta, lo único que consigues es reforzar la capacidad de esa persona de traspasar tus límites con su comportamiento. Es un clásico refuerzo negativo: seguirá con ese comportamiento cada vez que encuentre oposición en vuestra relación. «Si grito lo suficiente, todo volverá a la normalidad.»

Expectativas y compasión

La madre que espera que escuches sus chismes, la compañera que espera que comas con ella cada día, la amiga que quiere que respondas al teléfono cuando tiene que descargarse emocionalmente..., todas estas personas seguramente se sentirán decepcionadas, se disgustarán o se enfadarán si sus expectativas (y lo que creen que son sus necesidades) no se cumplen. No pasa nada.

En lugar de expectativas, les estás ofreciendo la posibilidad de elegir. Pueden optar por seguir con ese comportamiento y enfrentarse a un límite (a menudo prescindir de tu presencia y tu apoyo), o respetar tu límite y continuar su relación contigo de otra manera. Es lo que te empodera cuando estableces límites: también les ofreces que elijan.

Recuerda que las expectativas van en ambos sentidos. A menudo el trabajo interno sobre los límites implica navegar por nuestras expectativas y reconocer lo que algunas personas pueden o no hacer. Es importante aceptar que la mayoría de las personas no cambiarán, al menos no de inmediato, y es posible que algunas nunca lo hagan. A veces puede ser útil utilizar tus experiencias pasadas para formar tus expectativas respecto a la respuesta de otra persona a un límite. Si tu madre ha sido entrometida desde siempre, y no se ha arrepentido, puedes optar por cierto nivel de compromiso, porque es probable que siga haciendo lo de siempre. En este caso, te puede ser útil determinar tus límites absolutos y utilizarlos como ámbitos en los que no harás concesiones. También te servirá cambiar tus expectativas de que otras personas cambien totalmente y volverte más flexible en respuesta a sus limitaciones, capacidades y nivel de consciencia. Si en una circunstancia determinada no podemos serlo, cabe que tengamos que apartarnos de esa interacción o relación, lo que significa establecer el límite más extremo: interrumpir el contacto.

A medida que empezamos a utilizar las herramientas de SelfHealing y adquirimos mayor comprensión de los patrones que repetimos, también empezamos a ver a los demás con perspectiva. Al hacerlo, a menudo descubrimos que en nuestras relaciones surge la compasión hacia otras personas, incluso hacia aquellas con las que quizá hayamos decidido interrumpir el contacto. Volveré al ejemplo anterior de la madre que suele hacer bromas de mal gusto sobre el peso de otras mujeres. La compañera de SelfHealers Zoe, cuya madre lo hace, creyó durante mucho tiempo que tenía que cortarlo, ya que muchas veces había tenido problemas de peso. Después de empezar su viaje hacia la sanación, dio un paso atrás cuando le pregunté: «¿Qué tienen las mujeres gordas que hacen que tu madre sea tan reactiva?».

A Zoe le brillaron los ojos. «La mujer por la que la dejó mi padre es más gorda.» Hizo una pausa. «Mi madre tiene una herida fundamental de abandono que se activó con las infidelidades de mi padre. Pero en realidad la herida es el abandono que sintió de niña cuando su padre murió de repente.»

¡Ajá! De pronto aquellas bromas no iban dirigidas a su hija; eran las expresiones de una niña profundamente herida lidiando con la pérdida de una figura parental. Aunque Zoe seguía negándose a participar en los comentarios de su madre (estableció un límite y zanjaba la conversación en cuanto esta empezaba a hablar del peso), ahora sentía compasión por su madre y amor por la niña interior que se sentía tan poco querida y con tan poco valor que necesitaba menospreciar a otras personas para sentirse mejor consigo misma. Cuando entendemos las limitaciones de los demás, cuando vemos dolor y miedo donde antes veíamos crueldad, el efecto es curativo.

EL ÚLTIMO LÍMITE

El trabajo sobre los límites entró en mi vida de forma orgánica. No decidí «Ahora que he trabajado sobre mi cuerpo y mi mente, ha llegado el momento de trabajar sobre las personas». Por el contrario, al empezar a analizar mi yo pasado y mi yo presente, fue evidente mi necesidad de autoprotección.

Empecé el proceso en la periferia, observando mis experiencias internas con mis amigos y compañeros. «La verdad es que nunca me emociono cuando esta persona me manda un mensaje.» O «Me siento agotada después de comer con esta persona». Empecé a pasar cada vez menos tiempo con varias de estas relaciones. Observé el efecto de mi falta de límites en los demás. A una amiga con la que solía descargarme emocionalmente, le comía la cabeza sobre el último drama o problema de mi vida. Esta incómoda consciencia me golpeó en la cara: no sabía tanto de ella como ella de mí. No me sentí bien al verme como realmente era, pero fue fundamental para salvar nuestra relación. Hoy seguimos siendo amigas, ya que he trabajado activamente para cambiar nuestra dinámica interpersonal.

Mi viaje por los límites al final me llevó a mi unidad familiar. Tardé un tiempo en estar lista para preguntarme: «¿Puedo crear una estructura de relación sana con mi familia?». Empezó con la alimentación. En una gran familia italiana, las comidas son la principal fuente de unión y expresión de amor. Te sientes culpable si no repites y te miran mal si rechazas la comida cuando estás cuidando lo que te metes en el cuerpo. Desde el momento en que Lolly y yo empezamos a cambiar drásticamente nuestra alimentación, decidí establecer un nuevo límite para mí respecto a la comida y a mi familia: no comería nada que no quisiera. Si insistían me mantendría firme. No esperaría que nadie cambiara sus costumbres ni hiciera platos especiales para mí, y respetaría mi decisión.

Después empecé a trabajar los límites temporales utilizando técnicas similares extraídas de mi vida profesional. Organicé mi tiempo durante las vacaciones: «Pasaré dos horas con mi familia en Nochebuena y no iré a la cena de Navidad». Cuando mis padres me llamaron para invitarme, hice un esfuerzo consciente para tomarme un minuto o dos antes de devolverles la llamada.

Inevitablemente, llegaron los mensajes y las llamadas: «¿Estás bien? ¿Estás bien?».

«Estoy bien —contestaba—. Solo necesito algo de espacio.»

Un par de días después empezaron de nuevo las llamadas y los mensajes. Como respuesta, establecí el límite de que no devolvería las llamadas ni contestaría los mensajes hasta que quisiera hacerlo activamente. Empecé a separarme del embrollo emocional de mi familia otorgando validez a mi realidad. Yo podía tener mis deseos y necesidades, y no tenían por qué coincidir con los suyos.

Luego negocié un límite con mi hermana; fue más difícil,

porque con ella tengo una relación más cercana. Nuestro límite tenía que ver con nuestras interacciones, que giraban en torno a mi madre: la medicación, las visitas al médico y su salud mental. Primero decidí limitar mi disponibilidad para acompañarla al médico. Después establecí un límite en cuanto al teléfono: no más charlas de una hora sobre nuestra madre. Ninguno de estos pasos fue fácil. Transmitirle este nuevo (e inesperado) mensaje de «no» sacudió a mi niña interior, cuyos patrones y condicionamientos emocionalmente embrollados están tan unidos a mi identidad. Las voces dentro de mi cabeza me daban todo tipo de razones para dejar correr ese límite: «Eres una mala hija/hermana/tía». Sabía que estaba trabajando para preservar nuestra relación y que, si no intervenía, las cosas se quedarían exactamente como estaban.

En aquel momento mi familia no veía la necesidad de cambiar nada en absoluto. Me dijeron que era egoísta. Mi hermana gritó: «¡No puedes hacerme esto!». Mi madre me hizo sentir culpable y mi padre me riñó. Cuando le conté a mi hermana que siempre me había sentido emocionalmente distanciada de mi madre, ella compartió mis reflexiones con el resto de la familia, lo que rompió el vínculo de confianza y conexión entre nosotras. Dejé de contarle nada.

Cada vez era más difícil seguir con mi sanación y mantener la relación con mi familia al mismo tiempo. Empecé a preguntarme: «¿Cuál es el coste de gestionar estas relaciones para mi sanación?». Al final llegué a la conclusión de que el coste era demasiado alto. Estaba sin energía, insatisfecha y resentida. Decidí establecer el límite final: la separación total. Tomé esta decisión por mi niña interior, para mostrarle que podía tomarme tiempo y espacio, además de decisiones que fueran buenas para mí, incluso «en detrimento» de otros. Por primera vez en mi vida me mostré de verdad a mí misma mientras aprendía cómo manifestarme también ante los demás.

Este límite —que surgió tras una deliberación enormemente dolorosa— reorientó mi vida. Me empujaría a encontrar mi propio entorno y un nuevo tipo de familia, y también me pondría en el camino para hallar lo que buscaba, mi verdadero camino espiritual en la vida.

SÁNATE: CREA UN NUEVO LÍMITE

Paso 1. Define el límite. Echa un vistazo a la siguiente lista de tipos de límites disponibles en todas tus relaciones. Dedica un tiempo a observarte en las diferentes relaciones. Por ejemplo, muchos tenemos amigos, familiares, compañeros de trabajo o parejas con las que interactuamos de forma habitual. Analizar tus patrones relacionales con ellos te ayudará a hacerte una idea de los límites (o de la carencia de ellos) que ves con mayor frecuencia en cada tipo de relación.

- **Límites físicos:**

   −La cantidad de espacio personal, contacto físico, etc., más cómoda para ti y el momento que prefieres para el contacto físico.

   −Tu comodidad ante comentarios sobre tu aspecto, tu sexualidad, etc.

−Tu comodidad al compartir tu espacio personal (piso, dormitorio, despacho, etc.) con otras personas (incluyendo amigos, pareja, compañeros de trabajo, etc.), compartir contraseñas digitales personales, etc.

• **Límites mentales y emocionales:**

−Tu comodidad al compartir tus pensamientos, opiniones y creencias con otras personas sin cambiarlos para que coincidan con los de tus interlocutores ni insistir en que los demás cambien los suyos para que coincidan con los tuyos.

−Tu capacidad de decidir qué pensamientos, opiniones y creencias compartes con otras personas sin sentir la necesidad de contar demasiado ni insistir en que los demás lo hagan.

• **Límites de recursos:**

−Tu capacidad de decidir a qué y cómo dedicas tu tiempo, evitando toda tendencia a complacer a los demás, etc., y permitiendo que los otros decidan lo mismo.

−Tu capacidad de negar tu responsabilidad por las emociones de otras personas, evitando la tendencia a arreglar las cosas y a hacer a los demás responsables de tus emociones.

−Tu capacidad de limitar la cantidad de tiempo que dedicas a escuchar los problemas de otra persona.

Tómate un tiempo para identificar los límites que te suelen traspasar los demás en cada uno de estos temas. ¿No estás seguro? No pasa nada. Muchas personas nunca se habían planteado los límites, de modo que les cuesta saber si los establecen. Si es tu caso, analiza tus límites (o la ausencia de ellos) en todos los ámbitos de tu vida. Puedes tender a establecer y mantener límites similares en la mayoría de tus relaciones, y a carecer totalmente de otros tipos. O quizá encuentres diferencias en los distintos tipos de relaciones. Quizá puedes establecer límites respecto del tiempo en el trabajo y con los amigos, pero no con tu pareja, o eres incapaz de decir que no cuando un familiar o tu pareja te piden tiempo o favores.

Será útil empezar a identificar los cambios que te gustaría ver respecto a este tema. Para ayudarte, puedes utilizar las siguientes indicaciones:

Mi yo físico se siente incómodo/inseguro cuando _____.

Para crear un espacio para que mi yo físico se sienta más cómodo/seguro, _____.

Ejemplos:

Mi yo físico se siente incómodo/inseguro cuando un compañero de trabajo (tío, amigo, etc.) bromea constantemente sobre mi aspecto.

Para crear un espacio para que mi yo físico se sienta más cómodo/seguro, no quiero seguir juntándome con personas que hacen este tipo de bromas.

Mi yo mental y emocional se siente incómodo/inseguro cuando _____.

Para crear un espacio para que mi yo mental y emocional se sienta más cómodo/seguro, _____.

Ejemplos:

Mi yo mental y emocional se siente incómodo/inseguro cuando un familiar (amigo, pareja, etc.) hace constantes comentarios negativos sobre mis nuevas decisiones respecto a mi salud.

Para crear un espacio para que mi yo mental y emocional se sienta más cómodo/seguro, no volverá a importarme que hablen, critiquen o defiendan mis decisiones personales respecto a mi salud.

Mis recursos se sienten incómodos/inseguros cuando _____
_____.

Para crear un espacio para que mis recursos se sientan más cómodos/seguros, _____.

Ejemplos:

Mis recursos se sienten incómodos/inseguros cuando mi amiga me llama a todas horas para descargarse emocionalmente sobre sus problemas de pareja.

Para crear un espacio para que mis recursos se sientan más cómodos/seguros, ya no puedo contestar llamadas a determinadas horas y elegiré activamente cuándo participar en su descarga emocional.

Paso 2. Establece el límite. Comunicar un nuevo límite exige práctica. Cuanto más claramente comuniques tus límites, mayor será la posibilidad de que el cambio tenga éxito.

Aquí tienes algunas frases útiles con las que puedes empezar a practicar para comunicar a los demás tu nuevo límite:

«Estoy haciendo algunos cambios para [*inserta tu intención para el nuevo límite*] y espero que entiendas que es importante para mí. Imagino [*inserta lo que entiendes de su comportamiento*]. Cuando tú [*inserta el comportamiento problemático*], suelo sentirme [*inserta tus sentimientos*], y entiendo que es algo de lo que seguramente no eres consciente. En adelante, [*inserta lo que te gustaría o no que volviera a suceder*]. Si [*inserta el comportamiento problemático original*] vuelve a producirse, yo [*inserta cómo responderás para satisfacer tus necesidades*]».

Ejemplos:

«Estoy haciendo algunos cambios para que podamos mantener nuestra relación, porque me importas y espero que entiendas que es importante para mí. Imagino que puedes sentirte incómodo con mis nuevas decisiones respecto a la comida. Cuando haces comentarios sobre lo que como o dejo de comer, suelo sentirme incómoda, y entiendo que es algo de lo que seguramente no eres consciente. En adelante, me gustaría evitar que habláramos de comida o de mis decisiones respecto a ella. Si tus comentarios sobre mis decisiones sobre la comida vuelven a producirse, me retiraré de la conversación o de la actividad que estemos realizando».

«Estoy haciendo algunos cambios para que podamos mantener nuestra relación, porque me importas y espero que entiendas que es importante para mí. Imagino que puedes no ser feliz en tu relación de pareja y que quieres que te escuche. Cuando me llamas constantemente para hablarme de ella, me agoto emocionalmente, y entiendo que es algo de lo que seguramente no eres consciente. En adelante, es posible que no siempre esté disponible cuando sientas que necesitas desahogarte. Si vuelves a llamarme cada vez que tengas un problema en tu relación, no siempre podré apoyarte en ese momento.»

Utiliza estas indicaciones rellenando los espacios en blanco con los detalles adecuados al límite que deseas establecer. Al principio puede parecerte que este nuevo lenguaje es extraño. Normal. Recuerda que, dada nuestra mente subconsciente, casi todos estamos incómodos con las cosas que no conocemos. La práctica te ayudará a sentirte cada vez más cómodo con este nuevo estilo de comunicación. Esta práctica puede implicar que ensayes estos guiones solo, lo que te ayudará a adquirir seguridad en ti mismo antes de comunicarlos a los demás.

«Estoy haciendo algunos cambios para [_____] y espero que entiendas que es importante para mí. Imagino [_____]. Cuando tú [_____], suelo sentirme [_____], y entiendo que es algo de lo que seguramente no eres consciente. En adelante, [_____]. Si [_____] vuelve a producirse, yo [_____].»

CONSEJOS

- El momento es importante. La comunicación es mejor cuando ninguna de las partes está emocionalmente reactiva. Comunicar un nuevo límite en medio de un conflicto no es útil. Busca un momento emocionalmente neutro. No olvides las respiraciones profundas desde el estómago que has aprendido en el capítulo 5; pueden calmar las reacciones del sistema nervioso que puedes estar experimentando y ayudarán a devolver la tranquilidad a tu cuerpo.

- Al comunicarte, intenta centrarte en que en adelante empezarás a responder de manera diferente en lugar de centrarte en la reacción o el cambio de la otra persona.

- Comunícate en un tono lo más seguro, firme y respetuoso posible. Al principio quizá te cueste, porque es nuevo (y aterrador para casi todos nosotros). La práctica lo hará cada vez más fácil.

- Es fundamental que lo planifiques con antelación y que practiques. Empieza por comunicar nuevos límites en relaciones en las que te juegues poco. Te ayudará a coger experiencia para interacciones más difíciles.

- Si corresponde, mantente abierto a llegar a acuerdos. Recuerda que también quieres respetar los límites de los demás, así que valora la posibilidad de modificar tu petición inicial. Debes saber lo que para ti es negociable y lo que no. Por ejemplo, podrías estar dispuesto a utilizar tus recursos para apoyar emocionalmente a alguien, y no estar dispuesto a llegar a acuerdos respecto de tus límites físicos; y no pasa nada.

Paso 3. Mantén el límite. En cuanto comuniques el nuevo límite, es muy importante que lo mantengas. Esto significa no volver a tus viejos patrones. Para muchos esto es lo más difícil, porque no estamos seguros de tener derecho a establecer límites. Podemos pensar que es egoísta, grosero o malo, y sentirnos mal por la reacción de la otra persona. Para la gente con heridas de apego por abandono (y muchos las tenemos), tu explicación del nuevo límite puede abrir esas heridas. Pueden sentirse dañados y arremeter contra ti. Quizá experimentes reactividad emocional, confusión, rechazo o comentarios sarcásticos de otras personas («Has cambiado. ¿Te crees moralmente mejor que nadie?»). O puedes sentirte mal (vergüenza, culpabilidad o egoísmo) y notar el fuerte impulso de volver a tus viejos patrones. Recuerda que es una parte normal del cambio.

Crear límites es una de las tareas más difíciles que encontrarás en tu viaje hacia la sanación. Probablemente también es uno de los pasos más importantes para recuperar la conexión con tus verdaderos deseos y necesidades respetando los de tus seres queridos. De eso se trata, de crear espacio para que puedan vernos y escucharnos, y para tener la posibilidad de expresarnos de verdad.

11

Reeducación

Pese a lo que suele creerse, a menudo los despertares no son instantáneos. Las leyendas (y Hollywood) recurren a los destellos reveladores, pero no es lo que suele suceder en la vida real. Aunque podemos tener un momento revelador que nos golpee como un rayo, la mayoría de los despertares surgen de una acumulación de percepciones a lo largo del tiempo.

El psicólogo Steve Taylor estudia el fenómeno que él denomina «despertares».[76] Puedes llamarlos *flashes*, revelaciones o como prefieras. Después de que su despertar espiritual provocara su interés en la investigación, descubrió que, en general, estas experiencias constan de tres elementos: suelen surgir de un estado de confusión interna, habitualmente se producen en un entorno natural y por lo general nos conectamos con algún tipo de práctica espiritual (en el sentido más amplio de la palabra). Los despertares nos abren a la realidad de que somos algo más que simples creaciones de carne, de que tenemos alma o espíritu y de que deseamos conectar con algo más grande que nuestro yo individual. Los despertares nos muestran que no somos necesariamente quienes pensamos que somos.

A menudo obtenemos estas percepciones a través del sufrimiento, al pasar por la confusión y el dolor en nuestro camino para llegar a ser conscientes. El despertar es un renacimiento del yo que implica destruir partes de quien eras cuando vivías en estado inconsciente y con piloto automático. Aunque hayamos preparado el cuerpo adecuadamente, la sacudida de abrir los ojos a un mundo nuevo es dolorosa. Ser consciente en un mundo inconsciente es muy incómodo. Es revelador que los escáneres cerebrales hayan mostrado que, durante los despertares espirituales y después de ellos, se iluminan las mismas vías neuronales que están activas en la depresión, lo que los investigadores han llamado «las dos caras de la misma moneda».[77] La diferencia fundamental es que las personas que participan a menudo en prácticas espirituales activan e incluso amplían el tamaño de la corteza prefrontal —la sede de la mente consciente—, mientras que los que tienen problemas de depresión y pensamientos negativos reducen la actividad en esta misma zona.

Mi despertar se desarrolló por fases. Se produjo en una época de enorme estrés físico y emocional, cuando mi cuerpo, mi mente y mi alma estaban desequilibrados. Fue una crisis del yo. La vida empezaba a parecerme intolerable, y problemas antiguos y nuevos se agravaban a mi alrededor, de modo que no me quedó más remedio que enfrentarme a los que se me habían escapado tanto de las manos que se convirtieron en mi normalidad. Es muy probable que si en aquel momento hubiera buscado ayuda externa, quizá me hubieran diagnosticado depresión o ansiedad, como había sucedido en el pasado. Pero intuitivamente me dirigí hacia mi interior, al trabajo personal que me mostró lo desconectada que había estado. Por primera vez en mi vida empecé a ver estos signos como mensajeros, no como algo que reprimir o evitar.

Recuerdo que antes de cumplir los treinta años, cuando aún no me había embarcado en el viaje de SelfHealing, me quejé a una amiga de que sentía que tiraban de mí en dos direcciones distintas —la que entonces era mi mujer, y mi familia— sobre dónde iba a pasar las vacaciones. Mi amiga me miró y me preguntó inocentemente: «Bueno, ¿y qué quieres tú?».

Casi me caigo de la silla. No tenía ni idea de lo que quería.

Años después, durante el autoimpuesto periodo de aislamiento tras haber cortado la relación con mi familia, haberme alejado de las personas y los lugares que sentía que ya no me servían, estar menos disponible para los demás en general, la sensación de desconexión volvió a perseguirme, aunque esta vez no procedía de mi vieja costumbre de disociarme. Sentía que había abandonado a casi todas las personas que conocía del pasado e imaginaba que seguramente algunas me odiaban por ello. Estaba sola, terriblemente sola. Pensaba: «¿Encontraré alguna vez a los míos?».

En aquel momento no lo sabía, pero estaba en medio de una transformación espiritual. ¡Una transformación espiritual! Estas palabras procedían del cerebro de una psicóloga obsesionada por los datos que se consideraba como mínimo agnóstica. Mi dios era la ciencia. Evitaba la idea de la espiritualidad. Sencillamente, no formaba parte de mis intereses en aquel momento.

Antes de conectar totalmente con otras personas debía entender mis necesidades emocionales, físicas y espirituales, y, por primera vez en mi vida, trabajar para encontrarlas. Es un proceso doloroso: mudar la piel vieja y ser consciente de ti mismo como nunca antes lo has sido. Tienes que verte para quererte, y quererte para darte lo que no has podido conseguir de los demás.

INTRODUCCIÓN A LA REEDUCACIÓN

El desarrollo saludable de los niños depende de que se satisfagan sus necesidades intrínsecas. Cuando somos dependientes, confiamos en que nuestras figuras parentales y la unidad familiar en general cubran nuestras necesidades físicas, emocionales y espirituales. Deseamos profundamente que nos vean y nos escuchen, y expresarnos de verdad (ser nosotros mismos). Cuando experimentamos que nuestras figuras parentales nos apoyan, aprendemos que es seguro expresar nuestras necesidades y dirigirnos a otras personas en busca de ayuda. La mayoría de las figuras parentales nunca aprendieron a satisfacer sus necesidades, y mucho menos las de otras personas, por lo que transmiten sus traumas no resueltos y sus estrategias de afrontamiento condicionadas. Ni siquiera las que tienen las mejores intenciones nos dan siempre algo que nos sirva. Satisfacer las diferentes necesidades personales todo el tiempo es casi imposible.

Dicho esto, si vivimos con una figura parental emocionalmente inmadura, seguramente nuestras necesidades quedaron a menudo insatisfechas o descartadas. La inmadurez emocional es el resultado de la falta de resiliencia emocional, que es la capacidad de procesar emociones, comunicar límites y reequilibrar nuestro sistema nervioso. Una figura parental inmadura puede montar pataletas, actuar de forma egoísta o ponerse a la defensiva, y a menudo toda la unidad familiar acaba girando alrededor de su estado de ánimo. Como escribió la psicoterapeuta Lindsay Gibson en uno de mis libros favoritos sobre este tema, *Hijos adultos de padres emocionalmente inmaduros. Cómo recuperarse del distanciamiento, del rechazo o de los padres autoinvolucrados*, entender el nivel (o la falta) de madurez emocional de tus figuras parentales «nos libera de la soledad emocional al darnos cuenta de que su negatividad no tenía que ver con nosotros, sino con ellos».[78]

He observado muchas veces los diversos resultados de vivir con figuras parentales emocionalmente inmaduras, quienes no pueden identificar sus necesidades, se traicionan a sí mismas para recibir amor y aprobación, y viven resentidas porque creen que los demás deberían saber lo que necesitan. Los hijos adultos de esas figuras parentales a menudo viven desde este espacio protegido y familiar de su ego (con todos sus relatos), y suelen tener gran necesidad de que les den la razón, rechazan las opiniones de los demás y hacen que se sientan tan pequeños e insignificantes como ellos. Otros crean avatares de sí mismos —siempre llevan una máscara— porque temen asustar a los demás si muestran su verdadero rostro. Algunos evitan todo tipo de intimidad y otros se aferran a ella desesperadamente. Las manifestaciones abarcan una amplia gama, pero la manera de sanar esas heridas es dándonos todo lo que no tuvimos en la infancia. El modo de avanzar es siendo conscientes de que podemos convertirnos en la figura parental sensata que no tuvimos de niños. Es un proceso llamado reeducación, y te permite reaprender a satisfacer las necesidades insatisfechas de tu niño interior a través de la acción diaria, dedicada y consciente.

En el ámbito psicodinámico han existido conceptos similares a la reeducación desde hace décadas. Han surgido del modelo de terapia convencional de que una relación segura con un terapeuta puede proporcionar la base para relaciones más saludables. El psicoanálisis se construye sobre este marco con el concepto de transferencia, o traspaso de sentimientos de nuestra infancia a un terapeuta, uno de los objetivos del proceso terapéutico. Aunque este apoyo puede ser muy útil —si tenemos los medios, el acceso y el privilegio de tenerlo, por supuesto—, nadie puede descubrir ni conocer tus deseos y necesidades, y cómo satisfacerlos, mejor que tú. Nadie más que tú puede, y debe, estar todos los días atendiendo esas necesidades cambiantes. Es un esfuerzo que debes hacer tú, y durante este proceso, sacando provecho de tu fuerza, crearás una conexión más profunda y auténtica con tu yo.

Es responsabilidad nuestra enseñarnos las herramientas necesarias para satisfacer nuestras necesidades. Cuando nos reeducamos, empezamos por aprender a identificar nuestras necesidades físicas, emocionales y espirituales, y después observamos la forma condicionada con la que hemos intentado satisfacerlas. A muchos puede parecernos que en la edad adulta encarnamos a la figura parental interior crítica y negamos nuestra realidad, rechazamos nuestras necesidades y elegimos lo que percibimos como necesidades de los que nos rodean. El sentimiento de culpa y la vergüenza sustituyen a nuestra voz intuitiva.

El proceso de reeducación es diferente en cada caso. Generalmente queremos acallar a nuestro crítico interior y abrazar el respeto por nosotros mismos y la compasión. Con la ayuda de la figura parental interior sensata, puedes aprender a validar tu realidad y tus sentimientos siendo testigo de ellos en lugar de juzgarlos de forma instintiva o ignorarlos. Tu figura parental interior sensata cultiva la aceptación y respeta las necesidades de tu niño interior: que te vean, que te escuchen y que te valoren por las partes verdaderas de ti mismo. Tú te conviertes en la prioridad.

Para desarrollar tu figura parental interior sensata tienes que aprender a confiar en ti (quizá por primera vez en tu vida). Puedes empezar a reconstruir la confianza perdida haciéndote pequeñas promesas de cuidarte a diario y cumpliéndolas. Será útil iniciar la costumbre de hablarte amablemente, como si te dirigieras a un niño que sufre. Podrías comenzar preguntándote cada día: «¿Qué puedo hacer para mí en este momento?». Cuanto más lo hagas, más se convertirá en una respuesta automática al mundo que te rodea que volverá a conectarte con tu intuición.

LOS CUATRO PILARES DE LA REEDUCACIÓN

A continuación describo los pilares para fundamentar el trabajo, aunque es útil saber que este proceso es diferente en cada persona y no sigue exactamente el mismo orden. Somos criaturas transitorias en constante cambio. Nuestras necesidades cambian y evolucionan a diario. Nuestras formas de abordar estas necesidades también deben evolucionar.

El *primer pilar* de la reeducación es la regulación emocional o la capacidad de navegar con éxito por nuestros estados emocionales. La regulación emocional es la capacidad de hacer frente al estrés de forma flexible, tolerante y adaptativa. Hemos trabajado en este paso a lo largo del libro, especialmente al comentar el papel del sistema nervioso. Las formas de regular nuestras emociones son prácticas que seguramente a estas alturas ya conoces: respiración profunda desde el estómago para regular la respuesta al estrés, presenciar sin juzgar los cambios en las sensaciones de nuestro cuerpo y observar patrones en nuestro ego basados en relatos conectados con esas activaciones emocionales. Todo el trabajo de base anterior te ha preparado para este proceso. Muchos de vosotros podéis llegar a la reeducación y daros cuenta de que os beneficiaría realizar el trabajo corporal regulatorio propuesto de forma más constante o profunda. Si te reconoces en este párrafo, te permito dejar el libro, dar un paso atrás y retroceder antes de continuar.

El *segundo pilar* es amar la disciplina. Este pilar implica crear límites con nosotros mismos que se mantengan en el tiempo. Se trata de hacernos pequeñas promesas y cumplirlas, y desarrollar rutinas y hábitos diarios. La disciplina es una parte importante del proceso de sanación, y cultivarla nos ayuda a superarnos. Muchos crecimos con percepciones de la disciplina basadas en la vergüenza. Suponía un castigo por haber sido «malos» y puede que nos sintiéramos juzgados o rechazados. Es la otra cara de la autotraición. Hemos decidido crear un nuevo hábito, y, al demostrarnos que merece la pena superarnos, creamos un sentido de fiabilidad y resiliencia internas. Esto infunde un profundo sentido de seguridad que afecta a otros aspectos de nuestra vida. Al amar la disciplina se cultiva la rutina con compasión y flexibilidad.

Tu promesa puede ser pequeña —como la de la SelfHealer Ally de beber un vaso de agua cada mañana— o grande, como aprender a decir que no a cosas que no te sirven en tu viaje. He visto muchos otros ejemplos útiles en la comunidad SelfHealer: utilizar hilo dental antes de acostarte, lavarte la cara cada noche o resolver un crucigrama al día. La clave es hacer algo todos los días, ser constante y confiar en que te superarás a ti mismo.

Muchas figuras parentales con las que he hablado dicen que ponen el despertador una hora antes de que sus hijos se despierten para empezar el día. Ponen el teléfono en modo avión y hacen algo para sí mismos antes de centrar su atención en las necesidades de los demás. Puede ser preparar el desayuno, dar un paseo, leer un libro, hacer ejercicio o relajarse. Como un SelfHealer escribió: «Nadie puede quitarte esta hora».

Quiero subrayar que este acto de disciplina diaria debe ser algo que te guste. Muchas personas han creado límites demasiado rígidos con respecto a lo que se permiten. La disciplina de estilo militar, que no deja espacio a la flexibilidad y a los inevitables errores, puede provocar patrones destructivos que no expresan los verdaderos deseos y necesidades de nuestro auténtico yo. Habrá días en los que queramos quedarnos en la cama, beber un poco de vino, disfrutar de un pastel o no lavarnos la cara. No pasa nada. Si hemos desarrollado seguridad en nosotros mismos, sabemos que podemos tomarnos un descanso y que el ritual seguirá ahí para que volvamos a él cuando lo decidamos. No nos desmoronaremos por tomarnos un día de descanso.

El *tercer pilar* va de la mano del amor a la disciplina: el cuidado de uno mismo. La expresión ha tenido mala reputación en los últimos tiempos, ya que se ha mercantilizado y utilizado como ejemplo de autocomplacencia. El verdadero cuidado de uno mismo —apoyar tus necesidades y valorarte— no tiene nada de complaciente, y es fundamental para la salud integral. El cuidado de uno mismo consiste en aprender a identificar y cuidar tus deseos y necesidades físicos y emocionales, especialmente los que te negaron en tu infancia.

Hay muchas formas de incorporar actos de autocuidado: meditar durante cinco minutos (o más), mover el cuerpo, llevar un diario, salir a la naturaleza, pasar tiempo solo, permitir que el sol nos bese la piel o conectar íntimamente con una persona querida. Creo que uno de los aspectos más importantes del cuidado de uno mismo es desarrollar una buena higiene del sueño; dormir bien nos hace más felices, cognitivamente más fuertes e incluso alarga la vida. Vete a la cama media hora antes. Apaga el teléfono dos horas antes de irte a dormir. Deja de beber cafeína después de la una del mediodía. Intenta una o todas estas cosas y verás que tu cuerpo y tu mente se sienten mejor.

El *cuarto pilar*, uno de nuestros objetivos principales, es redescubrir nuestro sentido del asombro infantil. Este estado se compone de una combinación de creatividad e imaginación, alegría y espontaneidad, y, por supuesto, de un carácter juguetón.

El psiquiatra Stuart Brown, autor de *Juega. La forma más efectiva de desarrollar el cerebro, enriquecer la imaginación y alegrar el alma*, dijo que el juego es una «necesidad pública» tras haber estudiado la ausencia del juego en la infancia de jóvenes que cometieron actos homicidas. Desde entonces ha estudiado el papel del juego en la vida de miles de personas y ha descubierto que no haber jugado contribuye a desarrollar depresión, enfermedades crónicas relacionadas con el estrés e incluso comportamientos delictivos. «La carencia de juegos debe tratarse como la desnutrición —escribió—. Es un riesgo para la salud del cuerpo y de la mente.»[79]

La realidad es que la mayoría crecimos en hogares en los que el asombro infantil no se valoraba o ni siquiera se toleraba, de modo que no se fomentaba la creatividad. ¿A cuántos nos dijeron que guardáramos los pinceles porque «los artistas no ganan dinero»? ¿Cuántos tuvimos figuras parentales que ignoraron o reprimieron sus iniciativas creativas en favor de actividades más prácticas? ¿A cuántos nos castigaron por jugar a cualquier cosa cuando se suponía que debíamos estar «trabajando»? No recuerdo a mi madre jugando conmigo cuando era niña. Ni una sola vez. Es triste para mí, por supuesto, y también para ella.

Como adultos, es muy importante que prioricemos las cosas que nos alegran por sí mismas, no porque con ellas obtengamos beneficios secundarios (dinero, éxito o admiración). Otra opción es recuperar nuestro sentido del asombro poniendo nuestra música favorita y bailando o cantando libremente. Otra opción es hacer algo improvisado, ser impulsivos y seguir nuestras pasiones. Podemos probar algo nuevo que siempre hemos querido hacer solo porque queremos y sin necesidad de perfeccionarlo: aprender a coser, estudiar un idioma o recibir clases de surf. Quizá tengas que ensuciarte las manos en el jardín con las plantas, elogiar la forma de vestir de un desconocido o retomar el contacto con viejos amigos. Todos estos ejemplos comparten un elemento fundamental: hacer algo por placer, no por una recompensa externa.

GESTIONAR LA SOLEDAD, LA DECEPCIÓN Y LA IRA

Reeducarse es un trabajo duro y constante. Es uno de los más profundos agentes del cambio, y exige tiempo y muchos reajustes, ya que nuestras necesidades cambian a diario; en realidad, en todo momento. Reeducarse es un ejercicio, un trabajo básicamente individual que nos obliga a identificar nuestras necesidades, que evolucionan sin cesar, y las estrategias de afrontamiento. Te lo advierto: puede haber efectos colaterales. He recibido emails de varios SelfHealers que han hablado de sus problemas con figuras parentales, familiares e incluso amigos, y estos se opusieron activamente a su decisión de embarcarse en el proceso de reeducación. Uno de los emails más sorprendentes fue el de la madre de una SelfHealer que me escribió para reñirme por «haberle lavado el cerebro» a su hija para que cortara el contacto con ella cuando empezó el proceso de reeducación. ¿Cómo voy a culparla por dirigir su ira fuera de la unidad familiar? Siempre había vivido con unos patrones condicionados que en ese momento su hija estaba cambiando. No solo era normal, sino que seguramente, además, le parecía más seguro culpar a un extraño que observar en qué medida los patrones transmitidos de generación en generación desempeñaron un papel importante en la decisión de su hija.

Nos enfrentaremos al juicio no solo de otras personas, sino también de nosotros mismos. La soledad es un tema que surge en todo el viaje hacia la sanación, pero sobre todo durante el proceso de reeducación. Reeducarnos nos obliga a entrar en estrecho contacto con nuestro verdadero yo, y si no tenemos un vínculo fuerte con él, puede resultar desconcertante. Podrías sentirte inseguro y más solo que antes de empezar. Enfrentarte a ti mismo tan abiertamente puede ser incluso irritante o contraproducente. No debes profundizar en el proceso de reeducación hasta que seas realmente consciente de ti mismo.

Muchos SelfHealers han constatado, mientras se reeducaban, que habían estado viviendo sin expresar la ira. Abrir los ojos a cómo nos decepcionaron, nos rechazaron o nos traumatizaron en el pasado puede despertar sentimientos latentes de ira y a veces incluso de rabia. Es posible que algunos queramos señalar con el dedo o culpar de nuestro sufrimiento a nuestras figuras parentales. Otros quizá quieran que sus figuras parentales corran a darles un beso para que todo se arregle, como esperaban que hicieran de niños. Como mínimo, muchos queremos que se reconozca nuestro dolor. Los que siempre pretenden solucionar los problemas suelen desear una solución concreta. De hecho, muchos SelfHealers se dirigen a sus figuras parentales y les exigen que los escuchen o que les pidan disculpas.

Algunos pueden estar dispuestos a mantener este tipo de diálogo. He hablado con muchos SelfHealers que han mejorado y profundizado su relación con sus figuras parentales tras mantener dolorosas y sinceras conversaciones con ellos. Si crees que es un paso útil para ti en tu viaje hacia la reeducación —para que te escuchen—, sigue adelante y hazlo. El objetivo principal de esta comunicación no será cambiar a la otra persona, sino expresar tu realidad. Mostrar cómo nos sentimos y cómo vemos el pasado tiene un profundo valor intrínseco. Si puedes encontrar este valor y eres capaz de aguantar y dejar espacio a cualquier reacción que pueda surgir, estás listo para participar en este diálogo. Si vas con la expectativa de que tus figuras parentales se disculpen, valoren tus sentimientos o afirmen tu experiencia, te sugeriría que aplazaras esta conversación hasta que aceptes la incertidumbre del resultado. La prioridad es tu sanación interior. A menudo, las figuras parentales no están tan abiertas a estas conversaciones como muchos esperaríamos. Y es normal. Nuestras figuras parentales se han pasado toda la vida en un estado condicionado. Las décadas de conducta aprendida no se esfuman por señalarlas. Sin duda, se sentirán confundidas. A veces estas conversaciones pueden ser más dolorosas que productivas. Incluso pueden dirigir hacia ti su ira.

Con todo esto quiero decir que es natural desenterrar la ira, y es fácil dejar que empiece a consumirte. Es importante dejar que la ira entre, y sí, comunícala si quieres, pero hazlo sin esperar que algo externo dé validez a tu realidad o a tus experiencias. La única persona que puede hacerlo eres tú. Tu realidad es válida porque la has experimentado, no porque alguien o algo externo lo haya dicho.

Creo que ha llegado el momento de recordar a los lectores con hijos que respiren hondo. Las figuras parentales suelen empezar el proceso de reeducación con grandes dosis de miedo y sentimientos de culpabilidad. No pueden evitar pensar cómo fallarán (o ya han fallado) a sus hijos.

«¿Cómo podemos asegurarnos de que no hacemos estas cosas a nuestros hijos?», me preguntan casi todos los días.

Vamos a dejarlo claro: no podéis.

Criar a un hijo es difícil y activa muchísimo emocionalmente. Estar lo bastante presente y sintonizado con uno mismo para estarlo con otra persona y satisfacer así sus necesidades es una tarea difícil. La realidad es esta: cometerás errores. No llegarás. Meterás la pata de una manera o de otra. No solo no pasa nada. En realidad, es beneficioso a largo plazo. Sentir un poco de estrés ayuda a que los niños desarrollen la resiliencia, un elemento clave en la madurez emocional. Lo comentaremos con más detalle en breve.

PRESTAR ATENCIÓN A LA LLAMADA DEL OESTE

Aunque el principio de mi despertar fue muy incómodo, me brindó la oportunidad de cambiar toda mi existencia. Cuando por fin me distancié de mi familia y me di espacio para existir sin mantener relación con ella, empecé a entender las diversas necesidades que había estado negando o reprimiendo. Al ser una persona dependiente, mis necesidades siempre las definían los demás (y muchas veces incluso creí que no tenía necesidades). Tuve que crear un espacio para mí en el que poder entrar en mi ser separado y verme como independiente de mi familia. Tras el miedo y la devastación, me encontré. Descubrí lo que realmente necesitaba.

Solo tres veces en mi vida he respetado mis necesidades, aunque eso significara que mi decisión haría daño a otras personas. La primera vez fue en la universidad, cuando deci-

SÁNATE

dí dejar de jugar al sóftbol porque ya no me hacía feliz. Lo hice a pesar de que sabía que mis padres se sentirían decepcionados, en especial mi madre, y que dejaría tirado a mi equipo. Lo hice por mí. La segunda vez fue cuando por fin terminé con mi matrimonio tras años de desconexión. Una parte de mí habría seguido para siempre, pero otra decidió que no funcionaba y que necesitaba un cambio.

La tercera vez fue cuando Lolly y yo decidimos mudarnos a California. Yo quería trasladarme al oeste, pero había descartado incluso pensar en esa posibilidad porque sabía que disgustaría a mi familia. Tras cortar mis lazos con ella, me liberé de las invisibles cadenas que me mantenían en la costa este, un lugar que sabía intuitivamente que ya no me servía. Si diez años antes me hubieras dicho que me iría a vivir a miles de kilómetros de Filadelfia y Nueva York, me habría reído en tu cara. Era adicta a la activación emocional del entorno urbano. El caos, el ruido, las luces brillantes y las multitudes sin rostro eran un reflejo directo de mi mundo interior. Antiguos amigos interpretaron mi transición como prueba de que estaba en plena crisis de la mediana edad. Dejé toda mi vida —una consulta privada, mi familia, mis amigos y mi pasado— y me trasladé a la otra punta del país para empezar una nueva vida. Cuando empezaba a hablar de mi nueva verdad emergente a algunas de las personas más cercanas a mí, a veces me respondían con cejas alzadas, preguntas indiscretas e incluso hostilidad.

Cuando Lolly y yo llegamos a California, supimos que era el lugar para nosotras. Al estar más equilibrada internamente, me sentí atraída por lo que equilibra mi cuerpo de forma natural: la naturaleza, el calor del sol y un lugar en el que respirar libre y mover el cuerpo. Cuando por fin decidimos actuar, fue una extensión simbólica del proceso de reeducación. Reconocí mis necesidades. Escuché mis deseos. Los distinguí. Sentí la llamada intuitiva de mi sistema de guía interior, y esta vez escuché.

El traslado no fue fácil. Las transiciones son duras. Por perfecta que sea la situación, estás alterando tu homeostasis, y como mínimo resulta incómodo. Somos criaturas de costumbres, y, cuando no podemos seguir nuestros patrones habituales, nos sentimos confundidos, vulnerables e incluso hostiles al cambio. Cada vez que nos enfrentamos a un acontecimiento alostático —un cambio de trabajo, un traslado, una muerte, un nacimiento o un divorcio—, nos vemos obligados a salir de nuestra zona de confort y a adentrarnos en lo desconocido, un lugar inquietante por naturaleza.

Decidir que California era mi destino supuso cerrar la consulta por la que había trabajado tan duro y decir adiós a muchos de mis pacientes, a los que había cogido cariño. Tuve que encontrar formas virtuales de mantener varias relaciones que apreciaba. También supuso que mi decisión de interrumpir el contacto con mi familia se convertía en algo real. Me estaba separando físicamente de mis vínculos traumáticos, y me sentía liberada y aterrada a la vez. En ese momento tenía las habilidades y el entrenamiento necesarios para lidiar con la incomodidad y la incertidumbre. Al fin podía acceder a mi intuitiva confianza en mí misma, y me parecía increíble. Aunque aún luchaba contra la soledad y contra las muchas dudas sobre mi futuro, me sentía más fuerte que nunca. La calidad de mi sueño mejoró; mi digestión se aceleró y el estancamiento de mi intestino se aflojó; mis pulmones parecían expandirse para respirar aire puro; mi alma se sentía más ligera; mi estado de ánimo cambió. Cuanto más parecía que mi espíritu hablaba a través de mi cuerpo, más cuenta me daba de que deseaba la alegría. Y entendí que la merecía.

Un día, mientras trabajaba en este libro, salí a dar un paseo para aclarar mis ideas. Caminando por la playa de mi nuevo barrio y asimilando las sensaciones del mundo que me rodeaba, empecé a practicar mensajes amables de apoyo y amor: «¿Qué puedo hacer por mí en este momento?». Justo cuando esta pregunta se me pasó por la cabeza, la canción de Mumford & Sons «There Will Be Time» sonó en mis auriculares. Subí el volumen y me dejé engullir por el ritmo de la percusión, la maravilla de los teclados y la mezcla de las armonías vocales.

So open up my eyes to a new light...
And indeed there would be time

Estas palabras fueron proféticas. Me quedé allí mirando por fin con los ojos abiertos de la consciencia, aprendiendo a conectar con mis deseos y necesidades más íntimos, y por primera vez confiando de verdad en las infinitas posibilidades de las opciones que se nos conceden en cualquier momento.

Subí más el volumen. Empecé a mover la cabeza y las caderas.

Era totalmente impropio de mí. Desde hacía mucho tiempo, no me gustaba bailar. Comprendí que mi aversión procedía de una clase de ballet de mi infancia, cuando me vi en el espejo y observé que mi barriga era más grande que la del resto de las chicas de la clase. A partir de aquel momento, empecé a sentirme cada vez más incómoda y constreñida en mi piel y mi cuerpo. Poco después dejé de bailar en público y terminé mirando a los que bailaban, que podían ser tan libres, con desdén. Pero ahí estaba, más de treinta años después, al aire libre en un nuevo mundo desconocido, y me movía al ritmo de la música. Tardé poco en levantar las manos hacia el cielo y empezar a saltar. Estaba bailando. A todo trapo. Para que todos lo vieran.

Perder el miedo a lo que piensen los demás, el estado condicionado del juicio y el dolor de nuestro niño interior, es parte del lado alegre del proceso de reeducación. Bailar en la playa fue mi acto radical de autoaceptación, un paso adelante intrínseco en mi viaje hacia la sanación.

SÁNATE: DESARROLLA UN MENÚ DE REEDUCACIÓN

Dedica un momento a analizar en cuál de los cuatro pilares de la reeducación podrías trabajar primero. Una excelente manera de empezar es preguntarte: «¿Qué es lo que más necesito ahora mismo?».

- **Regulación emocional.** De niños, a muchos no nos enseñaron el valor de ser emocionalmente conscientes, ni cómo hacerlo. En la edad adulta es fundamental para nuestra curación que desarrollemos esta práctica. Puedes empezar a cultivar la regulación emocional así:

–Practica la respiración profunda desde el estómago.

–Observa las sensaciones que las diferentes emociones activan en tu cuerpo.

–Observa lo que hace que te sientas emocionalmente activado.

–Permite respuestas emocionales sin juzgarlas; deja que te recorran todas las emociones mientras te limitas a observarlas.

Utilizando los ejemplos que acabo de proporcionarte (si los necesitas), anota lo que puedes darte a (o crear para) ti ahora, en este ámbito de regulación emocional. (Con el tiempo, puedes descubrir nuevas formas de cultivar este nuevo hábito diario.) _____

_____.

- **Amar la disciplina.** De niños, a muchos no nos enseñaron hábitos y rituales sencillos y útiles en los que apoyarnos. En la edad adulta puedes empezar a cultivar el amor a la disciplina de este modo:

  –Cumple cada día las pequeñas promesas que te has hecho.

  –Desarrolla rituales y rutinas diarios.

  –Di que no a las cosas que no te sirven.

  –Establece límites aun cuando te hagan sentir incómodo.

  –Desconecta y dedica tiempo a reflexionar sobre ti.

  –Manifiesta claramente tus necesidades con lenguaje objetivo (sin juzgarte).

Utilizando los ejemplos que acabo de proporcionarte (si los necesitas), anota lo que puedes darte a (o crear para) ti ahora, en este ámbito de amar la disciplina. (Con el tiempo, puedes descubrir nuevas formas de cultivar este nuevo hábito diario.) _____

_____ .

- **Cuidado de uno mismo.** De niños, a muchos no nos enseñaron el valor de cosas como el sueño de calidad, el movimiento, la alimentación y la conexión con la naturaleza. En la edad adulta puedes empezar a cultivar el cuidado de ti mismo de este modo:

  –Acuéstate un poco antes.

  –Cocina o come comida casera.

  –Medita durante cinco minutos (o más).

  –Mueve el cuerpo durante cinco minutos (o más).

  –Lleva un diario.

  –Pasa tiempo en la naturaleza y conecta con ella.

  –Permite que el sol te acaricie la piel.

  –Conecta con una persona querida.

Utilizando los ejemplos que acabo de proporcionarte (si los necesitas), anota lo que puedes darte a (o crear para) ti ahora, en este ámbito de amar la disciplina. (Con el tiempo, puedes descubrir nuevas formas de cultivar este nuevo hábito diario.) _____

_____ .

- **Asombro infantil: creatividad más imaginación; alegría y espontaneidad más carácter juguetón.** De niños, a muchos no nos enseñaron el valor de disfrutar de la espontaneidad, la creatividad, el juego y la pura presencia. En la edad adulta es fundamental acordarse de jugar, conectar con las aficiones de las que disfrutamos y desarrollarlas. Puedes cultivar esta alegría así:

—Baila o canta libremente.

—Haz algo que no habías planificado.

—Busca una nueva afición o un nuevo interés.

—Escucha tu música favorita.

—Elogia a un desconocido.

—Haz algo que te encantaba de niño.

—Conecta con amigos y seres queridos.

Utilizando los ejemplos que acabo de proporcionarte (si los necesitas), anota lo que puedes darte a (o crear para) ti ahora, en este ámbito del asombro infantil. (Con el tiempo, puedes descubrir nuevas formas de cultivar este nuevo hábito diario.) _____

_____ .

_____

12

Madurez emocional

La madurez emocional no tiene nada que ver con la edad numérica. Algunos alcanzamos niveles de madurez superiores a los de nuestras figuras parentales antes de llegar a la pubertad, y otros salimos del útero más maduros que ellos. (lo digo medio en broma).

La inmadurez emocional es más frecuente y gira en torno a la incapacidad de tolerar. Las personas que son emocionalmente inmaduras tienen problemas para tolerar sus emociones; se enfrentan a la ira dando un portazo, o a la decepción encerrándose en el silencio. Quienes son emocionalmente inmaduros se sienten tan incómodos con sus emociones que normalmente atacan y se ponen a la defensiva, o se cierran totalmente cada vez que experimentan una emoción.

Se manifiesta, por ejemplo, si un padre grita «¡No seas tan dramático!» cuando las emociones de su hijo se oponen a las suyas. O cuando un amigo se cierra en banda y se queda en silencio tras un desacuerdo. Este comportamiento suele ser el resultado de la incapacidad de ver la incomodidad de otra persona, de la incapacidad de no tolerar la mera existencia de emociones diferentes. Las posiciones de otras personas pueden parecer amenazantes, y el miedo a ellas engendra intolerancia.

La psicoterapeuta Lindsay Gibson describió la inmadurez emocional (centrada en las figuras parentales) como la «ausencia de la respuesta emocional necesaria para satisfacer las necesidades emocionales de los hijos».[80] El resultado para los hijos de figuras parentales emocionalmente inmaduras es la soledad, «una experiencia confusa y privada [...] podríamos llamarla una sensación de vacío o de estar solo en el mundo».[81]

Conocí profundamente esta sensación de vacío, y nunca me sentí del todo capaz de valorar mis experiencias, mucho menos de disfrutar de ellas. Durante la mayor parte de mi vida luché por acceder a la «risa del alma», que representa el puro placer de vivir. ¿Cómo iba a saber qué me hacía feliz si no sabía lo que realmente necesitaba?

Creo que esta sensación de vacío procede de la continua desconexión con nuestro verdadero yo. Los años de vida condicionada, incapaces de satisfacer nuestras necesidades físicas, emocionales y espirituales, suelen unirse al miedo a que nos malinterpreten. Aquellos que crecimos en hogares en los que no se incentivaba la libre expresión de nosotros mismos podemos centrarnos demasiado en lo que los demás piensan o sienten sobre nosotros. Ha sido una experiencia habitual para muchos, y creo que es una de las razones por las que la ansiedad social es hoy una epidemia. Vemos este tipo de ansiedad y el hecho de centrarse excesivamente en la apariencia en el nuevo mundo virtual de las redes sociales, donde muchos interactuamos a diario. Nuestra obsesión por las «visualizaciones» y los *likes* se deben en gran medida a nuestra necesidad insatisfecha de que nos vean y nos escuchen. La mayoría gastamos un montón de energía mental intentando que nos entiendan. El miedo a que nos malinterpreten impulsa la reacción fisiológica de nuestro cuerpo, que nos empuja a dar una respuesta al estrés en la que los patrones de pensamiento cíclicos y las historias egoicas dirigen nuestro comportamiento. Este miedo une nuestro sentido de identidad con lo que percibimos como aprobación o desaprobación de los demás. Como criaturas sociales cuya evolución se basó en la comunidad y la aceptación, el rechazo de la manada podía tener resultados nefastos, incluso fatales. El miedo al ostracismo sigue vigente hoy, aunque lo que está en juego ya no es tanto. El impulso evolutivo hacia la aceptación social nos impide conectar con las personas que nos rodean cuando tenemos miedo. Nos vuelve reactivos e irracionales. Nos da miedo hacer una tontería, como bailar nuestra canción favorita en público.

A muchos SelfHealers, lo que nos duele no es entendernos a nosotros mismos, sino comprender cada vez más a los demás. A medida que somos más conscientes de que vivimos de forma condicionada, asumimos que las personas que nos rodean están en la misma situación. Esta es la razón, por supuesto, por la que a muchos nos cuesta tanto ir a ver a nuestra familia. Visitarla nos ofrece una visión de nuestros hábitos y patrones, así como de nuestras más profundas heridas internas, y a la vez activa muchas de estas heridas. Algunos incluso tenemos una respuesta emocional similar a lo que la literatura popular describe como «culpa del superviviente», la sensación de ser «el único que se libró». Estos sentimientos pueden hacer que algunos dudemos de compartir detalles sobre

nuestro crecimiento y nuestros logros con las personas que
«dejamos atrás». O podemos sentirnos fatal por haber evolucionado al margen de los viejos roles y querer que nuestros
seres queridos sigan este camino de transformación, para que
nuestras relaciones con ellos puedan seguir intactas. A muchos realmente nos importan nuestros seres queridos y queremos que «vean que tienen que cambiar» para sanarse. Es
una aspiración maravillosa, pero la realidad es que no todo el
mundo puede estar en el mismo camino. Como sabes, sanarse
exige el compromiso diario y es algo debe elegirse. Cuando
nuestros seres queridos no eligen el mismo camino que nosotros, es útil dejar de luchar contra la realidad y destinar parte
de esa energía a aceptar todos nuestros sentimientos sobre
esa realidad.

Uno de los principales logros de la madurez emocional es
aprender a estar en paz con estos malentendidos, o con el
hecho de que no nos entiendan. Esto te ayudará a seguir viviendo tu vida como tu yo más verdadero, sin importar las
consecuencias, si tus opiniones, creencias y realidades son
válidas no en relación con cualquier otra persona, sino porque son tuyas. Puede que no nos gusten todas las partes de
lo que somos, pero existen y debemos reconocerlas. Cuando
nuestro sentido del yo es tan variable y dependiente, tan
abierto a la influencia externa, incluso lo que creemos que
otros creen sobre nosotros puede conformar el modo de vernos. No hay lugar para la madurez en un estado de ausencia
de límites.

La mayoría nunca aprendimos a navegar por nuestro
mundo emocional y tenemos poca resiliencia. Somos incapaces de recuperarnos cuando, inevitablemente, las cosas no

van como queremos. Si de verdad eres tú, chocarás con juicios y críticas. También decepcionarás a los demás. Son cosas de la vida, forman parte del hecho de ser un ser humano dinámico e individualizado. Eso no significa que estés intrínsecamente equivocado ni que tengas razón. A medida que madures emocionalmente, crearás cada vez más espacio para las personas que quizá no sean, hablen, actúen o piensen como tú. Aprender a tolerar las diferencias —incluso las discrepancias absolutas— es un sello distintivo de la madurez emocional.

LA REGLA DE LOS NOVENTA SEGUNDOS

La madurez emocional nos permite aceptar todos nuestros sentimientos, incluso los más desagradables, que no queremos admitir que albergamos. El aspecto fundamental de la madurez emocional es la capacidad de ser consciente y de regular nuestras emociones para permitir que los demás se expresen. O simplemente la capacidad de tolerar todas nuestras emociones sin perder el control, que es el principal objetivo de nuestro trabajo.

Lo creas o no, existe la «regla de los noventa segundos» de las emociones:[82] como acontecimientos psicológicos, solo duran un minuto y medio. Luego terminan. Nuestro cuerpo quiere volver a la homeostasis. Cuando nos estresamos, el cortisol de nuestro cuerpo aumenta y nuestro circuito de la ansiedad se activa, y cuando percibe que manejamos el estrés, un sistema de compensación devolverá el equilibrio al cuerpo. Esto solo puede suceder si la mente no se interpone en el camino, por supuesto.

Pocos de nosotros tenemos la capacidad de permitir que nuestras emociones sean meramente psicológicas. Casi todos las trasladamos al mundo mental y empezamos a tejer historias, a pensar, y entramos en ideas circulares que nos devuelven al ciclo de retroalimentación de la adicción emocional. De repente, un enfado de noventa segundos se convierte en días de irritabilidad y rabia, o incluso en años de rencor y resentimiento. Las sensaciones no pueden recorrernos adecuadamente si estamos disociados y no nos permitimos sentir lo que estamos sintiendo, por lo que nos quedamos atrapados y nos mantenemos a una distancia segura.

Cuando reproduces pensamientos angustiantes, activas la respuesta de tu sistema nervioso como lo harías si experimentaras el acontecimiento angustiante una y otra vez. Tu cuerpo no puede diferenciar lo que sucedió en el pasado de lo que está sucediendo en el presente. Todo es amenazante. A menudo sentimos que las emociones angustiantes duran más y son más intensas que las positivas. Los estudios incluso han demostrado que, en los momentos de intensidad emocional, nuestro sentido del tiempo se distorsiona. Unas veces parece avanzar más deprisa, y otras va a paso de tortuga.

Este fenómeno tiene una ventaja: podemos utilizar el poder de nuestra mente consciente para crear otra «realidad» más positiva. A medida que reconectaba cada vez más con mi cuerpo y aprendía las diferencias entre los sentimientos, descubría también la diferencia entre estrés y excitación. Cada vez que me sentía activada, pensaba que estaba sintiendo estrés y me desconectaba o perdía el control. Cuando empecé a observarme, descubrí que solía confundir la excitación con el estrés. Ahora, cuando siento el instinto de etiquetar lo que siento como ansiedad, puedo tomarme un segundo, mirarlo desde otro ángulo y, si es el caso, reformularlo en algo un poco más útil, como excitación, si es oportuno. Las mariposas que aparecen en mi estómago justo antes de colgar un *post* en Instagram sobre un tema que me apasiona no son necesariamente estrés. Son manifestaciones físicas de mi entusiasmo y de mi emoción. Alejarnos de la reactividad instintiva nos ofrece la capacidad de cortar el circuito de activación mentecuerpo y existir simplemente con nuestras sensaciones corporales. Cuando ofrecemos resistencia a la costumbre de crear un relato sobre el origen de nuestras emociones, acortamos las, a menudo prolongadas, reacciones fisiológicas de nuestro cuerpo. Si lo hacemos, podemos llegar a experimentar la verdad de que pasarán.

Observar las sensaciones cambiantes de nuestras emociones nos ayuda a aprender a diferenciarlas para entender los diferentes mensajes que nos envía el cuerpo. Cuando somos conscientes y observamos objetivamente sus sensaciones siempre cambiantes —la tensión muscular, las bajadas hormonales y la activación del sistema nervioso—, accedemos a la sabiduría del cuerpo. Entonces podemos empezar a utilizar esta información para comunicar nuestro estado interno más plenamente realizado con los demás.

Afrontar la madurez emocional

No solo queremos etiquetar nuestras emociones. Nuestro objetivo es volver al equilibrio homeostático lo antes posible. Inevitablemente, el estrés forma parte de la vida. La madurez

emocional nos brinda la oportunidad de elegir cómo responder al mundo exterior. Esto nos ayuda a bajar la escalera polivagal y regresar a la interacción social original, en la que nos
sentimos a salvo y seguros de nosotros mismos y en nuestras
relaciones con los demás. Muchos seguimos repitiendo los
viejos hábitos de afrontamiento condicionados que aprendimos en la infancia, que no siempre sirven a nuestro verdadero
yo. ¿Y cómo podemos descubrir y satisfacer nuestras necesidades de forma emocionalmente madura?

Calmarse es la forma preferida de lidiar con la incomodidad. Los métodos para calmarnos que desarrollamos de niños fueron adaptativos, en respuesta al entorno. En pocas
palabras, nos enfrentamos a los ambientes y experiencias pa-
sados de la mejor manera que nuestras circunstancias lo permitían. Como adultos, a muchos nos beneficia actualizar las
formas de atender las necesidades emocionales con la nueva
información de nuestra vida actual. En lugar de caer instintivamente en las estrategias de afrontamiento de la infancia, los
métodos proactivos para calmarse implican tomar una decisión consciente. Nos calmamos cuando actuamos con voluntad y proactividad, enfrentándonos al problema, lo que suele ser muy satisfactorio. Cuando hayas nombrado y etiquetado
tus emociones sin juzgarlas, querrás saber cómo neutralizar tus
reacciones.

Calmarse no es necesariamente intuitivo, sobre todo si no
nos enseñaron las formas adecuadas de lidiar con la adversidad. Al principio de mi viaje para desarrollar la madurez
emocional estaba totalmente perdida respecto a cómo sentirme mejor cuando estaba enfadada o nerviosa. Las únicas
formas que había aprendido eran quedarme paralizada y gritar.

Al observar en mi yo adulto estos hábitos que ya no deseaba, intenté varias cosas. Algunas funcionaron, y otras me hicieron sentir peor. Me di cuenta de que, cuando estoy enfadada o nerviosa —otro sentimiento que desde siempre confundía con la ansiedad—, me sentaba bien mover el cuerpo. Toda sensación de parálisis me parece contraproducente. Esto quiere decir que, cuando me siento desafiada, doy un paseo. Lavo los platos. Muevo el cuerpo para descargar la energía fisiológica vinculada a mis sentimientos. Cuando intento aliviarlos relajándome —leyendo un libro (mi afición favorita) o tomando un baño—, en realidad me pongo más nerviosa. A ti puede sucederte lo contrario, y solo lo sabrás si lo pruebas cuando estés energéticamente activado.

La estrategia de afrontamiento que parece menos satisfactoria pero que probablemente es igual de importante es aumentar nuestra capacidad de tolerar la angustia. No queremos sentir que dependemos de una sola cosa para calmarnos (como una versión adulta del chupete). Deseamos desarrollar la máxima flexibilidad posible para balancearnos y zigzaguear como respuesta a la adversidad. Es probable que no siempre podamos dar un paseo o tomar un baño cuando nos sintamos emocionalmente activados. En determinadas circunstancias, muchos tendremos que soportar la angustia. En nuestros primeros años confiábamos en que otras personas nos ayudarían a tolerar o calmar el malestar. A medida que crecemos es útil aprender a tolerar la diversidad de nuestras experiencias emocionales en toda su amplitud.

El desafío para muchos es respetar las emociones que surgen en nuestro cuerpo. A menudo es útil observar los relatos que se desarrollan en nuestra mente. Date cuenta de que están sucediendo, preséncialos e intenta no juzgarlos. Soportar exige una confianza interior que los métodos calmantes no requieren. Debemos tener fe en que lo superaremos. Esto crea una sensación de seguridad en nosotros que nos permite enfrentarnos a los desafíos que se nos presentan sin necesidad de nada externo que nos quite el malestar.

Cuando empieces a cultivar la tolerancia emocional, recuerda que tus recursos internos no son ilimitados. Si estás absolutamente agotado e intentas presionarte a pesar de tus recursos limitados, seguramente caerás en estrategias de afrontamiento que conoces (como atacar, retirarte o entrar en las redes sociales). Prepárate para conseguirlo reconociendo cuál es tu nivel de recursos. Si te sientes abrumado, sal de la situación antes de que te sientas emocionalmente activado. Si estás estresado y cansado, quédate en casa en lugar de poner a prueba los límites de tus recursos emocionales para afrontarlo. Date permiso para decir que no cuando te sirva. La madurez emocional consiste en entender tus propios límites emocionales y comunicárselos a los demás sin miedo ni vergüenza.

El afrontamiento (calmarse, pero especialmente aguantar) nos enseña que podemos tolerar la incomodidad. Antes nos rodeábamos de distracciones porque, de alguna manera, creíamos que no podríamos manejar situaciones angustiosas. Cada vez que amplías tu ventana de la tolerancia, te enseñas que «sí, puedo superarlo». Muy a menudo oímos hablar de lanzarnos emocionalmente a lo más profundo y hundirnos o nadar, conceptos problemáticos para el sistema nervioso. Por el contrario, te animo a trabajar para abrir esa ventana poco a poco hasta que se quede de par en par, y en cuanto esté abierta, encontrarás una gran reserva de tolerancia para todo tu mundo, tanto el interior como el exterior.

NOTA PARA LOS PADRES

Del mismo modo que puedes cultivar tu madurez emocional, hay maneras de ayudar a cultivarla en los niños. Como figura parental, lo mejor que puedes hacer por tu hijo es dedicar tiempo y energía a asegurarte de que te ocupas de él. Cuando respetas tu cuerpo, aprendes a aprovechar el poder de respuesta del sistema nervioso, accedes a tu verdadero yo y muestras autocontrol y flexibilidad, tu hijo lo interioriza a través de la corregulación. Mantenerte equilibrado y expresarte ayudará a tu hijo a lidiar con sus momentos de desregulación y te utilizará como una base segura que le ayude a volver a la seguridad.

En cuanto empieces a cultivar tu madurez emocional, puedes dedicar algunos de tus recursos internos a ayudar a tus hijos a lidiar con sus emociones. Incentivar el cuidado personal y el amor a la disciplina, asegurándote de que mueven el cuerpo, pasan tiempo a solas, duermen lo suficiente, etc. Además, cuando llegue el estrés, puedes ayudarlos a entenderlo del mismo modo que lo comprendes tú, identificando sensaciones en su cuerpo. Pregúntales qué le pasa a su cuerpo. «Siento la cara caliente cuando Samantha se burla de mí», «Se me acelera el corazón cuando tengo que compartir mis juguetes con Timmy». Ayúdalos a nombrar la emoción que podría corresponder a esas sensaciones corporales (vergüenza, rabia, celos) y permíteles que intenten diferentes maneras de calmarlas activamente. Recuerda que no siempre serán las mismas que te sirvieron a ti. Piensa en este proceso como una oportunidad para aprender sobre tus hijos como seres humanos únicos.

Siendo realistas, en ocasiones el niño se estresará por algo que sucede fuera de casa y tú no estarás ahí para ayudarlo a sobrellevarlo. Aprender a resistir es una lección clave de la que deben dar ejemplo las figuras parentales. No sabes lo que le espera a tu hijo en el futuro. Y aunque ninguno de nosotros quiere imaginar que a un ser querido puedan pasarle cosas angustiosas, no siempre podemos evitar que sucedan. Si damos ejemplo de tolerancia al estrés o de capacidad de soportar sentimientos difíciles y dejarlos pasar, nuestros hijos desarrollarán la reserva interna que los sostendrá en su mundo infantil y hasta bien entrada la edad adulta.

Por si a estas alturas no te has dado cuenta, la clave como figuras parentales es no tener problemas por el hecho de ser imperfecto. Sé que permitir la imperfección no es fácil para muchos de nosotros, especialmente para aquellos cuyas heridas infantiles llevan al hábito de complacer a las personas o de tener éxito. Apenas puedo soportar la idea de decepcionar a Lolly o a cualquier ser querido. Odio la sensación de que me vean en mi momento menos brillante, o de ser incapaz de apoyarlos como necesitan y por la razón que sea. Como la decepción forma parte del ser humano, las figuras parentales pueden estar seguras de que los traumas sufridos en la infancia no serán debilitantes si se crea un espacio de verdadero amor y el niño lo interioriza. Si las figuras parentales pueden cultivar la capacidad de escuchar y aceptar las diferentes realidades de sus hijos, les permitirán cuestionar y expresar los puntos de vista y las experiencias de su verdadero yo al resto del mundo. Con esta seguridad, los niños empezarán a reflejar esta honestidad y seguridad, una relación basada en la expresión del verdadero yo que la figura parental y el hijo crean y experimentan conjuntamente. Esta auténtica expresión recíproca es lo más importante del estilo de apego seguro que hemos visto antes. Cuando procedes de un lugar seguro, eres antes para navegar por el mundo que te rodea, cometer errores y levantarte cuando te caes. Esto aumenta nuestros recursos internos y ayuda a fomentar la resiliencia mientras atravesamos todas las dificultades que, inevitablemente, conlleva la vida.

A medida que cultives cada vez más la aceptación de tus imperfecciones, podrás descubrirte extendiendo esta misma compasión a tus figuras parentales (por difícil que resulte para algunos de nosotros) y a otros seres queridos. Sí, aceptar que no son infalibles puede ser frustrante y provocar rabia. Con el tiempo, a medida que seguimos investigando para intentar entender su condicionamiento y las circunstancias de su vida, podemos empezar a empatizar con ellos sin necesidad de poner excusas. Puedes identificarte con sus heridas y sentir su sufrimiento manteniendo los límites necesarios para tu salud mental, física y emocional. La madurez emocional consiste en combinar suavidad y dureza cuando es necesario, no solo con las personas que te rodean (figuras parentales, hijos y amigos), sino también contigo.

MEDITACIÓN Y MADUREZ

El mejor adjetivo para describir a John, uno de los SelfHealers más inmaduros emocionalmente que he conocido (no lo digo para desprestigiarlo, él está totalmente de acuerdo) sería «desbordante». Es el tipo de persona que absorbe todo el oxígeno de una habitación; el que tiene que dirigir la conversación en una conferencia telefónica; el «macho alfa» que explota si cree que alguien cuestiona su autoridad, especialmente si ese alguien es una mujer. Puedo describirlo con seguridad como «atrofiado emocionalmente». Todo tenía que ver con él, una visión egocéntrica similar a la de un niño. Cuando las cosas no iban como él quería, gritaba o, si estaba muy enfadado, se quedaba en un oscuro y ominoso silencio. Trabajaba como vendedor, un oficio que odiaba, pero toda su identidad derivaba de alcanzar las cifras mensuales, o mejor aún, de batirlas. Aunque prosperó en la oficina, tenía problemas con la intimidad. Nunca se sintió lo bastante cómodo para relajarse y estar con otra persona, en especial con una pareja.

Así era antes de empezar el viaje hacia la sanación. En cuanto empezó a arrancar las capas de su reactividad, encontró un núcleo suave y herido por traumas infantiles. Su narcisismo era una fachada para esconder su profundo dolor. Empezó a contar historias de su padre, un hombre que «explotaba» sobre todo cuando bebía, aunque podía perder los nervios en cualquier momento. A veces pegaba a John con el cinturón. Su madre, que también había vivido estas escenas, salía de la habitación y luego se inventaba excusas para justificar el comportamiento de su padre. Resulta revelador que

John estuviera más enfadado con su madre por no protegerlo que con su padre por pegarle.

Las personas a menudo buscan a otras con niveles similares de inmadurez emocional, y sin duda este fue el caso de John. Las mujeres que lo atraían (y que se sentían atraídas por él) parecían pasivas y obedientes. Permitían que John despotricara y desvariara, y rara vez intervenían o lo cuestionaban, hasta que explotaban, la relación se disolvía y John volvía a sentirse solo e invisible. Su última ruptura, que terminó con él lanzando violentamente una docena de platos de vidrio contra el suelo, lo llevó a su viaje hacia la sanación.

Cuando John se topó por primera vez con el concepto de inmadurez emocional, se sintió avergonzado. No le gustó nada ver lo mucho que esas palabras se ajustaban a él. Le molestó tanto que durante un tiempo dejó de lado los materiales. A veces tomar consciencia puede ser algo abrupto e incómodo. Al final empezó a sumergirse más profundamente en la meditación. Fue aumentando progresivamente sus rituales diarios de cinco minutos a diez, hasta llegar a los veinte. Sus límites, un ámbito de su vida que nunca se había dado cuenta de que no estaba bien definido, se convirtieron en una pasión para él. Hizo listas de las personas que lo rodeaban y de cuáles eran las necesidades que él tenía en su relación con ellas, y empezó a esforzarse por cambiar sus expectativas sobre cómo se mostraban los demás en sus relaciones con él. Cuando surgían sentimientos difíciles, trabajaba para aguantar el dolor y el enfado en lugar de exteriorizarlo.

Hoy John no se atrevería a calificarse como «maduro» (lo cual creo que es indicio de su creciente madurez) y ha avanzado muchísimo. Sigue luchando contra la reactividad —especialmente en situaciones que activan sus traumas infantiles, en las que se siente juzgado o incomprendido— y ahora dispone de herramientas que le ayudan a gestionarla. Cuando surge un sentimiento difícil, como la ira, lo ve como una respuesta fisiológica que no tiene nada que ver con quién es, y es capaz de dejar que las sensaciones recorran su cuerpo sin actuar sobre ellas. Sigue trabajando en ventas, pero también es un profesional de la meditación, que dice que es su pasión (su cuarto pilar de reeducación). Afirma que trabaja en su reactividad cada día; forma parte de su existencia diaria.

LA MADUREZ EMOCIONAL INTERNA IRRADIA HACIA FUERA

Cuando nos enfrentamos a situaciones estresantes que agotan nuestros recursos, nuestra madurez emocional se pone a prueba. John explica que evalúa constantemente sus respuestas en busca de pistas de inmadurez que se asomen entre las capas del afrontamiento y la reeducación, lista para resurgir, lo que a veces sucede por más que se esfuerce. A fin de ser capaces de sentir cuándo estamos acercándonos al límite de nuestros recursos internos para enfrentarnos al estrés o qué nos empuja al límite, puede ser útil verificar qué responsabilidad tenemos en ello. Cuando la vida se vuelve estresante, o tras haber pasado por un momento de reactividad inducida por el estrés, puede ser útil conectar con los acontecimientos que impactaron en nuestra experiencia. Aquí tienes algunas preguntas que pueden ayudarnos a contener nuestra reactividad antes de que esta se apodere de nosotros:

¿Qué puedo aprender sobre mí mismo de lo que ha pasado?

¿Qué patrones me han traído aquí?

¿Cómo puedo aceptar la incomodidad y crecer desde ella?

¿Cómo puedo aprender a aceptar las críticas sin convertirlas en verdades absolutas?

¿Cómo puedo perdonarme a mí mismo y a los demás?

Cuanto más aprendemos sobre nuestra responsabilidad, más aumentará la fe en nuestro yo. Esto permite el fracaso, la flexibilidad y el perdón cuando, inevitablemente, nos salimos del camino. Si confiamos en nosotros mismos, sabemos que el camino sigue ahí, esperándonos. Esta es la esencia de la responsabilidad que lleva al empoderamiento.

Tú también te caerás del vagón. Habrá semanas en que estarás demasiado cansado para hacer nada. Habrá momentos en que te pondrán a prueba y reaccionarás de un modo que te avergonzará. Cada vez que un nuevo estrés entre en tu vida en cualquiera de sus formas —tienes a un familiar enfermo, acabas de llegar a casa con un bebé o estás pasando por una ruptura—, tus herramientas pueden saltar directamente por la ventana. Todos tenemos nuestros momentos de inmadurez emocional. Es humano. Nuestro acceso a la madurez emocional cambia a medida que lo hacemos nosotros y responde en diferentes momentos al entorno, a nuestro estado hormonal, a si tenemos hambre o si estamos cansados. El objetivo es darte la capacidad de tomar la mejor decisión para tu estado emocional a medida que el mundo cambia a tu alrededor.

La madurez emocional no es un objetivo que haya que marcar en una lista, como llegar al siguiente nivel en un videojuego (ahora que ya te sientes realizado como persona, has ganado). No es un estado mágico. El mensaje subyacente no es un estado de existencia iluminada, sino de trabajo y perdón a uno mismo que, en última instancia, nos lleva a una mayor unión con los demás.

SÁNATE: DESARROLLA MADUREZ EMOCIONAL Y RESILIENCIA

Paso 1. Reconecta con tus emociones y redescúbrelas. Las emociones son acontecimientos que suceden en tu cuerpo y van acompañadas de cambios en las hormonas, los neurotransmisores, las sensaciones y las energías. El cuerpo de cada uno responde de forma individual a las diferentes emociones. Para desarrollar la capacidad de identificar (y en última instancia calmar) tus sentimientos, primero tendrás que estar más conectado con cómo responde tu cuerpo a los acontecimientos emocionales.

Te animo a que crees el hábito diario de conectar con tu cuerpo. Para ayudarte en este proceso, utiliza el siguiente guion de meditación. (Los que prefiráis una versión en audio, podéis dirigiros a mi sitio web: <https://yourholisticpsychologist.com>.)

MEDITACIÓN PARA CONECTAR CON EL CUERPO

Practicar esta meditación a lo largo del día te ayudará a mantenerte conectado con el estado emocional, siempre cambiante, de tu cuerpo. Para empezar, busca un lugar tranquilo y una postura cómoda para sentarte o tumbarte en los siguientes minutos. Puedes utilizar el siguiente guion:

Instálate en el momento presente y empieza a centrar tu atención en ti y en tu experiencia interior. Si te sientes cómodo, cierra suavemente los ojos o busca un punto en el que fijar la mirada.

Respira hondo para que el aire se introduzca en tus pulmones hasta el fondo... Siente cómo se te hincha el estómago... Dedica un momento a soltar el aire muy suavemente... Repítelo... Siente cómo los pulmones se te llenan de aire y se expanden... Exhala muy suavemente. [*Puedes repetir esta respiración durante todo el tiempo que quieras; observa cómo tu cuerpo se sume poco a poco en la experiencia de la meditación.*]

Cuando estés listo, dirige tu atención a tu cuerpo y a todas las sensaciones presentes en este momento. Recorre el cuerpo empezando por la parte superior de la cabeza y observa si sientes tensión, tirantez, calor, hormigueo o ligereza en alguna parte. Dedica un momento a la cabeza, el cuello y los hombros, y luego desciende mientras notas todas las sensaciones en tus brazos y manos. Baja un poco más y siente la zona del pecho y del estómago. Desplázate hasta los muslos y las pantorrillas, y termina con los pies y los dedos. [*Una vez más, dedica a este escaneo corporal todo el tiempo que te resulte cómodo.*]

Dedica el tiempo que necesites a reconectar con cada zona de tu cuerpo y, cuando estés listo, vuelve a dirigir tu atención a la respiración, expándela hacia tu alrededor y regresa a las imágenes, sonidos y olores presentes en este momento.

DIARIO DEL YO FUTURO: COMPROBAR EL CUERPO EMOCIONAL

Para ayudarte en este proceso, puedes utilizar el siguiente ejemplo (o crear uno similar):

Hoy estoy siendo consciente del estado emocional cambiante de mi cuerpo.

Agradezco la oportunidad de trabajar para llegar a ser más maduro emocionalmente.

Hoy puedo conectar con mi cuerpo para ayudarme a entender mis emociones.

Cambiar en este ámbito me permite sentirme más conectado con mi mundo emocional.

Hoy realizo este ejercicio dedicando momentos a lo largo del día a comprobar las sensaciones de mi cuerpo.

Paso 2. Ayuda a tu cuerpo a recuperar el equilibrio. Ahora que eres más consciente de los cambios en tu cuerpo a consecuencia de tus emociones, puedes empezar a desarrollar ejercicios que ayuden a tu cuerpo a volver a su estado inicial. Recuerda que cada persona es única y responderá de forma diferente a las siguientes actividades. Dedica un tiempo a explorar las distintas formas de calmar tus emociones; puedes experimentar con estas actividades para ver cuáles te funcionan mejor.

Hay dos grupos principales de herramientas de afrontamiento que queremos cultivar: calmantes y de resistencia.

- **Actividades calmantes:**

    –*Tomar un baño.* Sumergirte en agua tibia puede ayudarte a calmar el cuerpo. (Si tienes sales Epsom, utilízalas si quieres añadir relajación muscular.)

    –*Darte un masaje.* Puede ser tan sencillo como frotarte o masajearte los pies o las pantorrillas. En YouTube hay vídeos sobre diferentes puntos de presión que pueden ayudarte a aliviar el estrés.

    –*Leer.* Coge ese libro o artículo que querías leer.

    –*Escuchar, tocar o componer música.* Tú eliges.

    –*Acurrucarte.* Puedes hacerlo con cualquier persona o cosa: mascotas, hijos, amigos, pareja o una almohada cómoda.

    –*Moverte* (si es posible). Cualquier movimiento funcionará.

    –*Expresar tus emociones.* Grita en una almohada, en la ducha o al aire libre, en un espacio vacío (para no activar el sistema nervioso de algún vecino).

−*Escribir.* Escribe una carta, una entrada de diario o un poema sobre lo que estás sintiendo. (Intenta no utilizar este tiempo para escribir sobre el acontecimiento que te ha activado o seguirás despertando las reacciones fisiológicas de tu cuerpo.)

- **Actividades de resistencia:**

  −*Descansar.* Sí, eso es todo, aunque signifique cancelar planes.

  −*Asentarte.* Utiliza los cinco sentidos para dirigir la atención a lo que ves, hueles, tocas, saboreas u oyes a tu alrededor. Esto te ayudará a estar más presente en la seguridad de este momento.

  −*Respirar.* Puede ser tan sencillo como apoyarte una mano en la barriga y respirar profundamente dos o tres veces sintiendo cómo los pulmones se expanden y se contraen, y observando todos los cambios en la energía de tu cuerpo. En YouTube y Spotify encontrarás muchos ejercicios de respiración.

  −*Pasar tiempo en la naturaleza.* Dirige la atención a experimentar plenamente tu entorno y observa las diferentes energías que te asientan y te calman.

  −*Meditar o rezar.* Puede incluir cualquier actividad o compromiso con cualquier práctica espiritual o religiosa.

  −*Recitar afirmaciones o mantas.* Repite afirmaciones en voz baja, como «Estás seguro», «Tienes el control», «Estás en paz».

–*Distraerte*. Redirige tu atención a cualquier cosa excepto a tus emociones. Sí, lo has leído bien. Puedes decidir cuánta atención prestas a tus emociones siempre y cuando no te distraigas de ellas.

–*Buscar apoyo*. Busca a alguien con quien te sientas seguro. Tener a alguien disponible que pueda escuchar activamente tus pensamientos y sentimientos puede ser de gran ayuda. Cuando seas consciente de que quieres que alguien te escuche activamente (no que te dé consejos, como hacen muchos amigos bien intencionados), es útil que lo expreses antes de empezar a hablar. Recuerda también que buscar apoyo no es desahogarse ni descargarse emocionalmente, momentos en los que simplemente revives el acontecimiento que te ha activado una y otra vez, y a menudo te quedas atascado en este ciclo.

13

Interdependencia

Nunca terminas de desarrollar tu madurez emocional. Es un proceso diario de autoconsciencia y aceptación. Habrá momentos de crecimiento y retrocesos que pondrán a prueba tu avance. De hecho, mientras escribía este capítulo, pasé por una de estas pruebas.

Había sido una semana difícil. Estaba cansada, tenía mucho trabajo y me sentía agotada cuando vi a un desconocido criticándome con agresividad en las redes. Me sentí muy desmoralizada. Un comentario más y me echaría a llorar. Quería empaquetar mis cosas y huir de la vida que había construido porque odiaba que me malinterpretaran tan burdamente.

Me puse a darle vueltas. Me senté en el sofá y me dediqué a buscar en Instagram otros comentarios que me irritaron, me destrozaron por dentro y me causaron más dolor.

«Levántate, venga —me dijo Lolly—. Vamos a la playa.»

No era solo una razón para que saliera de casa y dejara de autocompadecerme. Era un día especial en Venice Beach, una oportunidad única para ver las olas iluminadas por el neón creado por la bioluminiscencia de una floración de algas nocturna. Aun así, rechacé su sugerencia.

Lolly se fue a la playa y me dejó con mi angustia. Mientras me regodeaba en la autocompasión, fui enfadándome cada vez más. Mi ego indignado creó un relato: «¿Cómo se atreve a dejarme, como hace siempre cuando las cosas se ponen difíciles? ¡Es un insulto!». Aunque le había dicho que se fuera, mi mente creó un relato en el que ella era la traidora y yo la traicionada. A esas alturas me había observado lo suficiente para darme cuenta de que ese relato del ego era una proyección de la herida de la niña interior contra la que tanto tiempo había luchado, mi creencia fundamental de que «No me tienen en cuenta». Esto me llevó a un lugar más oscuro: «Soy patética. Ni siquiera Lolly soporta estar a mi lado». Mi mente empezó a dar vueltas a un solo pensamiento: «Estoy sola. Estoy sola. Estoy sola».

Veía todo este diálogo interno, pero no podía reunir la energía necesaria para salir del pensamiento circular. Dejé que mi niña interior se enfurruñara unos minutos más. Luego levanté la cabeza y empecé a aplicar las herramientas que había estado perfeccionando (y que he compartido contigo). Comencé por la respiración, siendo consciente del aire que entraba y salía de mis pulmones. Me observé. Nombré las respuestas fisiológicas de mi cuerpo: la sacudida de la agitación, el sentimiento de decepción en las entrañas y la electricidad de la indignación procedente de los golpes de negatividad de las redes sociales. Empecé a nombrar los sentimientos relacionados con estas sensaciones: rabia, miedo y tristeza. Al ponerles nombre, los relatos empezaron a arrastrarse a su alrededor y se agolparon en mi consciencia. Cuando mi ego empezó a buscar ejemplos para demostrar que no me tienen en cuenta, me recliné hacia mi mente consciente y observé sin juzgar, dejando que los sentimientos entraran y salieran.

Con mi mente consciente controlada, me pregunté: «¿Qué puedo hacer por mí misma en este momento? ¿Cómo puedo enfrentarme a estos sentimientos?». Me acerqué al fregadero para recoger y lavar los platos, y empecé a contarme un contrarrelato: «Me tienen en cuenta. Me quieren. No estoy sola, aunque en este momento lo esté físicamente». Mientras sumergía las manos en el agua caliente con jabón y centraba los músculos de la atención en el acto físico, mi energía emocional se descargó y me dejó suficiente espacio para presenciar mi estado emocional como lo que era: «Estoy cansada, estoy trabajando demasiado y dejo que la crítica me provoque el colapso emocional de todo el cuerpo. No quiero estar aquí enfurruñada. Quiero estar con mi pareja viendo algo bonito».

Decidí que podía quedarme estancada, intentando lavar mis sentimientos, o apartarme de la instintiva atracción por lo conocido y hacer lo que me había prometido que haría ese día: ver aquellas increíbles olas azules. Tomé la decisión de salir de mi capa de autodesprecio.

Cuando llegué a la playa, vi a Lolly mirando el mar increíblemente azul. Estaba rodeada de muchas personas que contemplaban el majestuoso regalo que nos había entregado la Madre Naturaleza. Me uní a ella y juntas contemplamos el mar brillante, casi sobrenatural, sin decir una palabra.

Seguía siendo una niña herida, me seguía doliendo y me sentía incomprendida, pero no estaba sola, aprisionada por mis pensamientos y sentimientos. Habría sido imposible estar en aquella playa si hubiera permitido que aquel relato me engullera. Aquella belleza no habría llegado hasta mí.

Ese momento en la playa tuvo que ver con mucho más

que con mi madurez emocional; estaba relacionado con mi estado emocional para con los demás, en especial con los que más quiero. Es el objetivo final de este trabajo, que abarca desde establecer límites hasta conocer a nuestro niño interior y reeducarnos. Todo este trabajo nos lleva a un estado de unión sincera con los otros.

A medida que cambiamos la mente y el cerebro y accedemos a nuestro mejor yo, creamos alegría, creatividad, empatía, aceptación, colaboración y, al final, unidad con nuestra comunidad en general. El doctor Steve Taylor, del que hemos hablado en el capítulo 11, encontró un aumento similar en amor y compasión, conocimiento profundo y tranquilidad interior en todos los despertares que estudió. Estos elementos son la esencia de lo que llamamos interdependencia, un estado de autenticidad y conexión que es el testimonio último del poder de la sanación holística. Este trabajo nos ha llevado a este momento, a la capacidad de encarnar la unidad y hacernos retroceder a un estado de consciencia pura y de conexión con todo lo que existe. Estamos transformando la mente y el cuerpo, literalmente, y regresando a la expresión más pura de nuestra alma. Encontramos en nosotros mismos lo divino, que se extiende al mundo que nos rodea.

ENCONTRAR LA COMUNIDAD DE AUTOSANADORES

Todavía no he compartido una pieza fundamental del puzle en mi viaje de sanación: encontrar a mi comunidad. Este es el objetivo del yo interdependiente. La comunidad es un concepto muy cambiante. Algunas personas la hallan en sus redes sociales, otras en su barrio, otras en sus intereses, iglesias, escuelas o aficiones. Encontré la mía durante aquel solitario periodo de autoexploración, cuando sentía que muy pocas personas podían entender mi nueva consciencia. Me sentía muy sola, como si Lolly y yo fuéramos las únicas personas despiertas en un mundo dormido. A medida que creaba límites en el proceso de reeducación, acabé con relaciones que no me servían, lo que supuso cortar los lazos con algunas personas a las que había considerado parte de mi comunidad principal. Empecé a tomar decisiones más saludables que iban a contracorriente: se acabaron las copas, se acabó sobrecargarme haciendo planes, se acabó trasnochar y destrozarme el sueño y la rutina matutina.

Había llegado muy lejos. Y estaba muy orgullosa. Mi voz intuitiva me instaba a conectar con otras personas y con el mundo que me rodeaba. Estar aislada de todo el mundo no era gratificante. Necesitaba encontrar a mi gente, compartir mis ideas y aprender de los demás. Fue entonces cuando Lolly me sugirió que publicara mi experiencia en internet. En aquel momento aún estaba en Filadelfia, trabajando como terapeuta formada en el modelo convencional, y necesitaba mantener mi trabajo diario. Temía que mis creencias me alejaran no solo de muchos de mis colegas, sino también de mis pacientes más tradicionales, y tenía que seguir ganándome la vida. Sin embargo, había un agujero en mí. Mi deseo de conectar fue el principal impulso para publicar mi viaje en Instagram, ya que buscaba a otras personas que pudieran entender el lenguaje de la autosanación e identificarse con este nuevo mundo del bienestar holístico. Inicié The Holistic Psychologist en 2018, y la respuesta fue casi inmediata. Mucha gente estaba tan deseosa de conectar como yo, y vivía experiencias y conocimientos muy similares. Multitud de personas estaban listas y dispuestas a participar en este profundo trabajo. Se corrió la voz y surgió otro objetivo: construir una comunidad segura que albergara el mayor espacio posible para la sanación. Los números siguieron subiendo. Cada persona que se unía a las filas de los SelfHealers confirmaba mi fe en el mensaje y me proporcionaba la seguridad necesaria para dedicarme de lleno a afirmar los conceptos de la Psicología Holística.

A medida que asumía el papel de profesora y compartía información a la vez que la incorporaba a mi vida, la comunidad creció y siguió dando cada vez más. Estábamos creando entre todos una nueva comunidad de almas que hacíamos un viaje de regreso similar a nuestra verdadera esencia. Personas de todo el mundo compartían sus herramientas y prácticas. Cuanto más compartía yo, más se unían y ofrecían sus experiencias de sanación. Cuanto más me adaptaba y progresaba, más reflejaba la comunidad ese crecimiento; era como una corregulación a gran escala. Este intercambio interpersonal en las redes sociales ha sido la interacción más gratificante de mi vida. He encontrado a mi gente, y, al hacerlo, he hallado el poder de mi voz, mi misión, mi propósito superior y mi yo interdependiente.

EL PODER DE LA COMUNIDAD

Las investigaciones muestran que tres de cada cinco estadounidenses se sienten solos.[83] Yo diría que esta cifra es artificialmente baja porque a las personas les da vergüenza admitir que están solas. Aceptar que nos sentimos solos nos hace vulnerables, es como si dejáramos al descubierto alguna deficiencia fundamental: «No me quieren porque no soy digno de que me quieran». Esto resuena profundamente dentro de mí, como estoy segura de que les sucede a muchas otras personas.

Todos surgimos de la vida tribal. Nuestros antepasados, fueran de donde fuesen, vivían en grupos por seguridad, para dividir el trabajo, reducir el estrés y apoyarse en todos los aspectos de la vida. Tanto si nos consideramos individualistas como colectivistas, toda persona necesita a otras para progresar. Nuestro cuerpo y nuestro cerebro fueron hechos para conectar.

La conexión es inherente a la condición humana; sin ella, no podemos sobrevivir. Por eso los investigadores han descubierto que la actual epidemia de la soledad es un problema urgente de salud pública. La soledad aumenta los porcentajes de enfermedades autoinmunes y crónicas de forma muy similar a los traumas. El doctor Vivek Murthy, un excirujano general de Estados Unidos, escribió en su libro *Juntos. El poder de la conexión humana* que la soledad está «asociada con un mayor riesgo de contraer enfermedades cardíacas, demencia, depresión, ansiedad, trastornos del sueño e incluso muerte prematura».[84] Está claro que la falta de conexión nos hace daño no solo psicológicamente.

Se ha demostrado que las relaciones «ambivalentes» (aquellas en las que el vínculo no es del todo útil) tienen los mismos efectos nocivos para nuestra salud mental y física que estar solo. La periodista Lydia Denworth dice en su libro *Friendship. The Evolution, Biology, and Extraordinary Power of Life's Fundamental Bond* que más de la mitad de las parejas casadas ven a sus cónyuges de forma ambivalente. En mi opinión, estas relaciones ambivalentes suelen ser vínculos traumáticos y no se basan en la autenticidad. ¿Cómo es posible? Si accedes a tus deseos y necesidades, ¿cómo puedes decidir pasar la vida con alguien que en realidad no te gusta? Muchas de nuestras relaciones, incluso las más cercanas, no sirven a nuestro auténtico yo porque no estamos conectados con nuestra intuición.

Afortunadamente, los que tenemos pareja, amigos y una comunidad que nos apoyan vemos los efectos contrarios en nuestro bienestar: somos más felices, estamos más sanos y vivimos más tiempo. No depende del azar. Puedes esforzarte por encontrar a tu comunidad, aunque no esté justo al lado de la puerta de tu casa. Los estudios demuestran que las relaciones por internet pueden ser tan significativas como las de la vida real.[85] Sal y encuentra a tu gente. Créeme, está ahí.

AMISTAD VERDADERA

La interdependencia, un estado bidireccional de auténtica conexión, es el acto de estar separados juntos. Solo cuando sea un todo unificado podré conectar auténticamente con los demás de forma que sirva a nuestras necesidades espirituales, emocionales y físicas. No todas las relaciones nos sirven del mismo modo, por supuesto, y no todas son recíprocas en el mismo sentido. Cuando expresamos nuestras necesidades y establecemos abiertamente nuestros límites, podemos entrar en un terreno en el que nos sentimos seguros. Cuando confiamos en nuestro mundo interior y sabemos que disponemos de las herramientas necesarias para enfrentarnos a las diversas pruebas que nos deparará la vida, podemos reflejar esa confianza y esa seguridad en nuestra comunidad. La manera en que somos con nosotros mismos conforma cómo con los demás, y viceversa. Todo está interconectado.

Para experimentar relaciones auténticas tienes que esforzarte en ser tú también auténtico. Solo entonces sentirás y responderás a la llamada de tu intuición, que te dice: «Deberías conectar con esta persona». Estoy segura de que ya te ha sucedido. A veces basta un vistazo y lo sabes: «Esta persona formará parte de mi vida». Es un aleteo en el alma que te dice que estabas destinado a cruzarte con esa persona.

Esto me sucedió tras llevar años trabajando para reconectar conmigo misma. Me sentía más alineada, y en cuanto empecé a difundir mis mensajes de sanación sentí que confiaba lo bastante en mis recursos internos para saber que, aunque mi mensaje no interesaría a todo el mundo, llegaría a las personas a las que tenía que llegar.

Entonces conocí a Jenna, que llegó pronto a la comunidad de SelfHealers. Aunque hablábamos por internet, sentía que conectábamos y siempre me identificaba con sus comentarios. La intuición llamaba a través de la red.

Después de la primera meditación abierta al público sobre el niño interior en Venice Beach, el primer evento organizado por The Holistic Psychologist del que he hablado en el prólogo de este libro, se formó una fila a mi alrededor. Saludé a todo el mundo, abrumada por la gratitud. Horas después, cuando ya veía el final de la fila, me fijé en una mujer que esperaba a que terminara y me sonreía con las manos en el corazón. Entre el mar de rostros que vi aquel día, se produjo ese clic. Incluso antes de que hubiera dicho una palabra, sentí una oleada de familiaridad, como si la conociera desde siempre, como si nuestras almas estuvieran en profunda comunión.

«Soy Jenna», me dijo.

No me lo podía creer. Mi intuición la había señalado entre una multitud de miles de personas. Charlamos, ambas emocionadas de conocernos en persona. De repente me entregó sus cartas oráculo, una baraja de bonitas ilustraciones. La generosidad del regalo —darme una parte realmente íntima de ella— significó mucho para mí. La tuve conmigo en todos los cambios de vida que siguieron. Fue una de las pocas cosas que me llevé cuando me trasladé de Filadelfia a California, al cabo de un año.

Meses después de la meditación, Lolly y yo inauguramos el SelfHealers Circle, una comunidad virtual que daría acceso a la infraestructura y a las herramientas diarias para la sanación autoguiada. El primer día fue salvaje: en una hora se registraron seis mil personas y se cayó el sistema. Dos días después estaba a punto de darme un ataque de nervios cuando me di cuenta de que todo aquello me superaba. Era algo muy necesario, y no estábamos preparadas para gestionarlo nosotras solas.

Justo cuando estaba a punto de meter la cabeza bajo el ala

y dejarlo correr, Jenna nos mandó un mensaje diciendo que había sentido el fuerte impulso de contactar con nosotras. «Me siento comprometida con este movimiento. Sabemos que un nuevo mundo es posible y lo estamos creando. Mi alma siente esta llamada. Aquí estoy para apoyaros a vosotras y al futuro de este movimiento. Hablemos.» Fue como si el universo nos guiñara el ojo a las tres, como si asintiera y nos dijera «Sí, seguiré poniendo a las personas adecuadas en vuestro camino cuando estéis en un lugar abierto a ellas».

Jenna fue la primera persona que se unió a nuestro equipo al día siguiente. Desde entonces se ha convertido en parte integral de todo el trabajo del movimiento holístico. Puedo decir sin lugar a dudas que, para que esta conexión fortuita se produjera, todas tuvimos que escuchar nuestra voz intuitiva. Si estás alineado, atraerás a personas que estén en tu sintonía.

El «nosotros» colectivo

Como ahora sabemos, entramos en el mundo en un estado de pura esponjosidad. Aprendiendo a sobrevivir y a navegar por lo desconocido, acumulamos nuestra separación egoica y nos definimos en relación con los demás. «Somos esto, no aquello. Nos gustan estas cosas, no aquellas.» Esta separación surge como relato que nos define a «nosotros» frente a «ellos», lo «exterior» frente a lo «interior». Para los que crecimos en familias codependientes (como yo), este relato comparativo, con nosotros a salvo en el interior y ellos en el exterior, forma una parte especialmente arraigada de nuestra identidad fundamental.

A medida que nos sanamos, volvemos a conectar con el yo verdadero que nos caracterizaba en la infancia. Muchos no podemos pensar siquiera en volver a aquel estado de vulnerabilidad porque nuestro ego es tan sensible y está tan centrado en intentar mantenernos a salvo y seguros que el relato sobre quiénes somos depende de la oposición al «otro». En este estado, a menudo no nos sentimos lo bastante seguros para acceder al «nosotros» colectivo o a la interconexión de todos los seres humanos. El proceso de retirar las capas de nuestra psique, aprender de nuestro condicionamiento, separarnos de nuestras creencias y ser testigos de nuestros estados corporales nos permite apreciar nuestra similitud no solo con nuestros seres queridos, sino también con nuestra comunidad y con el mundo en general.

Cuando todos empezamos a acceder a esa mentalidad colectiva, comenzamos a evolucionar hacia una sociedad altruista y recíproca. Puede parecer que el altruismo se opone a la pulsión evolutiva de «supervivencia del más apto», cuando en realidad ha sido fundamental para la permanencia de la especie humana.

En la época tribal, tener en cuenta la expresión única de cada uno de los individuos permitió satisfacer las necesidades de la comunidad en general. Cada pieza del puzle tenía una función. Cuando formamos parte del colectivo «nosotros», las necesidades de uno son las de todos.

Solo podemos participar en esta expresión de la unidad colectiva cuando nuestro sistema nervioso está abierto y es receptivo a la conexión. Esto significa que debemos estar tranquilos y equilibrados para conectar con los demás y cuidarlos. Cuando estamos en el lugar feliz de nuestro modo de interacción social y en un entorno estable y cómodo, nuestro nivel de estrés disminuye, el nervio vago nos coloca en el deseado estado de descanso, y nos encontramos en una situación de expresión alegre, espontaneidad, sanación y conexión. Para lograr una sensación de verdadera unidad, nuestro cuerpo debe sentirse totalmente seguro.

Como aprendimos en capítulos anteriores, nuestra fisiología comunica el nivel de seguridad a los demás mediante el proceso de corregulación. Nuestro estado interno suele reflejarse en los que nos rodean, lo que hace que nuestros mundos internos sean contagiosos; cuando nos sentimos seguros, los demás también. El problema es que lo contrario también es cierto. Esa es la razón clave por la que a muchos nos ha resultado imposible conectarnos. Como la inmensa mayoría, vivimos con un sistema nervioso desregulado, nos vemos literalmente incapaces de sentirnos lo bastante seguros para conectar con los demás. Eso provoca a su vez que nos sintamos cada vez más solos, más enfermos y menos capaces de lidiar con el estrés. Con el tiempo, este círculo vicioso se mantiene y nos hace descender rápidamente hacia la desconexión y todo tipo de enfermedades. Es la pescadilla que se muerde la cola. Estamos atrapados en respuestas de lucha, huida o congelación que hacen fisiológicamente imposible crear verdaderos vínculos. Este estado se refleja en los que nos rodean, que no pueden evitar interiorizarlo, con lo que contribuyen a nuestra epidemia global de soledad y desconexión. Esta incapacidad de conectar con los demás se aplica no solo a nuestra unidad familiar y a nuestros amigos, sino también al colectivo en general. No estamos solos en nuestra batalla. No eres un simple engranaje en una rueda.

Tu estado interno da forma a los que te rodean, para bien o para mal.

Cuando nos sentimos a salvo y seguros, estamos lo bastante cómodos para expresar nuestro estado interno, aunque esté desregulado o sea negativo, porque sabemos que podemos volver al punto de origen con la ayuda de nuestra comunidad. Los que nunca pelean ni muestran su desacuerdo en realidad están atrapados en un sistema desregulado que obstruye artificialmente su estrés. Lograr intimidad exige expresar tu verdadero yo (por impreciso que este suela ser) sin miedo a que te malinterpreten o a tener que enfrentarte a reproches o represalias. Cuando estamos en un espacio seguro de mutuo respeto, podemos expresar nuestras divergencias sin miedo y aun así volver a la homeostasis. Este conocimiento —que la tranquilidad está a nuestro alcance— nos proporciona la flexibilidad necesaria para tolerar la incomodidad. Estos ciclos de experiencia con momentos de desregulación que conducen a otros de corregulación nos ayudan a desarrollar una creencia y una confianza fundamentales en estos recursos internos.

Es importante señalar que los sistemas enfermos o desregulados hacen que para muchas personas negras, indígenas y de color (BIPOC) sea casi imposible volver a la seguridad porque nunca tuvieron confianza ni equilibrio. Siguen atrapadas en un sistema desequilibrado desde que los concibieron y ahora está muy rezagado en la realización del cambio absolutamente necesario para crear comunidades seguras para todos nosotros.

Todos merecemos tener la oportunidad de desarrollar la elasticidad para metabolizar las cambiantes tensiones de la vida y volver a un hogar seguro. Cuando fomentamos nuestras relaciones de apoyo y nos involucramos conscientemente con nuestro mundo interior, todos salimos beneficiados. Es la esencia de la reciprocidad que une a toda la humanidad. No hay «nosotros» y no hay «ellos».

Al romper estas barreras entre nosotros como individuos, podemos volvernos receptivos y conectar con cosas que trascienden nuestra comprensión humana. Esto puede llevarte a comunicarte con el Dios que elijas o con tus antepasados, experimentar el nacimiento de tu hijo, pasar tiempo en la naturaleza o perderte en una forma artística que te conmueva especialmente. Es una experiencia de unidad a gran escala que puede apreciarse incluso en los momentos más pequeños e inspirar la indescriptible y sublime sensación de asombro.[86] Los investigadores han descubierto que esta sensación procede de una respuesta evolutiva a la incertidumbre. Alentaba a nuestros antepasados a conectar con los demás mientras experimentaban e intentaban dar sentido a las incertidumbres y los misterios de la vida. Cuando vivimos un eclipse, por ejemplo, nuestro asombro comunitario nos une en la apreciación de la belleza y el terror de la vida, lo que en último término nos ayuda a sentirnos más seguros.

La única forma de abrirnos al asombro es mediante la apertura del ojo de la mente para ver a las personas y el mundo que nos rodea. La verdad de nuestra existencia está en el alma única que reside dentro de cada uno de nosotros. En palabras del Alce Negro, jefe de los sioux oglala, «La primera paz, que es la más importante, es la que procede de las almas de las personas cuando entienden su relación, su Unidad, con el universo y todos sus poderes, y cuando entienden que en el centro del universo habita el Gran Espíritu, y que en realidad este centro está en todas partes, está dentro de cada uno de nosotros».[87]

Al principio de este libro apunté que las experiencias trascendentes rara vez se producen en el contexto estereotipado de lo divino, en la cima de una montaña o junto a un riachuelo. La evolución espiritual puede ser complicada. Cuando trabajas para sanar tu cuerpo, tu mente y tu alma, y recuperas la capacidad de conectar con el universo, puedes acceder a la trascendencia en sus múltiples formas. Cuando retires la fachada de tu ego y conectes con la parte más pura y auténtica de ti mismo, cuando te acerques a tu comunidad en un estado abierto de receptividad, llegarán los despertares. En estos momentos es cuando la verdadera iluminación y la sanación son posibles.

Al sanarte a ti mismo, sanas el mundo que te rodea.

SÁNATE: EVALÚA TUS RELACIONES INTERDEPENDIENTES

A muchos de vosotros, especialmente si sois como yo y venís de un condicionamiento codependiente, desarrollar relaciones interdependientes os llevará tiempo. Puedes empezar siguiendo estos pasos:

Paso 1. Evalúa tu actual interdependencia (o la ausencia de ella). Para adquirir consciencia, tómate un tiempo para observar tu actual nivel de interdependencia y evalúate en los siguientes ámbitos:

¿Te sientes cómodo estableciendo y manteniendo límites claros en todas las relaciones? ¿O necesitas dedicar algo de tiempo a identificar y establecer nuevos límites? _____.

¿Puedes mantener espacio para la comunicación abierta y el procesamiento emocional tanto para ti como para los demás? ¿O necesitas dedicar un tiempo a identificar tus emociones y ser consciente de cuándo tienes que tomarte un descanso antes de comunicar? _____.

¿Te sientes libre para hablar de tu verdad y tu realidad aunque no se ajusten a la de los demás? ¿O aún tienes miedo, vergüenza o sentimiento de culpa por cómo imaginas que reaccionarán los otros? _____.

¿Tienes claras tus intenciones cuando actúas? ¿Sabes qué impulsa tus decisiones? ¿Puedes identificar lo que buscas en tus experiencias y relaciones? ¿O necesitas más tiempo para observarte? _____.

¿Puedes observar tu ego (y tu ego en la sombra) sin actuar en cada pensamiento? ¿O necesitas explorar más estos aspectos de tu experiencia diaria? _____.

Paso 2. Cultiva la interdependencia. Utilizando la lista del paso 1 para determinar los ámbitos que quieres fortalecer, empieza a tomar decisiones que apoyen tu objetivo de lograr la interdependencia. Empieza por un ámbito y establece una intención diaria de generar un cambio usando los siguientes ejemplos.

DIARIO DEL YO FUTURO: CREAR INTERDEPENDENCIA

Hoy estoy creando interdependencia en mis relaciones.

Agradezco la oportunidad de crear relaciones más satisfactorias.

Hoy puedo expresarme verdaderamente y seguir sintiéndome conectado con los demás.

Cambiar en este ámbito me permite sentirme conectado con mi verdadero yo y mis necesidades en todas las relaciones.

Hoy realizo este ejercicio contándole a mi pareja cómo me sentí realmente tras nuestra última discusión.

Muchas gracias por tener el valor, la mente abierta y la fe necesarios para emprender este viaje conmigo. Recuerda que es continuo y que evolucionará y cambiará a medida que tú lo hagas. Mi intención es que seas un ejemplo de que sanarse es posible. En cuanto empieces a trabajar, tu vida será un poderoso testimonio de esta posibilidad. Te dejo con «Un día en la vida hacia la sanación», que por supuesto puedes utilizar como guía. Quiero que conviertas esta práctica en algo exclusivamente tuyo. Quédate con lo que te identifiques y descarta lo que no. Quien mejor puede sanarte eres tú.

UN DÍA DE LA VIDA HACIA LA SANACIÓN

Equilibra tu cuerpo:

- Explora las necesidades físicas de tu cuerpo respondiendo a estas preguntas:

    ¿Qué alimentos ayudan a tu cuerpo a sentirse bien, y cuáles hacen que no se sienta en su mejor momento?

    ¿Cuánto sueño (y a qué horas) ayuda a tu cuerpo a sentirse más recuperado?

    ¿Cuánto movimiento (y cuándo) ayuda a tu cuerpo a liberar emociones almacenadas?

    Equilibra tu sistema nervioso realizando un trabajo polivagal diario (como respiración, meditación o yoga).

Equilibra tu mente:

- Construye más momentos de consciencia diarios.

- Identifica los relatos de tu ego y de tu yo en la sombra, y observa cómo impulsan muchas reacciones emocionales y conductas de afrontamiento.

- Cultiva una relación diaria con tu niño interior y empieza a reeducarte cultivando tu figura parental interior sensata para ayudarte a identificar y satisfacer tus necesidades físicas, emocionales y espirituales.

Vuelve a conectar con tu alma:

- Explora y vuelve a conectar con tus deseos y pasiones más profundos. Expresa tu verdadero yo en todos los ámbitos de tu vida.

Epílogo

La caja de pizza

Cuando empecé a pensar en escribir este libro y reunir todos los momentos significativos de mi vida profesional y personal que quería compartir contigo, había muchas cosas que no recordaba. Mi cerebro seguía lidiando con las consecuencias de los traumas infantiles, y mi cuerpo aún luchaba contra las respuestas del sistema nervioso que me mantenían desconectada e incapaz de acceder al pasado. En mi memoria había muchos espacios en blanco, y el que más me irritaba era mi incapacidad de recordar la cita exacta que encontré al pasar por delante del Rubin Museum of Art de Nueva York, aquella que me abrió la mente al concepto de consciencia y me impulsó a una manera de ser enteramente nueva. Por más que lo intentara, por muchas frases que buscara o por muchos catálogos que consultara en busca de esa cita, seguía perdida.

Entretanto continuaba mi transición hacia una nueva vida en California. Al empezar a desarrollar una rutina, observé que volvía a viejos patrones como respuesta al hecho de sentirme fuera de mi elemento. Comencé a lamentar la pérdida de mi antigua vida; aunque sabía que no servía a mi mejor yo, a la vieja Nicole seguía pareciéndole segura y familiar.

Mientras estaba sumida en esta confusión personal, el mensaje de la Psicología Holística se extendía como la pólvora por todo el mundo: más de dos millones de personas me seguían en las redes sociales y participaban a unos niveles que me costaba asimilar. Me sentía eufórica —realizada, en realidad— y también abrumada. Mi niña interior, tan desesperada por que la vieran y la quisieran, empezó a temblar bajo la presión de tantos ojos. Temía que me malinterpretaran, y cuando, inevitablemente, lo hacían, me sentía fracasada.

Luego se produjo una pandemia mundial y todo quedó muy claro. Había mucho dolor, sufrimiento y traumas. Todos estábamos juntos en esto, encerrados, luchando enérgica y físicamente en un mundo nuevo que no tenía sentido. El estrés se propagaba. Como tantas personas, por primera vez en años no me sentía comprometida con mi viaje. Esta falta de compromiso se manifestaba en pequeños detalles; por ejemplo, dejé de cocinar, un acto diario de cuidarme a mí misma que valoraba. Normalmente disfruto alimentándome a mí y a mis seres queridos. Durante el confinamiento no podía reunir la energía para prepararme la comida. Una noche, Lolly, Jenna y yo decidimos pedir pizza. Encontramos una pizzería que ofrecía masa sin gluten. Nunca había hecho un pedido en ese restaurante, ni había oído hablar de él, así que nuestra decisión se basó exclusivamente en las reseñas de internet.

Dejaron la caja de pizza en la puerta y, al levantarla, vi unas bonitas letras a un lado. Leí las palabras y casi se me cae la caja. Allí estaba, me la habían traído a la puerta de mi casa: «"No recordamos días, recordamos momentos", Cesare Pavese».

Era la cita que había estado buscando, la que me introdujo en la madriguera de la autoexploración. De los millones —¿miles de millones?— de frases que se pueden citar en el mundo, esta volvió a mí como un eco, un recordatorio de lo mucho que había crecido. Me vinieron a la mente destellos del pasado: llorando ante el tazón de avena, la piscina en la que me desmayé por primera vez, pedaleando en mi moto de juguete debajo de la mesa de la cocina de la casa de mi infancia. Todo estaba allí conmigo, todas las partes de quien soy ahora, quien era entonces y quien seré algún día. Dejé que las palabras se introdujeran en mí mientras inhalaba y exhalaba. La gratitud invadió todas las células de mi ser.

No puedo decir que la caja de pizza me llevara directamente al siguiente paso de mi crecimiento personal y espiritual, aunque me ayudó a afirmar la confianza en mí misma y mi consciencia. Hubo un tiempo en que estaba mal, herida, y no era consciente. En ese momento, a pesar de los contratiempos, estaba viviendo esta cita. Creo que puedo afirmar que esa caja de pizza me dio la confianza necesaria para tomar otra decisión consciente: decidí que había llegado el momento de volver a acercarme a mi familia.

Cuando establecí el límite duro de cortar el contacto con ellos, tuve que hacerlo para descubrir quién era realmente sin la abrumadora presencia de mi familia. Por primera vez podía verme: veía mis fuerzas y vulnerabilidades, conocía a mi niña interior y aceptaba mis heridas. Impuse la ausencia total de comunicación porque no confiaba en mí. Sabía que había una pendiente resbaladiza hacia la codependencia. Estos límites rígidos me ayudaron a conectar con mi verdadero yo, lo que al final me permitió conectarme más honestamente con los demás, y en última instancia con todos vosotros. Fue la situación perfecta para intentar reconectar. Parecía un momento de ahora o nunca.

Empezó con una carta breve y sencilla que básicamente decía: «Estoy lista para volver a conectar con vosotros si también vosotros estáis listos y dispuestos a que trabajemos juntos para crear una nueva relación». Fue el reconocimiento de que estaba preparada para abrir la puerta a la comunicación. Mi familia respondió. Estaban indecisos, pero dispuestos a intentarlo, y me hicieron saber que también ellos se habían tomado el espacio como una oportunidad para empezar su propia sanación.

No sé cómo será esta nueva relación. Me estoy permitiendo la flexibilidad de elegir. Me regalo a mí misma la apertura y la curiosidad para explorar las posibilidades de una relación que surge de mi confianza y mi amor por mí misma, y estoy entusiasmada por ver lo que puede traer o no.

Decidimos en todo momento. Podemos vivir en el pasado o mirar adelante e imaginar un futuro diferente. Nuestra tendencia cuando volvemos a un sistema, independientemente de cuánto trabajemos por nuestra cuenta, es regresar a antiguos patrones. La tentación es abrazar el condicionamiento subconsciente que conocemos. También podemos decidir abrir una puerta desconocida e incierta. Ahora sé que si ese camino no me sirve lo sabré y podré dar media vuelta, cerrar la puerta y elegir otra.

En el momento en que escribo estas líneas todos hemos

cambiado a nuestra manera. Mi hermana ha empezado su viaje hacia la sanación, y yo he pasado de asistir a terapia familiar a reconstruir nuestras relaciones en la vida cotidiana. El otro día, cuando mi padre no estaba, llamé a mi madre para ayudarla a aliviar la soledad que sabía que sentía. No tenía la obligación de ayudarla a sentirse mejor; lo hice porque quise. Y me sentí bien.

Todavía intento mantener el equilibrio en el puente inestable de querer apoyar a mi familia, pero hacerlo de una manera que funcione para mí. Aún lo abordo momento a momento y pido a mi intuición que me guíe en cada interacción. Ahora tengo fe en que al final tomaré la decisión correcta para mí.

En esto consiste este trabajo: el empoderamiento de tener la posibilidad de elegir. Podemos escoger cómo tratamos nuestro cuerpo, cómo nos mostramos en las relaciones, cómo creamos nuestra realidad e imaginamos nuestro futuro. Independientemente del camino que tomes, siempre que lo hayas elegido de forma consciente y confíes en ti, sean cuales sean los resultados, estarás listo. No hay hojas de ruta, direcciones, gurús ni sabios. No hay listas que solucionen tus problemas ni píldoras mágicas que te curen.

Soy una poderosa creadora de mi mundo, y mi energía y mis pensamientos dan forma al mundo que me rodea. Sí, hay cosas que escapan a mi control, y tenemos poder sobre cómo experimentamos el mundo. Podemos cambiar la manera de cuidarnos. Podemos cambiar la forma de interpretar nuestro entorno y de relacionarnos con nuestros seres queridos. Podemos cambiar la manera de conectar con nuestro yo, y, al hacerlo, modificar también la forma de conectar con el universo. Siempre existe la oportunidad de crecer, evolucionar e inspirar, que se filtran en el colectivo. El objetivo de este libro es devolvernos a nuestra auténtica esencia, nuestra pura consciencia, la personificación de quienes éramos antes de que el condicionamiento se afianzara. Queremos volver a conectar con el nosotros colectivo, y, al hacerlo, acceder al pozo profundo del autoempoderamiento que tenemos en nuestro interior.

Ninguno de nosotros puede ver el futuro. Tenemos nuestra intuición, confianza en nosotros mismos y las emociones —información— que pueden ayudarnos a tomar las mejores decisiones posibles. De esto se trata la sanación: de desarrollar alternativas y la confianza en las herramientas que utilizamos para vivir verdaderamente nuestra vida temporal, pase lo que pase.

Agradecimientos

Ha sido un gran honor compartir este trabajo y ver cómo nuestra comunidad de #SelfHealers ha ido creciendo hasta convertirse en un gran movimiento. Cada uno de vosotros sois el testimonio vivo, y vuestros innumerables mensajes de curación procedentes de todo el mundo han permitido que este libro viera la luz. Os estoy eternamente agradecida por vuestro apoyo y por creer en estas enseñanzas. Me habéis permitido tener fe en mí misma para seguir adelante. Con cada persona que se cura llega otra con la voluntad de hacer lo mismo. Todos vosotros estáis cambiando nuestro futuro colectivo.

A Ally, que ha caminado a mi lado para que me mantuviera firme. Tu historia refleja las infinitas posibilidades que viven en cada uno de nosotros. Es un verdadero honor compartir este viaje de empoderamiento contigo.

A mis padres, a los que creo que elegí, gracias. Vuestra historia, vuestro amor y vuestros traumas no resueltos fueron un catalizador para que yo resolviera los míos. Os enseño este trabajo a vosotros y a todas las generaciones anteriores a la vuestra, que no tuvieron acceso a este conocimiento y vivieron inmersos en la vergüenza heredada. Vosotros me enseñasteis a asumir mi responsabilidad y volver a ser la persona que actualmente soy. Gracias por permitirme recordar.

A mis maestros, en su mayoría de muy lejos, no tengo palabras para agradeceros que salierais de los paradigmas y abrierais camino. He aprendido que a veces puede ser un viaje difícil y solitario, y vuestra sabiduría abrió puertas dentro de mí que nunca habría aprendido en la formación tradicional. Vuestro valor ha inspirado el mío. Cuento mis verdades para inspirar a otras personas como vosotros me habéis inspirado a mí.

Gracias a mi agente, Dado Derviskadic, que ha sido un guía sabio durante el proceso de escritura de este libro. Cuando dijiste el título por primera vez, sentí escalofríos en todo el cuerpo. Haces tu trabajo porque quieres convertir el mundo en un lugar mejor, y es un honor trabajar contigo.

No podría haber escrito mi primer libro sin la ayuda del equipo de Harper Wave. Visteis mi visión y creísteis que el mundo debía verla también. Gracias a Karen, Julie, Yelena, Brian y al resto del equipo de Harper que ayudó a que este trabajo saliera a la luz. Un especial agradecimiento a todos nuestros editores internacionales, en especial a Pippa Wright y su equipo del Orion Publishing Group, que creyeron que este trabajo debía traducirse a sus lenguas para ayudar a difundir este mensaje universal de la autocuración.

He tenido la inmensa suerte de contar con un equipo de personas conscientes y hermosas. Cada uno de vosotros es un ejemplo de este trabajo y ayuda a crear el espacio para que exista en la colectividad.

A Jenna Weakland, cuya alma caminó muchas vidas para

unirse con la mía al servicio de la colectividad. Gracias por escuchar tu vocación y por asumir sin miedo tu lugar fundamental en este movimiento. Tu corazón es puro amor y una inspiración diaria para mi continua expansión. No tengo palabras para expresar mi infinita gratitud.

A mi compañera en la vida y en el trabajo, Lolly, gracias por verme. Gracias por desafiarme en mi evolución. Gracias por creer en mí antes que yo misma. Me has enseñado una nueva versión del amor, una versión que ofrece un espacio real y honesto desde el que por fin he podido reconocer todo lo que soy. Apoyaste nuestra visión con fe ciega y sigues a mi lado todos los días. Prometo hacer brillar la luz de esta visión. Siempre.

Cada uno de vosotros tenéis este libro en las manos porque estáis listos. Estáis volviendo a quien realmente sois. Creo totalmente en vuestro ilimitado potencial y sigo haciendo este viaje con vosotros. Dedico este libro a todos los que están llamados a ser libres. Arrancar nuestras capas protectoras al servicio de la curación colectiva es el viaje más valiente que puede emprender un alma. Veo y respeto a cada uno de vosotros.

Notas

1. LePera, N. (2011), «Relationships between boredom proneness, mindfulness, anxiety, depression, and substance use», *The New School Psychology Bulletin*, 8(2).
2. McCabe, G. (2008), «Mind, body, emotions and spirit: Reaching to the ancestors for healing», *Counselling Psychology Quarterly*, 2(2), pp. 143-152.
3. Schweitzer, A. (1993), *Reverence for life: Sermons, 1900-1919*, Irvington.
4. Mantri, S. (2008), «Holistic medicine and the Western medical tradition», *AMA Journal of Ethics*, 10(3), pp. 177-180.
5. Mehta, N. (2011), «Mind-body dualism: A critique from a health perspective», *Mens Sana Monographs*, 9(1), pp. 202-209.
6. Lipton, B. H. (2008), *The biology of belief: Unleashing the power of consciousness, matter & miracles*, Hay House. [Hay trad. cast.: *La biología de la creencia. La liberación del poder de la conciencia, la materia y los milagros*, Madrid, La Esfera de los Libros, 2007.]
7. Kankerkar, R. R., Stair, S. E., Bhatia-Dey, N., Mills, P. J., Chopra, D. y Csoka, A. B. (2017), «Epigenetic mechanisms of integrative medicine», *Evidence-Based Complementary and Alternative Medicine*, artículo 4.365.429.
8. Nestler, E. J., Peña, C. J., Kundakovic, M., Mitchell, A. y

Akbarian, S. (2016), «Epigenetic basis of mental illness», *The Neuroscientist*, 22(5), pp. 447-463.

9. Jiang, S., Postovit, L., Cattaneo, A., Binder, E. B. y Aitchison, K. J. (2019), «Epigenetic modifications in stress response genes asociated with childhood trauma», *Frontiers in Psychiatry*, 10, artículo 808.

10. Center for Substance Abuse Treatment (2014), *Trauma-informed care in behavioral health services*, Substance Abuse and Mental Health Services Administration.

11. Lipton, *The biology of belief*.

12. Fuente-Fernández, R. de la, y Stoessel, A. J. (2002), «The placebo effect in Parkinson's disease», *Trends in Neurosciences*, 25(6), pp. 302-306.

13. Lu, C.-L. y Chang, F.-Y. (2011), «Placebo effect in patients with irritable bowel syndrome», *Journal of Gastroenterology and Hepatology*, 26(s3), pp. 116-118.

14. Peciña, M., Bohnert, A. S., Sikora, M., Avery, E. T., Langenecker, S. A., Mickey, B. J. y Zubieta, J. K. (2015), «Association between placebo-activated neural systems and antidepressant responses: Neurochemistry of placebo effects in major depression», *JAMA Psychiatry*, 72(11), pp. 1.087-1.094.

15. Ross, R., Gray, C. M. y Gill, J. M. R. (2015), «Effects of an injected placebo on endurance running performance», *Medicine and Science in Sports and Exercise*, 47(8), pp. 1.672-1.681.

16. Lipton, *The biology of belief*.

17. Brogan, K. y Loberg, K. (2016), *A mind of your own: The truth about depression and how women can heal their bodies to reclaim their lives*, Harper Wave.

18. Meador, C. K. (1992), «Hex death: Voodoo magic or persuasion?», *Southern Medical Journal*, 85(3), pp. 244-247.

19. Holder, D. (2 de enero de 2008), «Health: Beware negative self-fulfilling prophecy», *The Seattle Times*, <https://www.seattletimes.com/seattle-news/health/health-beware-negative-self-fulfilling-prophecy/>.

20. Reeves, R. R., Ladner, M. E., Hart, R. H. y Burke, R. S. (2007), «Nocebo effects with antidepressant clinical drug trial placebos», *General Hospital Psychiatry*, 29(3), pp. 275-277.

21. Kotchoubey, B. (2018), «Human consciousness: Where is it from and what is it for», *Frontiers in Psychology*, 9, artículo 567.

22. Dispenza, J. (2013), *Breaking the habit of being yourself: How to lose your mind and create a new one*, Hay House. [Hay trad. cast.: *Deja de ser tú. La mente crea la realidad*, Madrid, Urano, 2012.]

23. Van der Kolk, B. (2015), *The body keeps the score: Brain, mind, and body in the healing of trauma*, Penguin Books. [Hay trad. cast.: *El cuerpo lleva la cuenta. Cerebro, mente y cuerpo en la superación del trauma*, Sitges, Eleftheria, 2017.]

24. Langer, E. J. (2009), *Counterclockwise: Mindful health and the power of possibility*, Ballantine Books.

25. Cacioppo, J. T., Cacioppo, S. y Gollan, J. K. (2014), «The negativity bias: Conceptualization, quantification, and individual differences», *Behavioral and Brain Sciences*, 37(3), pp. 309-310.

26. Van der Hart, O. y Horst, R. (1989), «The dissociation theory of Pierre Janet», *Journal of Traumatic Stress*, 2(4), pp. 397-412.

27. Bucci, M., Gutiérrez Wang, L., Koita, K., Purewal, S., Marques, S. S. y Burke Harris, N. (2015), *ACE—Q user guide for health professionals*, Center for Youth Wellness, <https://centerforyouthwellness.org/wp-content/uploads/2018/06/CYW-ACE-Q-USer-Guide-copy.pdf>.

28. Bruskas, D. (2013), «Adverse childhood experiences and psychosocial well-being of women who were in foster care as children», *The Permanente Journal*, 17(3), e131-e141.

29. Van der Kolk, *The body keeps the score*.

30. Scaer, R. (2005), *The trauma spectrum: Hidden wounds and human resiliency*, W. W. Norton, p. 205.

31. Gibson, L. C. (2015), *Adult children of emotionally immatu-*

re parents. How to heal from distant, rejecting, or self-involved parents, New Harbinger Publications, p. 7. [Hay trad. cast.: *Hijos adultos de padres emocionalmente inmaduros. Cómo recuperarse del distanciamiento, del rechazo o de los padres autoinvolucrados*, Málaga, Sirio, 2016.]

32. Dutheil, F., Aubert, C., Pereira, B., Dambrun, M., Moustafa, F., Mermillod, M., Baker, J. S., Trousselard, M., Lesage, F. X. y Navel, V. (2019), «Suicide among physicians and health-care workers: a systematic review and meta-analysis», *PLOS ONE*, 14(12), e0226361. <https://doi.org/10.1371 /journal.pone.0226361>.

33. Krill, P. R., Johnson, R. y Albert, L. (2016, enero/febrero), «The prevalence of substance use and other mental health concerns among American attorneys», *Journal of Addiction Medicine*, 10(1), pp. 46-52, doi: 10.1097/ADM.0000000000000182.

34. Dutheil *et al.*, «Suicide among physicians and health-care workers: a systematic review and meta-analysis».

35. Lazarus, R. S. y Folkman, S. (1984), *Stress, appraisal, and coping*, Springer.

36. Maté, G. (2003), *When the body says no: The cost of hidden stress*, Knopf Canada. [Hay trad. cast.: *El precio del estrés. Cuando el cuerpo dice no*, Barcelona, RBA, 2008.]

37. Punchard, N. A., Whelan, C. J. y Adcock, I. M. (2004), «The Journal of Inflammation», *The Journal of Inflammation*, 1(1), p. 1.

38. Van der Kolk, *The body keeps the score*.

39. Matheson, K., McQuaid, R. J. y Anisman, H. (2016), «Group identity, discrimination, and well-being: Confluence of psychosocial and neurobiological factors», *Current Opinion in Psychology*, 11, pp. 35-39.

40. Paradies, Y., Ben, J., Denson, N., Elias, A., Priest, N., Pieterse, A., Gupta A., Kelaher, M. y Gee, G. (2015), «Racism as a determinant of health: A systematic review and meta-analysis», *PLOS ONE*, artículo 10.1371. <https:// journals.plos.org/plosone/article?id=10.1371/journal.pone.0138511>.

41. Goldsmith, R. E., Martin, C. G. y Smith, C. P. (2014), «Systemic trauma», *Journal of Trauma & Dissociation*, 15(2), pp. 117-132.

42. Paradies *et al.*, «Racism as a determinant of health».

43. Williams, D. R. y Mohammed, S. A. (2013), «Racism and health I: Pathways and scientific evidence», *American Behavioral Scientist*, 57(8), pp. 1.152-1.173.

44. Porges, S. (2017), *The Polyvagal Theory*, W. W. Norton & Company.

45. Center for Substance Abuse Treatment, *Trauma-informed care in behavioral health services*.

46. Håkansson, A. y Molin, G. (2011), «Gut microbiota and inflammation», *Nutrients*, 3(6), pp. 637-682.

47. Campbell-McBride, N. (2010), *Gut and psychology syndrome: Natural treatment for autism, dyspraxia, A.D.D., dyslexia, A.D.H.D., depression, schizophrenia*, Medinform Publishing. [Hay trad. cast.: *GAPS, el síndrome psico-intestinal. Un tratamiento natural para el autismo, la dispraxia, el trastorno por déficit de atención con o sin hiperactividad, la dislexia, la depresión y la esquizofrenia*, Madrid, Diente de León, 2017.]

48. Peirce, J. M. y Alviña, K. (2019), «The role of inflammation and the gut microbiome in depression and anxiety», *Journal of Neuroscience Research*, 97(10), pp. 1.223-1.241.

49. Caspani, G., Kennedy, S. H., Foster, J. A. y Swann, J. R. (2019), «Gut microbial metabolites in depression: Understanding the biochemical mechanisms», *Microbial Cell*, 6(10), pp. 454-481.

50. Zheng, P., Zeng, B., Liu, M., Chen, J., Pan, J., Han, Y., Liu, Y., Cheng, K., Zhou, C., Wang, H., Zhou, X., Gui, S., Perry, S. W., Wong, M.-L., Lincinio, J., Wei, H. y Xie, P. (2019), «The gut microbiome from patients with schizophrenia modulates the glutamate-glutamine GABA cycle and schizophrenia-relevant behaviors in mice», *Science Advances*, 5(2), eeau8817.

51. Li, Q., Han, Y., Dy, A. B. C. y Hagerman, R. J. (2017), «The

gut microbiota and autism spectrum disorders», *Frontiers in Cellular Neuroscience*, 11, artículo 120.

52. De Cabo, R. y Mattson M. P. (2019), «Effects of intermittent fasting on health, aging, and disease», *The New England Journal of Medicine*, 381(26), pp. 2.541-2.551.

53. Mattson, M. P., Moehl, K., Ghena, N., Schmaedick, M. y Cheng, A. (2018), «Intermittent metabolic switching, neuroplasticity and brain health», *Nature Reviews Neuroscience*, 19(2), pp. 63-80.

54. Watkins, E. y Serpell, L. (2016), «The psychological effects of short-term fasting in healthy women», *Frontiers in Nutrition*, 3(7), p. 27.

55. Walker, M. (2018), *Why We Sleep: The New Science of Sleep and Dreams*, Penguin. [Hay trad. cast.: *Por qué dormimos. La nueva ciencia del sueño*, Madrid, Capitán Swing, 2019.]

56. Brown, R. P. y Gerbarg, P. L. (2009), «Yoga breathing, meditation, and longevity», *Annals of the New York Academy of Sciences*, 1172(1), pp. 54-62.

57. Nestor, J. (2020), *Breath: The new science of a lost art*, Riverhead Books, p. 55. [Hay trad. cast.: *Respira. La nueva ciencia de un arte olvidado*, Barcelona, Planeta, 2021].

58. Hof, W. (2011), *Becoming the Iceman: pushing past perceived limits*, Mill City Press, Inc.

59. Sullivan, M. B., Erb, M., Schmalzl, L., Moonaz, S., Noggle Taylor, J. y Porges, S. W. (2018). «Yoga therapy and polyvagal theory: The convergence of traditional wisdom and contemporary neuroscience for self-regulation and resilience», *Frontiers in Human Neuroscience*, 12, artículo 67.

60. Kinser, P. A., Goehler, L. E. y Taylor, A. G. (2012), «How might yoga help depression? A neurobiological perspective», *Explore*, 8(22), pp. 118-126.

61. Loizzo, J. (2018, 17 de abril), *Love's brain: A conversation with Stephen Porges*, Nalanda Institute for Contemplative Science,

<https://nalandainstitute.org/2018/04/17/loves-brain-a-conversa
tion-with-stephen-porges/>.

62. Villemure, C., Čeko, M., Cotton, V. A. y Bushnell, M. C.
(2014), «Insular cortex mediates increased pain tolerance in yoga
practitioners», *Cerebral Cortex*, 24(10), pp. 2.732-2.740.

63. Porges, S. (2015), «Play as a neural exercise: Insights from
the polyvagal theory», <https://www.legeforeningen.no/contentas
sets/6df47feea03643c5a878ee7b87a467d2/sissel-oritsland-vedlegg-
til-presentasjon-porges-play-as-neural-exercise.pdf>.

64. Porges, S. (2007), «The polyvagal perspective», *Biological
Psychology*, p. 74.

65. Neale, D., Clackson, K., Georgieva, S., Dedetas, H., Scar-
pate, M., Wass, S. y Leong, V. (2018), «Toward a neuroscientific
understanding of play: A dimensional coding framework for
analyzing infant—adult play patterns», *Frontiers in Psychology*, 9,
artículo 273.

66. Gillath, O., Karantzas, G. C. y Fraley, R. C. (2016), *Adult
attachment: A concise introduction to theory and research*, Academic
Press.

67. Bowlby, J. (1988), *A secure base: Parent-child attachment
and healthy human development*, Basic Books.

68. Leblanc, É., Dégeilh, F., Daneault, V., Beauchamp, M. H. y
Bernier, A. (2017), «Attachment security in infancy: A study of
prospective links to brain morphometry in late childhood», *Frontiers in Psychology*, 8, artículo 2141.

69. Bradshaw, J. (1992), *Homecoming: Reclaiming and cham-
pioning your inner child*, Bantam.

70. *Ibid.*

71. Hazan, C. y Shaver, P. (1987), «Romantic love conceptuali-
zed as an attachment process», *Journal of Personality and Social
Psychology*, 52(3), pp. 511-524.

72. Carnes, P. J. (1997), *The betrayal bond: Breaking free of exploitive relationships*, HCI.

73. *Ibid.*

74. Gottman, J. M. (2015), *The seven principles for making marriage work: A practical guide from the country's foremost relationship expert*, Harmony.

75. Gazipura, A. (2017), *Not nice: Stop people pleasing, staying silent & feeling guilty... and start speaking up, saying no, asking boldly, and unapologetically being yourself*, Tonic Books.

76. Taylor, S. (2017), *The leap: The psychology of spiritual awakening*, New World Library.

77. Miller, L., Balodis, I. M., McClintock, C. H., Xu, J., Lacadie, C M., Sinha, R. y Potenza, M. N. (2019), «Neural correlates of personalized spiritual experiences», *Cerebral Cortex*, 29(6), pp. 2.331-2.338.

78. Gibson, *Adult children of emotionally immature parents.*

79. Brown, S. (2010), *Play: How it shapes the brain, opens the imagination, and invigorates the soul*, Avery. [Hay trad. cast.: *Juega. La forma más efectiva de desarrollar el cerebro, enriquecer la imaginación y alegrar el alma*, Madrid, Urano, Books4pocket, 2014.]

80. Gibson, *Adult children of emotionally immature parents.*

81. *Ibid.*

82. Taylor, J. B. (2009), *My stroke of insight: A brain scientist's personal journey*, Penguin Books.

83. Cigna (23 de enero de 2020), *Loneliness and the workplace: Cigna takes action to combat the rise of loneliness and improve mental wellness in America*, <https://www.multivu.com/players/English/8670451-cigna-2020-loneliness-index/>.

84. Murthy, V. H. (2020), *Together: The healing power of human connection in a sometimes lonely world*, Harper Wave. [Hay trad. cast.: *Juntos. El poder de la conexión humana*, Barcelona, Crítica, 2021.]

85. Antheunis, M. L., Valkenburg, P. M. y Peter, J. (2012), «The quality of online, offline, and mixed-mode friendships among users

of a social networking site», *Cyberpsychology: Journal of Psychosocial Research on Cyberspace*, 6(3), artículo 6.

86. Gottlieb, S., Keltner, D. y Lombrozo, T. (2018), «Awe as a scientific emotion», *Cognitive Science*, 42(6), pp. 1-14.

87. Brown, J. (1989), *The Sacred Pipe: Black Elk's account of the Seven Rites of the Oglala Sioux*, University of Oklahoma Press.

Glosario de términos de Psicología Holística

ADICCIÓN EMOCIONAL: Impulso inconsciente de la mente subconsciente hacia estados emocionales conocidos en los que el sistema nervioso y los neurotransmisores activan respuestas de la hormona del estrés.

ALOSTASIS: Proceso fisiológico de transición de un estado de respuesta al estrés (lucha o huida) a la homeostasis.

AMOR VERDADERO: Espacio seguro de evolución mutua entre personas que permite que se vea y se escuche a todas ellas, y que se expresen verdaderamente.

APEGO: Relación o vínculo entre personas influido por las relaciones de la infancia con las figuras parentales.

AUTOTRAICIÓN: Mecanismo de afrontamiento aprendido desde la infancia en el que negamos partes de nosotros mismos para que los demás nos vean, nos escuchen y nos acepten.

CALMARSE: Acto de neutralizar nuestros estados emocionales, lo que permite volver a la homeostasis.

CEREBRO DE SUPERVIVENCIA: Estado del sistema nervioso en el que el cerebro se centra en las amenazas y que tiene por resultado el pensamiento en blanco y negro, el pánico y la miopía emocional.

CONDICIONAMIENTO: Mecanismos de afrontamiento, hábitos y creencias fundamentales que heredamos de las personas que nos cuidan, las figuras de autoridad y la cultura en general, que empiezan en la primera infancia.

CONSCIENCIA: Estado de conocimiento que posibilita tomar decisiones.

CONSCIENCIA DE EMPODERAMIENTO: Comprensión y aceptación del ego que crea un espacio de consciencia. Este espacio permite tomar decisiones más allá de la reactividad instintiva del ego.

CONSCIENCIA DEL EGO: Identificación total con el ego que a menudo provoca reactividad, actitud defensiva y vergüenza.

CORREGULACIÓN: Interacción o intercambio entre personas que permite la seguridad para procesar experiencias difíciles y estresantes, por ejemplo, cuando un bebé o un niño está en una situación estresante y la madre utiliza un tono de voz relajante o lo coge al reconocer su angustia.

CORTEZA PREFRONTAL: Zona del cerebro que rige funciones complejas como resolver problemas, tomar decisiones, planificar el futuro y la metacognición (nuestra capacidad de observar y pensar en nuestros pensamientos).

CORTISOL: Hormona del estrés implicada en la respuesta de lucha o huida que activa el cuerpo para enfrentarse o se alejarse de lo que percibe como una amenaza.

CREENCIA: Pensamiento que se basa en una experiencia vivida. Las creencias se construyen a lo largo de años de patrones de pensamiento que crean vías neuronales y, para prosperar, requieren validación tanto interior como exterior.

CREENCIAS FUNDAMENTALES: Nuestras percepciones más profundas sobre quiénes somos se arraigan en nuestro subconsciente antes de los siete años y se basan en nuestras experiencias.

DESCARGA EMOCIONAL: Volcar los problemas emocionales sobre otra persona sin tener en cuenta su estado emocional ni ser empático con él.

DESREGULACIÓN: Estado de desequilibrio fisiológico del sistema nervioso.

DIARIO DEL YO FUTURO: Diario que utilizamos para apoyar la creación consciente de vías neuronales y estados emocionales nuevos, lo que provoca un cambio en la conducta.

DISOCIACIÓN: Respuesta adaptada al estrés en la que una persona está físicamente presente y mentalmente desapegada, entumecida o cerrada debido a que el sistema nervioso se siente abrumado.

EFECTO NOCEBO: Fenómeno científicamente documentado en el que las expectativas negativas del tratamiento médico o el pronóstico conducen a resultados negativos.

EFECTO PLACEBO: Fenómeno científicamente documentado en el que una sustancia inocua (como una pastilla de azúcar) mejora los síntomas de una enfermedad.

EMBROLLO EMOCIONAL: Dinámica de relación en la que la ausencia de límites y los estados emocionales compartidos provocan la falta de independencia y autonomía personal.

ESTADO EGOCÉNTRICO: Estado de desarrollo de la infancia en el que se produce la incapacidad de entender un punto de vista o una opinión al margen de las propias. En los estados egocéntricos las cosas nos suceden porque somos nosotros, lo que produce la falsa creencia de que el comportamiento de otra persona significa algo respecto de quiénes somos.

ESTRATEGIAS DE AFRONTAMIENTO (ADAPTATIVAS E INADAPTATIVAS): Acciones que adoptamos para intentar volver a la sensación de seguridad.

ESTRÉS NORMATIVO: Acontecimientos estresantes predecibles y esperados a lo largo de la vida que son universalmente comunes, por ejemplo, el nacimiento, el matrimonio y la muerte.

FIGURA PARENTAL INTERIOR CRÍTICA: Voz interiorizada de una figura parental que negaba nuestra realidad como niños o que se avergonzaba o invalidaba nuestras necesidades, emociones y pensamientos.

FIGURA PARENTAL INTERIOR SENSATA: Práctica enriquecedora de

crear, en la reeducación, un relato interno en el que nos observamos sin juzgarnos. La figura parental interior sensata puede ver, escuchar, validar y respetar todos los estados emocionales, comportamientos y reacciones con consciencia y amor.

HERIDAS DEL NIÑO INTERNO: Experiencias dolorosas llevadas hasta la edad adulta por no haber satisfecho nuestras necesidades físicas, emocionales y espirituales (que te vean, te escuchen y que puedas expresarte verdaderamente) en la infancia.

HOMEOSTASIS: Capacidad de mantener un estado interno y nervioso relativamente equilibrado con independencia de lo que suceda en nuestro entorno.

IMPULSO HOMEOSTÁTICO: Tendencia psicológica y biológica hacia lo conocido.

INMADUREZ EMOCIONAL: Incapacidad de dejar espacio a los pensamientos, las opiniones, los sentimientos o los puntos de vista de los demás debido al malestar interno personal.

INTERDEPENDENCIA: Conexión de apoyo mutuo en una relación que permite límites, seguridad, autonomía y plena expresión de uno mismo.

INTUICIÓN: Conocimiento y percepción internos que, cuando los escuchamos, nos guían hacia nuestro verdadero camino.

LÍMITE: Frontera protectora que se establece entre uno mismo y los demás con el objetivo de definir dónde termina este y empieza el otro. Los límites claros permiten que las personas respeten sus necesidades y son un apoyo para las relaciones verdaderas.

LUCHA O HUIDA: Respuesta del sistema nervioso destinada a mantenernos a salvo de lo que percibimos como una amenaza.

MADUREZ EMOCIONAL: Capacidad de regular las propias emociones, lo que permite el pensamiento flexible, la comunicación abierta y la resiliencia ante experiencias estresantes.

MANTENER EL ESPACIO: Estar plenamente consciente y atento a alguien sin juzgarlo ni intentar cambiarlo cuando expresa sus emociones y experiencias.

MENTE ANALÍTICA: Parte pensante del cerebro, localizada en la corteza prefrontal, dedicada a resolver problemas y tomar decisiones.

MENTE DE MONO: Flujo constante de charla mental que recorre la mente humana.

MODELAR EL COMPORTAMIENTO: Acto de mostrar un comportamiento a los demás a través de las acciones, las decisiones y el compromiso interpersonal.

MODO DE INTERACCIÓN SOCIAL: Estado de regulación del sistema nervioso en el que se puede acceder a la seguridad con el fin de estar abierto y ser receptivo a la conexión con los demás.

NEUROPLASTICIDAD: Capacidad del cerebro para formar nuevas conexiones y vías, y cambiar y adaptar la conexión de los circuitos de acuerdo con nuestras experiencias.

NIÑO INTERIOR: Parte inconsciente de la mente que contiene las necesidades insatisfechas, las emociones infantiles reprimidas, la creatividad, la intuición y la capacidad de jugar.

PILOTO AUTOMÁTICO: Estado en el que vivimos inconscientemente, siguiendo patrones (hábitos) condicionados.

PSICOLOGÍA HOLÍSTICA: Filosofía práctica de la sanación que considera y aborda todas las partes de la persona (mente, cuerpo y alma), fomenta la búsqueda de las causas de los síntomas en lugar de eliminarlos y reconoce la interconexión del universo.

PSICONEUROINMUNOLOGÍA: Rama de la ciencia que estudia la compleja interacción de la mente, el sistema nervioso y el sistema inmunológico.

REEDUCACIÓN: Volver a aprender a satisfacer las necesidades físicas, emocionales y espirituales del niño interior a través de la acción diaria.

REGULACIÓN EMOCIONAL: Capacidad de responder al estrés de manera flexible, tolerante y adaptativa, lo que permite que nuestro sistema nervioso vuelva al punto de partida.

RESILIENCIA EMOCIONAL: Capacidad de ser flexible y de recuperarse rápidamente al procesar una amplia variedad de estados emocionales.

SESGO DE NEGATIVIDAD: Sesgo evolutivamente programado del cerebro para priorizar (y por lo tanto valorar) la información negativa sobre la positiva.

SISTEMA DE ACTIVACIÓN RETICULAR (SAR): Grupo de nervios localizados en el tronco cerebral que filtra la avalancha de estímulos del entorno y desempeña un papel fundamental en el comportamiento, la excitación, la consciencia y la motivación.

SISTEMA NERVIOSO AUTÓNOMO: Parte del sistema nervioso central que se ocupa de regular las funciones involuntarias, como los latidos del corazón, la respiración y la digestión.

SISTEMA NERVIOSO ENTÉRICO: Parte del sistema nervioso autónomo que rige todas las actividades del intestino.

SISTEMA NERVIOSO PARASIMPÁTICO: Parte del sistema nervioso autónomo (a veces llamado sistema «de descanso y digestión») responsable de conservar la energía, reducir el ritmo cardíaco y relajar los músculos del tracto gastrointestinal.

SISTEMA NERVIOSO SIMPÁTICO: Parte del sistema nervioso autónomo que rige la respuesta de lucha o huida ante lo que percibe como estrés.

SUBCONSCIENTE: Parte profundamente arraigada de la psique que contiene todos nuestros recuerdos, los sentimientos reprimidos, las heridas de la infancia y las creencias fundamentales.

TEORÍA POLIVAGAL: Teoría presentada por el psiquiatra Steven Porges que sugiere que el nervio vago desempeña un papel fundamental en la regulación del sistema nervioso central que influye en la conexión social, las respuestas al miedo y el bienestar mental y emocional en general.

TOLERANCIA (RESISTENCIA) A LA ANGUSTIA: Capacidad de sentir una emoción difícil y volver después a un estado regulado.

TONO VAGAL: Capacidad de nuestro sistema nervioso de cambiar entre activación simpática y parasimpática como respuesta al estrés diario. El tono vagal bajo provoca respuestas mal dirigidas y elevada sensibilidad a la percepción de amenazas en nuestro entorno. Esto sobreactiva las respuestas del cuerpo y conduce a la reducción de la regulación emocional y de la atención en general.

TRAUMA: Toda experiencia en la que un individuo carece de la capacidad de regular o procesar emocionalmente lo sucedido y liberarlo, lo que provoca una desregulación del sistema nervioso. Los traumas afectan a cada persona de diferente manera, debido a su condicionamiento y a sus habilidades de afrontamiento, y no pueden calificarse ni medirse.

TRAUMA ESPIRITUAL: Experiencia constante de sentir que no te ven, no te escuchan o no puedes expresarte libremente, lo que provoca una desconexión del verdadero yo y causa sufrimiento, soledad y vergüenza.

VÍNCULO TRAUMÁTICO: Patrón condicionado de relacionarse con los demás de forma que refleja o recrea los vínculos con nuestras figuras parentales en la infancia. Los vínculos traumáticos suelen incluir dinámicas de abandono emocional, ausencia de límites, embrollo emocional o evitación, y pueden producirse en relaciones tanto sentimentales como platónicas.

YO EN LA SOMBRA: Partes «no deseadas» de nuestro yo reprimidas o negadas debido al condicionamiento o a la vergüenza.

YO INTUITIVO: El yo más auténtico y espiritualmente conectado que existe al margen de los patrones y las respuestas condicionados.

Bibliografía complementaria

EL YO CONSCIENTE

Hawk, Red, *Self Observation: The Awakening of Consciences: An Owner's Manual*, Hohm Press, 2009. [Hay trad. cast.: *Auto observación. El despertar de la consciencia. Manual del usuario*, Miami, Hara Press, 2016.]

Singer, Michael A., *The Untethered Soul: The Journey Beyond Yourself*, New Harbinger Publications, 2007.

Tolle, Eckhart, *A New Earth: Awakening to Your Life's Purpose*, Penguin, 2008. [Hay trad. cast.: *Un nuevo mundo, ahora*, Barcelona, Debolsillo, 2018.]

UNA NUEVA TEORÍA SOBRE LOS TRAUMAS

DeGruy, Joy, *Post Traumatic Slave Syndrome: America's Legacy of Enduring Injury and Healing*, Joy DeGruy Publications, 2005.

Levine, Peter A., *Waking the Tiger: Healing Trauma*, North Atlantic Books, 1997.

Maté, Gabor, *When the Body Says No: The Cost of Hidden Stress*, Knopf Canada, 2003. [Hay trad. cast.: *El precio del estrés. Cuando el cuerpo dice no*, Barcelona, RBA, 2008.]

Menakem, Resmaa, *My Grandmother's Hands: Racialized Trauma and the Pathway to Mending Our Hearts and Bodies*, Central Recovery Press, 2017.

Stanley, Elizabeth A., *Widen the Window: Training Your Brain and Body to Thrive During Stress and Recover from Trauma*, Avery, 2019.

Van der Kolk, Bessel, *The Body Keeps the Score: Brain, Mind, and Body in the Healing of Trauma*, Penguin Books, 2015. [Hay trad. cast.: *El cuerpo lleva la cuenta. Cerebro, mente y cuerpo en la superación del trauma*, Sitges, Eleftheria, 2017.]

Wolynn, Mark, *It Didn't Start with You: How Inherited Family Trauma Shapes Who We Are and How to End the Cycle*, Penguin Life, 2017.

PRÁCTICAS QUE SANAN LA MENTE Y EL CUERPO

Balaster, Cavin, *How to Feed a Brain: Nutrition for Optimal Brain Function and Repair*, Feed a Brain LLC, 2018.

Campbell-McBride, Natasha, *Gut and Psychology Syndrome: Natural Treatment for Autism, Dyspraxia, A.D.D., Dyslexia, A.D.H.D., Depression, Schizophrenia*, Medinform Publishing, 2010. [Hay trad. cast.: *GAPS, el síndrome psico-intestinal. Un tratamiento natural para el autismo, la dispraxia, el trastorno por déficit de atención con o sin hiperactividad, la dislexia, la depresión y la esquizofrenia*, Madrid, Diente de León, 2017.]

Kharrazian, Datis, *Why Isn't My Brain Working?: A Revolutionary Understanding of Brain Decline and Effective Strategies to Recover Your Brain's Health*, Elephant Press, 2013.

Mayer, Emeran, *The Mind-Gut Connection: How the Hidden Conversation Within Our Bodies Impacts Our Mood, Our Choices, and Our Overall Health*, Harper Wave, 2016. [Hay trad. cast.: *Pensar con el estómago: cómo la relación entre digestión y cerebro afecta a la salud y el estado de ánimo*, Barcelona, Grijalbo, 2017.]

McKeown, Patrick, *The Oxygen Advantage: Simple, Scientifically Proven Breathing Techniques to Help You Become Healthier, Slimmer, Faster, and Fitter*, William Morrow Paperbacks, 2016.

Walker, Matthew, *Why We Sleep: Unlocking the Power of Sleep and Dreams*, Scribner, 2017.

EL PODER DE LA CREENCIA

Braden, Gregg, *The Divine Matrix: Bridging Time, Space, Miracles, and Belief*, Hay House, 2008. [Hay trad. cast.: *La matriz divina. Un puente entre el tiempo, el espacio, las creencias y los milagros*, Málaga, Sirio, 2012.]

Chopra, Deepak, y Rudolph E. Tanzi, *Super Genes: Unlock the Astonishing Power of Your DNA for Optimum Health and Well-Being*, Harmony, 2017.

Dispenza, Joe, *Becoming Supernatural: How Common People Are Doing the Uncommon*, Hay House, 2017. [Hay trad. cast.: *Sobrenatural. Gente corriente haciendo cosas extraordinarias*, Madrid, Urano, 2018.]

Dyer, Wayne W., *Change Your Thoughts-Change Your Life: Living the Wisdom of the Tao*, Hay House, 2007. [Hay trad. cast.: *Vive la sabiduría del Tao. Cambia tus pensamientos y cambia tu vida*, Barcelona, Debolsillo, 2010.]

Lipton, Bruce H., *The Biology of Belief: Unleashing the Power of Consciousness, Matter & Miracles*, Hay House, 2008. [Hay trad. cast.: *La biología de la creencia. La liberación del poder de la conciencia, la materia y los milagros*, Madrid, La Esfera de los Libros, 2007.]

«Para viajar lejos no hay mejor nave que un libro».

EMILY DICKINSON

Gracias por tu lectura de este libro.

En **penguinlibros.club** encontrarás las mejores recomendaciones de lectura.

Únete a nuestra comunidad y viaja con nosotros.

penguinlibros.club